GARTEN-
GESTALTUNG

Anna Pavord

GARTEN-
GESTALTUNG

Die 60 schönsten Pflanzpläne
für Beete, Mauern, Rabatten, Pergolen,
Patios, Treppen, Kiesflächen und
»vergessene« Plätze

Christian Verlag

Aus dem Englischen übersetzt
von Angelika Feilhauer

Redaktion: Silvia Rehder
Korrektur: Irmgard Perkounigg
Umschlaggestaltung: Horst Bätz
Herstellung: Dieter Lidl
Satz: Fotosatz Völkl, Puchheim

[DK]   Ein Dorling Kindersley Buch

Druck und Bindung: Butler & Tanner, Frome
Printed in Great Britain

ISBN 3–88472–257–3

VORWORT

───────── ❧ ─────────

Warum betätigen wir uns als Gärtner? Um diese Frage zu beantworten, muß man nicht unbedingt Psychologe sein. Die Arbeit im Garten bietet Entspannung und Ausgleich, und ihre Ergebnisse machen viel Freude. Ganz wichtig ist dabei sicher die Tatsache, daß man im Garten einen von Zahnarztterminen, Autoinspektionen und Zugfahrplänen bestimmten Terminkalender hinter sich läßt, um sich freiwillig einem anderen unterzuordnen, der alles regelt und völlig außerhalb unserer Kontrolle liegt. Dieser Kalender bestimmt die Entwicklung von Pflanzen, ihre Lebenszeit, ihre Samenbildung und ihren Tod. Wenn wir erfolgreiche Gärtner sein wollen, müssen wir diesen Zyklus respektieren und uns selbst als Teil von ihm fühlen.

Und doch ist ein Garten etwas Künstliches. Gewöhnlich gleicht er nicht der natürlichen Landschaft, die vielleicht jenseits des Gartenzauns liegt. Wir legen Gärten an, weil wir uns eine Umgebung schaffen möchten, in der wir uns wohl fühlen. Wir legen Gärten an, weil wir uns gerne um etwas kümmern. Und wir legen Gärten an, weil wir kreativ sein wollen, aber nicht malen oder bildhauern können.

Unerfahrene Gärtner wünschen sich oft klare Regeln: feste Zeitangaben für das Pflanzen von Narzissen, genaue Anleitungen für den Schnitt ihrer Clematis und exakte Vorschriften für die Aussaat von Samen. Ähnlich wie beim Großziehen von Kindern wurde das Wissen darüber einst in der Praxis erworben, nicht durch das Studieren von Büchern. Darüber hinaus haben Regeln im Garten oft nur begrenzten Nutzen. Dem Anfänger dienen sie als eine Art Gehhilfe, aber sie können ihn in die falsche Richtung lenken. Letztlich ist ein Gärtner besser beraten, wenn er sich auf seine Beobachtungsgabe verläßt. Die Unwägbarkeiten von Klima, Jahreszeiten und Boden zwingen den Gärtner ständig dazu, das Regelbuch neu zu schreiben. Im Garten hört man nie auf zu lernen. Und je mehr man weiß, desto klarer erkennt man, wieviel man noch zu lernen hat.

Ihr Garten mag im neoklassizistischen, ländlichen oder supermodernen Stil gestaltet sein oder aufgrund einer ganz persönlichen Vorstellung, die bisher noch keinem anderen in den Sinn kam. Lassen Sie sich diese Träume von niemandem verleiden. Vertrauen Sie Ihrem Gefühl. Scheuen Sie sich nicht vor Experimenten. Und lassen Sie Ihrer Phantasie vollkommen freien Lauf.

Anna Pavord

INHALT

———— ❧ ————

———— ❧ ————

ZUM AUFBAU DIESES BUCHES

Es gibt Tausende von Pflanzen und zahllose Möglichkeiten, sie zu kombinieren. Dieses Buch zeigt, daß die Zusammenstellung gelungener Pflanzengemeinschaften eine Kunst ist, die jeder beherrschen kann. Es enthält eine Vielfalt von Pflanzplänen für alle erdenklichen Plätze, von einer großen, formalen Rabatte in einem sonnigen Garten bis hin zu einer zwanglosen Gestaltung für ein Fleckchen steinigen Bodens. Man kann die Pflanzpläne wie Kochbuchrezepte verwenden und sie genau befolgen oder die Zutaten spielerisch kombinieren, um etwas Einzigartiges entstehen zu lassen. Zu jedem Vorschlag gehört eine große Farbillustration, die zeigt, wie die Pflanzung aussehen wird, wenn man genau nach Anweisung vorgeht. Ergänzende Pläne beziehen andere Pflanzen ein, um unterschiedlichen Wachstumsbedingungen und Vorlieben gerecht zu werden.

Die Einleitung – kreatives Pflanzen

Das Einleitungskapitel behandelt die Grundregeln guter Gartengestaltung und zeigt Pflanzenkombinationen, die schöne Wiederholungen oder aufregende Kontraste von Farben und Formen entstehen lassen. Zudem befaßt es sich mit Gestaltungsstilen und -elementen, mit dem Laub, der Struktur und dem Duft von Pflanzen sowie der Auswahl geeigneter Arten für spezielle Wachstumsbedingungen.

Die Pflanzpläne

Dieses Buch ist in fünf Themenbereiche unterteilt. Das Kapitel *Gemischte Rabatten* beinhaltet Pflanzungen, die hauptsächlich von einer Seite betrachtet werden. *Beete im Blickfeld* zeigt Pläne für Anlagen, die nicht nur aus einer Richtung hübsch aussehen sollen. Im Kapitel *Ecken und Winkel* finden sich Vorschläge für schwierige Gartenecken. *Mauern und Pergolen* enthält Pflanzpläne für senkrechte Flächen und rankende Pflanzen und *Vergessene Plätze* bringt Ideen zur Verschönerung von schwer bepflanzbaren Flächen – beispielsweise Innenhöfen oder Treppen. Jeder Vorschlag umfaßt eine komplette Pflanzenliste, einen klar verständlichen Pflanzplan und eine genaue Zeichnung der fertigen Pflanzung.

SYMBOLERKLÄRUNGEN

Mit diesen Symbolen werden die verschiedenen Pflanzentypen – etwa Bäume, Sträucher, Stauden, Immergrüne oder Zwiebelblumen – in den Pflanzplänen dargestellt.

Baum

Strauch

Konifere

Staude

Einjahresblume   **Zwiebelgewächs**

Sukkulente

Immergrüne

Gestalterische Aspekte

Wichtige Merkmale der Gestaltung oder bestimmte Charakteristika einer Pflanzung wie eine Farbkombination, reizvolles Laub oder raumbildende Pflanzen werden hier hervorgehoben, damit Sie leichter entscheiden können, ob sich das Projekt für Ihren Garten und Ihre persönlichen Vorstellungen eignet.

Pflanzenliste

Zu jedem Projekt gehört eine vollständige Liste der verwendeten Pflanzen mit Angabe der erforderlichen Stückzahl. Die lateinischen Namen wurden, wo sinnvoll, durch die deutsche Bezeichnung ergänzt. Die Stückzahl sollte als Orientierungshilfe betrachtet und der zur Verfügung stehenden Fläche angepaßt werden. Man kann weniger Pflanzen verwenden, doch dauert es dann länger, bis sie den vorhandenen Platz ausfüllen.

Pflanzplan

Ein übersichtlicher Pflanzplan gibt Auskunft über Typ, Anzahl und Position der einzelnen Pflanzen. Die Ziffern rings um den Plan verweisen auf die Pflanzenliste. Die Größenangabe für das Beet ist nur als Hilfe gedacht – man kann mit der gleichen Pflanzenzusammenstellung auch ein Beet anlegen, das größer, kleiner oder anders geformt ist.

Die fertige Pflanzung

Eine große vierfarbige Zeichnung erweckt jeden Vorschlag zu Leben und zeigt, wie die Pflanzung einmal tatsächlich aussehen wird. Sie ist zu der Jahreszeit dargestellt, in der sie ihr schönstes Kleid trägt, doch damit sie möglichst lange reizvoll wirkt, enthält sie auch Pflanzen, die früher oder später auf dem Höhepunkt ihrer Pracht stehen.

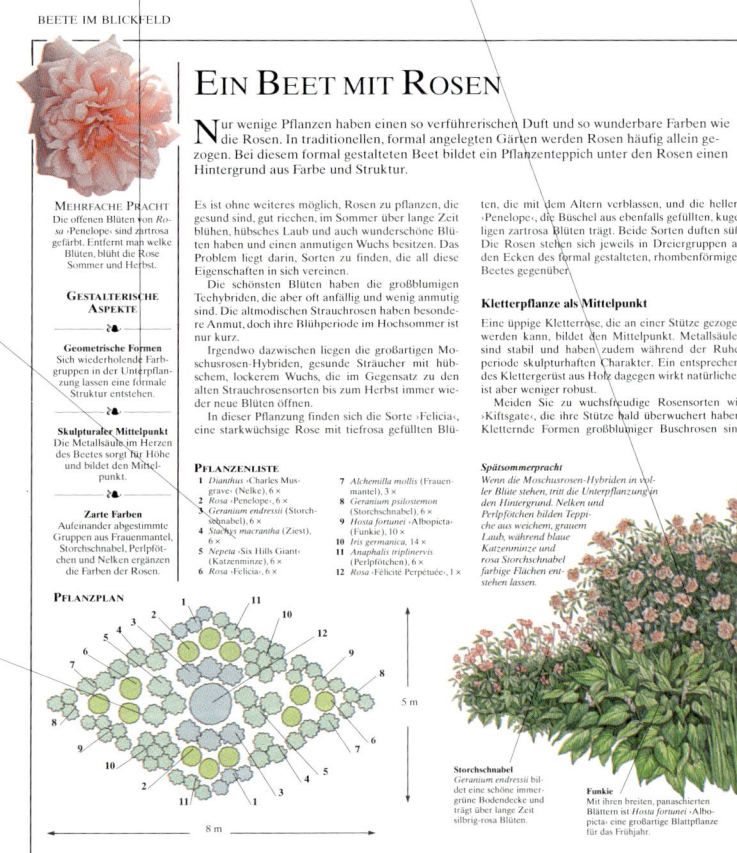

BEETE IM BLICKFELD

EIN BEET MIT ROSEN

Nur wenige Pflanzen haben einen so verführerischen Duft und so wunderbare Farben wie die Rosen. In traditionellen, formal angelegten Gärten werden Rosen häufig allein gezogen. Bei diesem formal gestalteten Beet bildet ein Pflanzenteppich unter den Rosen einen Hintergrund aus Farbe und Struktur.

MEHRFACHE PRACHT
Die offenen Blüten von *Rosa* ›Penelope‹ sind zartrosa gefärbt. Entfernt man welke Blüten, blüht die Rose Sommer und Herbst.

GESTALTERISCHE ASPEKTE

Geometrische Formen
Sich wiederholende Farbgruppen in der Unterpflanzung lassen eine formale Struktur entstehen.

Skulpturaler Mittelpunkt
Die Metallsäule im Herzen des Beetes sorgt für Höhe und bildet den Mittelpunkt.

Zarte Farben
Aufeinander abgestimmte Gruppen aus Frauenmantel, Storchschnabel, Perlpfötchen und Nelken ergänzen die Farben der Rosen.

Es ist ohne weiteres möglich, Rosen zu pflanzen, die gesund sind, gut riechen, im Sommer über lange Zeit blühen, hübsches Laub und auch wunderschöne Blüten haben und einen anmutigen Wuchs besitzen. Das Problem liegt darin, Sorten zu finden, die all diese Eigenschaften in sich vereinen.

Die schönsten Blüten haben die großblumigen Teehybriden, die aber oft anfällig und wenig anmutig sind. Die altmodischen Strauchrosen haben besondere Anmut, doch ihre Blühperiode im Hochsommer ist nur kurz.

Irgendwo dazwischen liegen die großartigen Moschusrosen-Hybriden, gesunde Sträucher mit hübschem, lockerem Wuchs, die im Gegensatz zu den alten Strauchrosensorten bis zum Herbst immer wieder neue Blüten öffnen.

In dieser Pflanzung finden sich die Sorte ›Felicia‹, eine starkwüchsige Rose mit tiefrosa gefüllten Blüten, die mit dem Altern verblassen, und die hellere ›Penelope‹, die Büschel aus ebenfalls gefüllten, kugeligen zartrosa Blüten trägt. Beide Sorten duften süß. Die Rosen stehen sich jeweils in Dreiergruppen an den Ecken des formal gestalteten, rhombenförmigen Beetes gegenüber.

Kletterpflanze als Mittelpunkt
Eine üppige Kletterrose, die an einer Stütze gezogen werden kann, bildet den Mittelpunkt. Metallsäulen sind stabil und haben zudem während der Rosenperiode skulpturhaften Charakter. Ein entsprechendes Klettergerüst aus Holz dagegen wirkt natürlicher, ist aber weniger robust.

Meiden Sie zu wuchsfreudige Rosensorten wie ›Kiftsgate‹, die ihre Stütze bald überwuchern haben.

Kletternde Formen großblumiger Buschrosen sind

PFLANZENLISTE
1 *Dianthus* ›Charles Musgrave‹ (Nelke), 6 ×
2 *Rosa* ›Penelope‹, 6 ×
3 *Geranium endressii* (Storchschnabel), 6 ×
4 *Stachys macrantha* (Ziest), 6 ×
5 *Nepeta* ›Six Hills Giant‹ (Katzenminze), 6 ×
6 *Rosa* ›Felicia‹, 6 ×
7 *Alchemilla mollis* (Frauenmantel), 3 ×
8 *Geranium pilostemon* (Storchschnabel), 6 ×
9 *Hosta fortunei* ›Albopicta‹ (Funkie), 10 ×
10 *Iris germanica*, 14 ×
11 *Anaphalis triplinervis* (Perlpfötchen), 6 ×
12 *Rosa* ›Félicité Perpétue‹, 1 ×

Spätsommerpracht
Wenn die Moschusrosen-Hybriden in voller Blüte stehen, tritt die Unterpflanzung vor den Hintergrund. Nelken und Perlpfötchen bilden Teppiche aus weichem, grauem Laub, während blaue Katzenminze und rosa Storchschnabel farbige Flächen entstehen lassen.

PFLANZPLAN

Storchschnabel
Geranium endressii bildet eine schöne immergrüne Bodendecke und trägt über lange Zeit silbrig-rosa Blüten.

Funkie
Mit ihren breiten, panaschierten Blättern ist *Hosta fortunei* ›Albopicta‹ eine großartige Blattpflanze für das Frühjahr.

5 m

8 m

58

Pflanzenbeschreibungen und ergänzende Vorschläge

Zu jedem Projekt gehören Fotos aller verwendeten Pflanzen. Die für die Pflanzung erforderlichen Pflegemaßnahmen werden unter der Rubrik Kultur und Pflege beschrieben. Die Vorschläge, die sich jeweils über vier Seiten erstrecken, beinhalten auch ein oder zwei Zeichnungen, auf denen alternative oder ergänzende Pflanzen gezeigt werden. Sie stellen Variationsmöglichkeiten dar, um den jeweiligen Plan einem anderen Platz anzupassen oder ihm eine andere Wirkung zu verleihen, etwa indem man die Farbkombinationen ändert.

Ergänzende Vorschläge
Dieser Text enthält Vorschläge, wie man den Plan abwandeln kann, um abweichenden Wachstumsbedingungen gerecht zu werden, die Farbharmonie zu verändern oder den Höhepunkt der Saison zu verlegen.

Ergänzende Illustrationen
Detaillierte Zeichnungen besonderer Art zeigen die Wirkung anderer oder zusätzlicher Pflanzen. Die ursprünglichen Pflanzen sind dabei hell dargestellt, neue dagegen in kräftigen Farben, so daß man sie klar unterscheiden kann.

Kultur und Pflege
In der linken Randspalte sind – nach Jahreszeiten gegliedert – in knappen Worten die wichtigsten Pflegemaßnahmen für die jeweilige Pflanzung aufgeführt.

Pflanzenbeschreibungen
Zu jedem Plan gehört eine Fototafel mit allen verwendeten Pflanzen. Unter jedem Foto findet sich eine kurze Beschreibung der Pflanze mit ihrer voraussichtlichen Höhe und Breite.

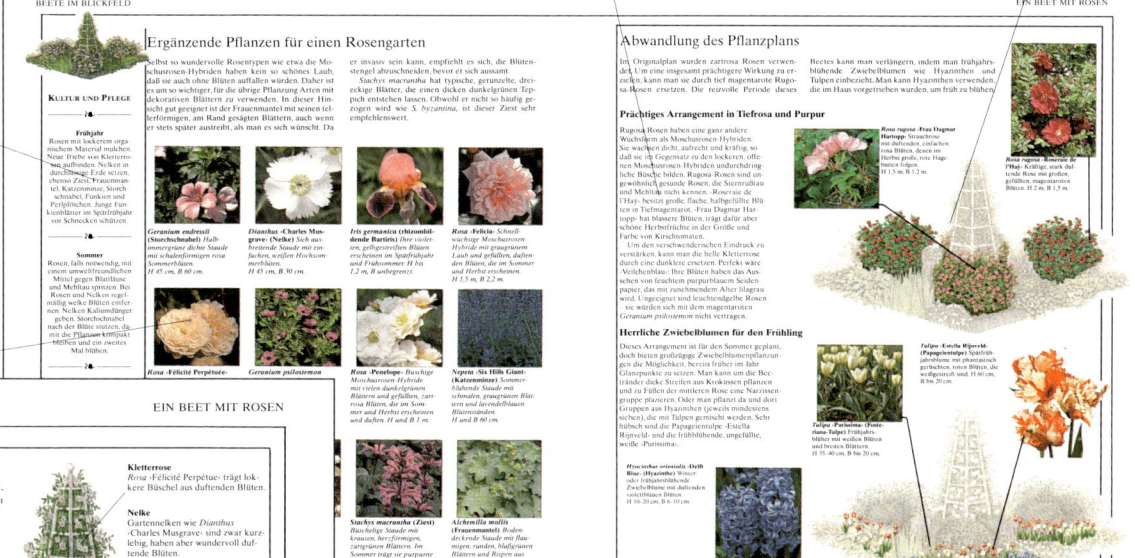

Zweite Jahreszeit
In einer zweiten Zeichnung wird derselbe Gartenbereich zu einer anderen Jahreszeit dargestellt – etwa im Frühjahr, wenn Zwiebelblumen in voller Blüte stehen, die man im Sommer natürlich nicht sieht.

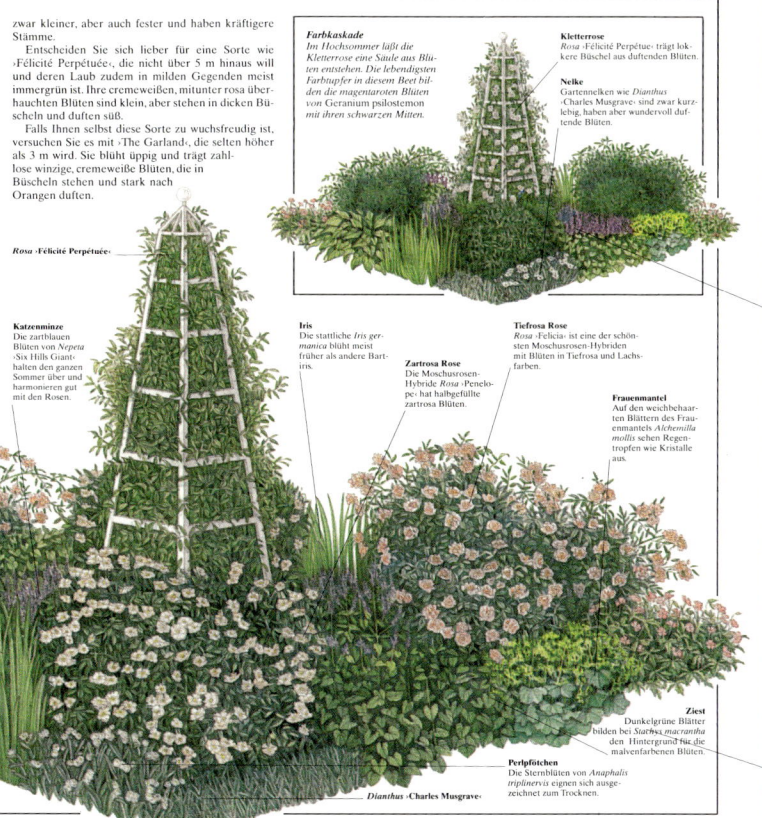

zwar kleiner, aber auch fester und haben kräftigere Stämme.

Entscheiden Sie sich lieber für eine Sorte wie ›Félicité Perpétuée‹, die nicht über 5 m hinaus will und deren Laub zudem in milden Gegenden meist immergrün ist. Ihre cremeweißen, mitunter rosa überhauchten Blüten sind klein, aber stehen in dicken Büscheln und duften süß.

Falls Ihnen selbst diese Sorte zu wuchsfreudig ist, versuchen Sie es mit ›The Garland‹, die selten höher als 3 m wird. Sie blüht üppig und trägt zahllose winzige, cremeweiße Blüten, die in Büscheln stehen und stark nach Orangen duften.

Rosa ›Félicité Perpétuée‹

Katzenminze
Die zartblauen Blüten von *Nepeta* ›Six Hills Giant‹ halten den ganzen Sommer über und harmonieren gut mit den Rosen.

Iris
Die stattliche *Iris germanica* blüht meist früher als andere Bartiris.

Zartrosa Rose
Die Moschusrosen-Hybride *Rosa* ›Penelope‹ hat halbgefüllte zartrosa Blüten.

Frauenmantel
Auf den weichbehaarten Blättern des Frauenmantels *Alchemilla mollis* sehen Regentropfen wie Kristalle aus.

Ziest
Dunkelgrüne Blätter bilden den Hintergrund für die malvenfarbenen Blüten.

Perlpfötchen
Die Sternblüten von *Anaphalis triplinervis* eignen sich ausgezeichnet zum Trocknen.

Dianthus ›Charles Musgrave‹

Pflanzenmerkmale
Von allen verwendeten Pflanzen werden besondere Merkmale oder Eigenschaften hervorgehoben.

Farbkaskade
Im Hochsommer läßt die Kletterrose eine Säule aus Blüten entstehen. Die lebendigsten Farbtupfer in diesem Beet bilden die magentaroten Blüten von Geranium psilostemon mit ihren schwarzen Mitten.

Kletterrose
Rosa ›Félicité Perpétuée‹ trägt lockere Büschel aus duftenden Blüten.

Nelke
Gartennelken wie *Dianthus* ›Charles Musgrave‹ und zwar kurzlebig, haben aber wundervoll duftende Blüten.

Zweite Jahreszeit
Rosa ›Felicia‹ ist eine der schönsten Moschusrosen-Hybriden mit Blüten in Tiefrosa und Lachsfarben.

PRAKTISCHE TIPS
Alle Informationen, die zur Anlage und Instandhaltung der Pflanzungen in diesem Buch notwendig sind, finden Sie im Kapitel *Kultur und Pflege* (S. 146–153). Es umfaßt wichtige Routinearbeiten wie Pflanzen, Stützen, Mulchen, Schnitt und Erziehung sowie Vermehrung.

Um einen Vorschlag einem bestimmten Platz anpassen zu können, zieht man den *Pflanzenführer* zu Rate, in dem die Pflanzen nach ihren Wachstumsansprüchen zusammengefaßt sind.

Wenn Sie eine bestimmte Pflanze suchen, schauen Sie im Register nach, in dem Sie alle Pflanzen sowohl unter ihren botanischen als auch – soweit vorhanden – ihren deutschen Namen finden.

KREATIVES PFLANZEN

Der Schlüssel zum Erfolg im Garten liegt darin, Pflanzen dem Standort gemäß auszuwählen. So muß man bei der Entscheidung, was wo wachsen soll, neben seinen eigenen Wünschen auch die Bedürfnisse der Pflanzen berücksichtigen. Es ist sinnlos, auf einer bestimmten Pflanze zu beharren, wenn man ihr nicht die Bedingungen bieten kann, die sie – wäre dies möglich – selbst wählen würde. Nicht jedes Gewächs, in das Sie sich verlieben, muß auch Ihre Liebe erwidern. Rhododendren etwa brauchen sauren Boden, ebenso eine ganze Gruppe anderer Waldsträucher,

wie beispielsweise Lavendelheide *(Pieris)*. Man wäre ein Dickkopf, wollte man sie in alkalischer Erde ziehen. Wer auf keinen Fall auf sie verzichten will, ihnen aber nicht den richtigen Gartenboden bieten kann, muß sie in Gefäße mit saurem Spezialsubstrat setzen.

Ein weiterer wichtiger Punkt ist ausreichender Platz. Auf die Hälfte zusammengestutzt, wird kein Strauch glücklich aussehen. Denken Sie beim Pflanzen an die Zukunft, und geben Sie einigen Ihrer Pflanzen die Gewähr, an den für sie ausgewählten Plätzen auf Dauer zufrieden gedeihen zu können. Ein

△ **Gute Platzausnutzung**
Diese abgelegene Ecke eines gekiesten Hofes wurde durch eine üppige Kombination zumeist bedingt winterharter, in Töpfen wachsender Pflanzen in eine kleine Oase verwandelt, in der sich die stacheligen grünen und panaschierten Agaven ebenso wohl fühlen wie das sukkulente Ewigblatt bei der Tür und die gelben Gazanien im Vordergrund.

▷ **Abstimmung von Pflanzen und Standort**
Nahrhafte, feuchte Erde, wie man sie mitunter neben Teichen findet, ist genau das, was das Schaublatt Rodgersia podophylla *braucht. Seine hübsch geaderten, geteilten Blätter bilden einen großartigen Hintergrund für die hohen Blütenstände von* Primula pulverulenta *und die blaublühende* Iris sibirica.

Garten, der allein aus kurzlebigen Pflanzungen besteht, wird niemals wirklich gelungen aussehen.

In freier Natur passen Pflanzen sich vielfältigen Wachstumsbedingungen an. Dies kann man sich zunutze machen, wenn man nach Pflanzen sucht, die auch in den reizlosesten Bereichen des Gartens noch wachsen. Ein Kiesweg kann als Ersatz für ein alpines Geröllfeld dienen und eine dunkle Ecke bei den Mülltonnen durch Pflanzen zu Leben erwachen, die keine Sonne brauchen, um zu blühen.

Pflanzvorschläge abändern

Die Größenangaben bei den Pflanzen und die Maße der Pflanzpläne in diesem Buch sind ungefähre Werte. Das Wachstum hängt von Klima, Boden und natürlich dem Können des Gärtners ab. Möglicherweise müssen Pflanzungen nach einiger Zeit korrigiert werden, etwa indem man einen Strauch versetzt, um Platz für seinen Nachbarn zu schaffen.

Auch wenn die Pflanzvorschläge nach »Beeten«, »Rabatten« und »Ecken« unterteilt wurden, spricht nichts dagegen, einen Plan für ein Beet auf eine Ecke zu übertragen oder die Bepflanzung für eine Ecke in eine Rabatte zu integrieren. Erwarten Sie jedoch nicht, daß Pflanzen wie das Schaublatt *(Rodgersia)* aus einem Plan für ein feuchtes Teichufer an einem trockenen, warmen Hang in voller Sonne glücklich sind. Denken Sie auch daran, daß die Launen von Klima und Jahreszeiten die sorgfältigsten Pläne zunichte machen können oder Pflanzungen entstehen lassen, zauberhafter, als in Ihren kühnsten Träumen.

△ **Pflanzen für ein trockenes, sonniges Beet**
An diesem trockenen, sonnigen Platz dominieren Pflanzen mit architektonischem Charakter. Den Mittelpunkt bilden vorn die Zwergpalme Chamaerops humilis *und* Aeonium arboreum ›Atropurpureum‹. *Rechts wiederholt eine* Yucca filamentosa ›Variegata‹ *die Form der Palmenblätter.*

▷ **Frühlingsfarben**
Die Christrose Helleborus orientalis *steht im Frühjahr auf dem Höhepunkt ihrer Pracht. Ihre Blütenfarben reichen von tiefem Pflaumenblau bis Reinweiß, die Innenseite der Petalen ist oft in einer dunkleren Farbe gefleckt. Die Blätter sind ebenso hübsch wie die Blüten.*

▷▷ **Lange Schönheit**
Farne sind so schön, daß sie auf Blüten verzichten können. Form ist hier alles, und man muß nicht auf Farben Rücksicht nehmen, wenn man sich auf die Suche nach geeigneten Partnern macht. Sie sehen über eine lange Periode reizvoll aus, besonders attraktiv wirken sie aber im Spätfrühjahr, wenn sie ihre Wedel entrollen.

Saisonale Höhepunkte und Kontinuität

Im Frühling ist es unmöglich, den Lockungen von Gärtnereien und Gartencentern zu widerstehen. Die Freude auf einen Neuanfang erweckt immer wieder grenzenlosen Optimismus. Geblendet von den Stellagen voller Pflanzen, die alle zum Leben erwachen, taumelt man von Magnolie zu Rhododendron, von Säckelblume zu Zierquitte, und für jede Pflanze sucht man in Gedanken schon einen passenden Platz im Garten.

Diese Frühlingseuphorie birgt die Gefahr, daß man schließlich vor einem Garten voller Pflanzen steht, die sich im Frühjahr und Sommer verausgaben, aber das übrige Jahr nichts zu bieten haben. Nicht alle Bereiche im Garten sind durch alle Jahreszeiten hindurch gleichermaßen reizvoll – und müssen es auch nicht sein. Man kann es so einrichten, daß ein Beet im Herbst und Winter hübsch ist, während ein anderes im Frühjahr und Sommer am schönsten aussieht. Der Garten braucht jedoch eine Grundausstattung mit dauerhaften Pflanzen, die den wichtigsten Möbelstücken eines Zimmers entsprechen.

Bei der Auswahl dieser strukturgebenden Pflanzen sollte man nach Arten suchen, die lange reizvoll sind. Sie können eine architektonische Form oder hübsches Laub haben. Einige sollten immergrün sein, damit der Garten im Winter nicht vollkommen zu einem Durcheinander aus verrottendem Laub und kahlen Ästen gerät. Die Wolfsmilch *Euphorbia characias* ssp. *wulfenii* ist ein schönes Beispiel für eine Pflanze, die das ganze Jahr gut aussieht, nicht nur während der Blüte.

◁ **Sommerblumen**
Dunkellaubige Dahlien und üppige Kapuzinerkresse ergänzen hier eine dauerhafte Pflanzung durch sommerliche Farben. Saisonale Pflanzungen wie diese sind eine schöne Möglichkeit, im Garten Akzente zu setzen.

△ **Herbstliche Freuden**
Pralle Beeren und die sich verändernden Farben des Laubes sind im Herbst eine besondere Freude. Sorbus ›Joseph Rock‹ trägt hell cremefarbene Beeren, die mit zunehmendem Alter gelb werden. Seine grünen Blätter färben sich in warmem Orange, Rot und Purpur.

Wenn diese Hauptpflanzen ihren Platz haben, kann man damit beginnen, die dazwischenliegenden Lücken zu füllen. Bei der Anlage eines Gartens sind als Hintergrund dienende Pflanzen ebenso wichtig wie Blickfänge. Nicht jede sollte rufen: »Schau mich an!« Natürlich braucht man leuchtende Flächen mit Sommerblumen. Aber es sind auch Pflanzen mit ruhigem, unterstützendem Charakter notwendig, und vielleicht werden gerade sie mit der Zeit zu Ihren Lieblingspflanzen.

Oft ist es hilfreich, das Pflanzen als Dreistufenprojekt zu betrachten. Auf einem Stück Boden können drei verschiedene Pflanzengruppen wachsen, auch wenn sie nicht notwendigerweise alle zur gleichen Zeit auf dem Höhepunkt ihrer Pracht stehen müssen.

Ganz oben befinden sich Bäume und große Sträucher, in der Mitte Stauden und unten niedrige bodendeckende Pflanzen und Zwiebelblumen. Bei einer sorgfältigen Ausnutzung der Fläche ist es möglich, daß unter einem frühjahrsblühenden Baum sommerblühende Stauden wachsen, zwischen denen im Herbst Zwiebelblumen, etwa Herbstzeitlosen, erscheinen. Ein so genutzter Gartenbereich wird über einen langen Zeitraum reizvoll aussehen.

△ **Interessantes Laub**
Soll ein Beet lang anhaltende Wirkung haben, wählt man besser Pflanzen mit schönen Blättern als Arten mit kurzer Blühperiode. In dieser Pflanzung sorgen im Spätsommer Crocosmia ›Lucifer‹ *und* Dahlia ›Bishop of Llandaff‹ *für Farbe; beide verdienen ihren Platz jedoch schon allein wegen ihres Laubes – die aufrechten, lanzenförmigen Blätter von* Crocosmia *und das dunkle bronzefarbene Laub der Dahlien sehen bereits lange bevor die Blüten erscheinen reizvoll aus.*

◁ **Skulpturale Fruchtstände**
Die Blüten des Schlafmohns Papaver somniferum *sind bald verblüht, doch die kugelförmigen Fruchtstände sehen bis zum Ende des Sommers dekorativ aus. Sie lassen sich zudem gut trocknen und für Trockenarrangements verwenden. Der Mohn samt sich üppig aus und bildet zwischen frühen Frühlingsblumen Büschel aus blaugrünem Laub.*

Gestaltungsstile

Gewöhnlich wird Gärtnern gesagt, der erste Schritt bei der Anlage eines Gartens sei die Anfertigung eines Plans. Doch noch bevor man sich an diese Aufgabe macht, muß man sich für eine bestimmte Gestaltungsweise entscheiden – etwa formal, exotisch, wild oder ländlich. In einem großen Garten kann man verschiedene Stile kombinieren, indem man einzelne Bereiche durch Spaliere, Hecken oder Mauern abtrennt. In einem kleinen Garten ist dies schwieriger. Hier muß man sich stärker beschränken, wenn die Gestaltung stimmig wirken soll.

Die Atmosphäre in einem Garten wird durch seine allgemeine Gestaltung und Anlage geprägt, wichtig sind aber auch die passenden Pflanzen. Bestimmte Pflanzen betonen bestimmte Gestaltungsstile. In einem formalen Garten erwartet man gestutzten Buchs und Eiben oder zu Spalieren und Fächern erzogene Obstbäume. Dazu würden einfarbige Rabatten passen und Beete mit prägnanten Pflanzen wie Fackellilie oder Akanthus, die dazu dienen, die Pflanzung in regelmäßigen Abständen aufzulockern. Obwohl der formale Gestaltungsstil den großzügigen Gärten der italienischen Renaissance mit ihren Balustraden, Amphoren, kunstvollen Steinbänken und Terrassen

▷ *Üppige Fülle*
Diese ungezwungene Pflanzung wird von Euphorbia characias *ssp.* wulfenii *dominiert, deren Wirkung im gleichen Maß auf Blättern wie auf Blüten beruht. Der große Tontopf läßt einen Mittelpunkt innerhalb der Gruppe entstehen, ohne zu viel Aufmerksamkeit zu fordern. Das reichlich verwendete graue Laub dient als Puffer zwischen blühenden Pflanzen und mildert die Wirkung von Farbkontrasten.*

▽ *Formale Anordnung*
Sich regelmäßig wiederholende Pflanzengruppen – vorn Frauenmantel und Teppiche aus Stachelnüßchen, dahinter dicke Büsche aus Sonnenhut – betonen den formalen Charakter dieser Pflanzung. Die symmetrisch plazierten Amphoren setzen Akzente.

entspricht, läßt er sich leichter als jeder andere Stil auf einen kleinen Stadtgarten übertragen. Für diese Art der Gestaltung sind Symmetrie, immergrüne Pflanzen, Stein und – falls möglich – Wasser notwendig.

In einem naturnahen Garten verwendet man verbesserte Versionen von Wildblumen – Mohn mit Blütenblättern wie aus farbigem, regennassem Seidenpapier, kleinblütige Narzissen, Fingerhüte mit extravaganter Schlundzeichnung, alle unter Apfelblüten gepflanzt. Der Naturgarten hat viele Gesichter. Zu ihnen gehören üppige Bachuferpflanzungen, eine Wiese voller langer, wogender Gräser und farbenfroher Blumen, ein verwilderter Obstgarten oder eine Waldidylle, wo Rhododendren über Teppichen aus Scilla glühen. Hauptsache ist, man will nicht zu viel – hübsche Unordnung lautet der Schlüssel zum Erfolg. Ein Garten kann nicht aufgeräumt und natürlich zugleich sein.

Viele der faszinierendsten Gärten lassen sich in keine Kategorie pressen. Sie entspringen ganz einfach persönlicher Phantasie. Oft mögen sie ungewöhnlich wirken, doch ihre Schöpfer haben meist großes Verständnis für Pflanzen und die Art und Weise, wie sie wachsen. Solche Gärten könnten da-

△ *Natürliche Pflanzung*
Borretsch und Dill, beides rasch wachsende Küchen-
kräuter, lassen hier gemeinsam eine wirkungsvolle
zwanglose Pflanzung entstehen, die im Hochsommer
besonders schön ist. Sich selbst aussamende Pflanzen
wie der Schlafmohn mit seinen dunkelroséroten Blüten
sind in Bereichen, die natürlich wirken sollen, gute
Partner.

zu anregen, sich vom Joch der Konformität zu be-
freien und Mut zum eigenem Stil zu zeigen.

Anpassungsfähige Pflanzen

Einige Pflanzen kommen in jeder Umgebung und
Gesellschaft zurecht und können sich allen Gestaltungsstilen anpassen. Eine von ihnen ist die Wolfsmilch. Obwohl ihre Blüten ein außergewöhnliches,
wildes Gelbgrün haben, harmoniert sie doch mit jeder anderen Farbe. Mit Weiß wirkt sie elegant, mit
Blau kühl, mit Rosa überwältigend, mit Gelb kultiviert. Darüber hinaus haben die Wolfsmilchpflanzen
gutes Stehvermögen und prächtiges Laub. Für wel-
chen Gestaltungsstil Sie sich auch entscheiden, beziehen Sie immer einen hohen Anteil an Pflanzen ein,
die mehr als nur bunte Blüten zu bieten haben.

▷ *Stilmischung*
Diese Laube aus Eisen, welche durch zwei wunderschön ge-
stutzte Buchskugeln optisch im Boden verankert ist, bildet ei-
nen formalen Rahmen, doch die Bepflanzung des großen Kü-
bels mit Melianthus, Helichrysum *und dem lange blühenden*
Argyranthemum ›Chelsea Girl‹ *wirkt wundervoll üppig. Am*
schönsten ist sie im Hochsommer.

Spiel mit Farben

Seit die berühmte Pflanzenkennerin Gertrude Jekyll ihre sorgsam gestaffelten Rabatten anlegte, die von blassen, zurückhaltenden Tönen bis hin zu einem Crescendo aus feurigem Orange und Rot reichten, galt Farbe lange Zeit als wichtigste Komponente in der Gartengestaltung. Doch bei der Verwendung von Farbe gibt es keine unumstößlichen Regeln. Letztlich ist ein Gärtner am besten beraten, wenn er sich auf die eigene Beobachtungsgabe verläßt.

Einfarbige Rabatten sind *en vogue,* aber sie gelingen nur schwer. Überdies verzichtet man auf die reizvollen Gestaltungsmöglichkeiten einer größeren Farbpalette, wenn man sich auf diese Weise beschränkt. Verwenden Sie zwischen Farben, die weniger gut harmonieren, Blattpflanzen als Puffer und fassen Sie den unumstößlichen Entschluß, nie wieder einen weißen Garten zu pflanzen. Sie werden es nicht bereuen.

Die Farbe, mit der Gärtner offenbar am vorsichtigsten umgehen, ist Gelb, doch die einzige Farbe, mit der es sich wirklich beißt, ist ein bestimmtes Zuckerrosa. Mit Blau läßt Gelb den typischen Monet-Effekt entstehen. Gelb mit Weiß oder dem kräftigen Gelbgrün des Frauenmantels ergibt eine außergewöhnlich frische Farbkomposition. Für ruhigere Kombinationen verwendet man Pastelltöne mit eingefügten grauen Blattpflanzen. Sie sollten aber nicht so ruhig sein, daß sie langweilig wirken.

▷ *Regelbruch*
Star dieser Gruppe ist die gelbe Montbretie, die entgegen jeglichen Regeln wundervoll mit den dahinter stehenden rosa Anemonen und den tiefrosa Teppichen aus Rosenmeister, die davor liegen, harmoniert. Manche Gelbtöne lassen sich leichter verwenden als andere, und es wäre sträflich, sie vollkommen aus dem Garten zu verbannen, wie es einige fanatische Gärtner tun. Wer unsicher ist, sollte sie mit Blau kombinieren, etwa, wie hier, mit Schmucklilien.

▷ *Kühle Farben*
Blaue und weiße Blumen, wie etwa die hier verwendete einjährige Mischung aus Natternkopf und Hainblume, haben eine herrlich frische Wirkung. Diese Pflanzen kann man im Frühjahr aus Samen ziehen.

◁ *Trennendes Laub*
Das dunkle Laub eines purpurnen Perückenstrauches hat zwischen den flammenden Tönen einer Fackellilie und dem rosa Phlox im Vordergrund puffernde Wirkung. Purpurnes Laub, das Licht absorbiert und dämpft, ist im Garten nicht immer leicht zu plazieren.

▷ **Begrenzte Farbpalette**
Das Kreideweiß der Blumen im Vordergrund dieses zartfarbenen Arrangements wird durch die blaßrosa Alba-Rose dahinter und die blauen und cremefarbenen Töne rechts subtil verstärkt. Allen Blüten kommen die kräftigen Formen der Blätter im Hintergrund zugute.

▽ **Duftender Bogen**
Die Rosen an diesem schlichten Metallbogen verströmen genau an der richtigen Stelle ihren Duft – nämlich in Höhe der Nase. Sommergärten können voller Duft sein – pflanzen Sie Kletterrosen, Geißblatt und Wicken.

Die Freuden des Duftes

Duft spricht die Sinne ungemein an. In einem Garten läßt er eine vierte Dimension entstehen – eine neue unsichtbare Landschaft in der Luft, die mit den Jahreszeiten ihren Charakter verändert.

Viele stark duftende Pflanzen wie Pfeifenstrauch, Jasmin, Madonnenlilien oder Maiglöckchen haben weiße Blüten und sehen vor einem dunklen Hintergrund am schönsten aus. Einige, wie etwa Levkojen, bewahren ihren Duft für den Abend, was sehr rücksichtsvoll von ihnen ist, da wir dann am ehesten Zeit haben, ihn zu genießen.

Allzuoft opfern Pflanzenzüchter den Duft anderen Eigenschaften wie größeren Blüten oder einer breiteren Farbpalette. Während immer mehr Blumen durch Überzüchtung ihren natürlichen Duft verlieren, wird gleichzeitig die Aromatherapie populär gemacht und vermarktet. Wir wußten schon immer, daß uns Duft gut bekommt, doch jetzt sollen wir dafür bezahlen. Vergessen Sie all diese teuren Fläschchen. Pflanzen Sie statt dessen einige echte Düfte in Ihren Garten.

▷ **Wohlriechendes Laub**
Pflanzen mit duftenden Blättern, wie viele Kräuter und die hier verwendete Pelargoniensorte ›Sweet Mimosa‹, sind ein besonderer Genuß – zerdrücken Sie im Vorübergehen einige der Blätter, damit sie ihren Duft verströmen.

Wuchs und Konturen

Wenn man nach Pflanzen sucht, die sich im Garten gegenseitig ergänzen, sind Wuchsform und Konturen ebenso wichtig wie Farbe. Das gelungene Nebeneinander kontrastierender Formen mag nicht die überwältigende Wirkung einer gewagten Komposition aus Magentarot und Orange haben, doch es ist die Ausgewogenheit der Größenverhältnisse, das subtile Zusammenspiel von Höhe, Struktur und Fläche, das dem Garten wirklich Ausdruck verleiht. Der Rosa-Orange-Schock funktioniert nur einmal, doch der Kontrast von einem Schaublatt und beispielsweise einem zarten Farn wie *Adiantum pedatum*, zwischen denen die hohen Stengel einer Gruppe von Lilien stehen, zieht das Auge wieder und wieder auf sich.

Ausgeprägte Konturen sind im Garten unverzichtbar, und wo sie in der Gesamtgestaltung fehlen, kann man dies durch eine stärkere Strukturierung einzelner Pflanzungen ausgleichen. Das bedeutet natürlich nicht, daß man nach dem einfachen Rezept vorgehen kann: eines von diesem, zwei von jenem und dann wieder eines von diesem. Oft heißt es aber, daß weniger mehr ist. In einem kleinen Garten ist daher extreme Beherrschung gefordert, denn die Versuchung, ihn mit möglichst vielen verschiedenen Pflanzen vollzustopfen, ist groß.

Die Betonung der Linien von Wegen kann nachhaltige Wirkung auf das Aussehen eines Gartens haben. Gerade, breite Wege brauchen diese Unterstützung wahrscheinlich nicht, doch die Konturen schmalerer, gewundener Wege gehen leicht unter und können unklar werden. Versuchen Sie einmal, den Weg auf seiner gesamten Länge mit gleichen Pflanzen einzufassen. Dies verleiht ihm sofort mehr Gewicht. Zudem gibt die Einfassung der dahinterliegenden Pflanzung Zusammenhalt. Die gesamte Anlage wirkt ein-

△ **Kontrastierende Formen**
Die gewaltigen Blätter des Mammutblattes sind an sich schon eindrucksvoll, bieten aber auch eine schöne Kulisse für die verschiedenen Blattformen im Vordergrund. Die metallisch-blauen, herzförmigen Blätter der Funkie bilden einen kompakten Busch, zu dem die kräftigen linearen Formen einer weißen Iris sibirica und hohe Stengel mit duftigen Fruchtständen einen starken Kontrast setzen.

◁ **Skulpturale Pflanze**
Eryngium giganteum ist eine zweijährige Distel, die im zweiten Jahr zu einer statuenartigen Pflanze heranwächst, deren Blüten an Kerzen auf einem Leuchter erinnern.

heitlicher und weniger willkürlich. Natürlich eignet sich nicht jede Pflanze für diesen Zweck. Meiden Sie alles, was sich über den Weg legt oder so hoch ist, daß es die dahinter stehenden Gewächse verdeckt.

Strukturgebende Pflanzen

Gärten brauchen zudem »Landmarken«, Pflanzen von Statur, die sich sicher nicht für Einfassungen eignen würden. Sie müssen prägnant, einmalig, raumgestaltend und ausdrucksvoll sein. Wahrscheinlich sind ihre Blätter und ihre Wuchsform wichtiger als ihre Blüten. Ein klassisches Beispiel wäre die panaschierte Aralie, die aber leider nicht immergrün ist. Dagegen besitzt die Mahonie alle notwendigen Attribute – und duftet auch noch. Durch die Plazierung solcher Pflanzen beeinflußt man, wie sich der Blick durch den Garten bewegt – und auch, wie man selbst durch den Garten geht. Wo Sie beispielsweise eine optische Barriere entstehen lassen wollen, die ein faszinierendes Geheimnis daraus macht, was dahinter liegt, pflanzen Sie einen hohen Meerkohl.

Höhe und Größenverhältnisse

Die Größe einer Pflanze in Beziehung zu dem Raum, in dem sie sich befindet, eröffnet unbegrenzte Möglichkeiten für Experimente. Nicht immer müssen die größten Pflanzen unbedingt hinten in der Rabatte wachsen. Eine ausladende, hohe Staude wie etwa *Verbena bonariensis* läßt vorne in der Pflanzung einen ausdrucksvollen Blickfang entstehen. Auch sollte man nicht glauben, daß man einen kleinen Garten immer mit kleinen Pflanzen bestücken muß. Ein Sammelsurium winziger Pflanzen kann unruhig und wenig eindrucksvoll wirken, während ein Ficus oder eine Yucca in einem kleinen, mauerumgebenen Garten enorme Wirkung haben kann. Versuchen Sie es einmal.

▷ *Laubfontänen*
Der Straußenfarn Matteuccia struthiopteris *braucht keine Blüten, um zu beeindrucken. Seine ausladenden Wedel biegen sich wie Radspeichen nach außen und lassen eine großartige architektonische Form entstehen.*

▽ *Substanz für eine zwanglose Pflanzung*
Die Wolfsmilch verleiht dieser unstrukturierten Pflanzung Substanz und ist im Winter ebenso hübsch wie im Sommer. Durch eine Begrenzung der Farbpalette werden die unterschiedlichen Blattformen noch betont.

△ *Lebende Skulptur*
Dieser Teil einer gemischten Rabatte wird von dem skulpturartigen Skelett einer gewaltigen Eselsdistel beherrscht, das die formschönen Blütenstände purpurnen Rittersporns ergänzen. Architektonische Pflanzen wie diese eignen sich ideal, um einer Pflanzung aus duftigen oder buschigen Gewächsen Substanz zu verleihen.

Schönes Laub

Viele schöne Rabattenpflanzen wie Astern, Bartfaden und verschiedene Korbblütler besitzen leider keine besonders hübschen Blätter und haben daher nicht viel zu bieten, wenn sie nicht blühen. Auch wenn man als Gärtner anfangs vielleicht vor allem an Blüten denkt, wird man sich rasch des Nutzens von Laub bewußt werden. Blätter bringen Konturen, Fläche und Struktur in gemischte Pflanzungen. Darüber hinaus sorgen sie auch für Farbe, wenngleich auf subtilere Weise als Blüten. Neben panaschiertem Laub gibt es Blätter in Purpur, Gold, Blau, Grau, Silber und tausend verschiedenen Grüntönen.

Alle wirklich schönen Pflanzengruppen beinhalten interessantes Laub – dicke Bergenienblätter, filigranen Beifuß oder die Schwerter von Neuseeländer Flachs und Yucca. Schwert- oder riemenförmige Blätter sind besonders nützlich, um die niedrigen, runden Kissen so vieler Stauden zu gliedern. Man wird nicht zu viele verwenden wollen, doch einzeln und gut plaziert sind sie von unschätzbarem Wert.

Oberflächenstrukturen

Wenn Sie Pflanzen zusammenstellen, müssen Sie über Kontraste und Wiederholungen von Strukturen wie auch Formen nachdenken. Einige Blätter, wie etwa das blaugrüne, wachsartige Laub von *Melianthus major,* haben beides anzubieten. Als Kontraste eignen sich die glatte, glänzende, purpurne *Hebe* ›La

Séduisante‹ oder ein Neuseeländer Flachs mit seinen riemenförmigen Blättern. Struktur entsteht sowohl durch die Oberfläche eines Blattes – das Laub des Wollziest *Stachys byzantina* etwa hat einen dicken, filzigen Überzug –, als auch durch die Wirkung der Gesamtheit der Blätter. Auf weichen, behaarten Blättern, wie etwa denen von Frauenmantel und *Meconopsis regia,* bleiben Regentropfen wunderbar haften, und jeder schimmert wie eine Quecksilberperle. Setzen Sie Laub in seiner ganzen Vielfalt ein, es ist Ihre wirkliche Stütze bei der Gartengestaltung.

△ **Brennender Busch**
Der Essigbaum, Rhus typhina, *entflammt in glühenden Tönen, wenn sich im Herbst seine Blätter feurigorange und rot färben.*

◁ **Gemusterte Blätter**
Das leuchtende, golden gefleckte Laub eines Spindelstrauchs belebt diese Pflanzung aus blassen Waldlilien. Panaschierte Blätter können ganz unterschiedliche Zeichnungen haben und silbern, cremefarben oder gelb getupft, gestreift und gefleckt sein. Das üppige Laub der Waldlilie bildet einen schlichten Hintergrund für ihre zarten Blüten.

▷ **Farngruppe**
Farne sind großartige Blattpflanzen. Hier stehen ihre tiefgeteilten Blätter im Kontrast zu einer glatten Fläche aus großen Steinen. Vorne sieht man glänzende Hirschzungen, dahinter die gefiederten Wedel der anderen Farne. Adiantum venustum, *der sich über die Mauer neigt, wird links von Goldschuppenfarn,* Dryopteris affinis, *und hinten rechts von* Woodwardia unigemmata *flankiert. Die Farne gedeihen überall, wo der Boden kühl und feucht ist, und eignen sich ideal für schattige Höfe.*

◁ **Kontrastierende Strukturen**
Das zarte duftige Laub eines Fenchels rahmt hier die sich öffnenden Blüten von Alchemilla mollis, *dem Frauenmantel, ein. Er wuchert leicht und sät sich selbst aus, hat aber sowohl großartige Blätter als auch hübsche Blüten. Seine großflächigen flaumigen Blätter ergänzen wunderbar das filigrane Laub des Fenchels.*

△ **Glänzende Oberfläche**
Obwohl die Blätter dieser Stechpalme, Ilex aquifolium ›Argentea Marginata‹ *panaschiert sind, ist die cremefarbene Zeichnung kaum schöner als ihre Oberfläche, die wie ein gut gewachstes Auto glänzt.*

GEMISCHTE RABATTEN

❧

Flexibilität ist der Leitgedanke bei der Anlage moderner Rabatten, die weitaus großzügiger und lockerer gestaltet werden als jene prachtvollen (und pflegeintensiven) altmodischen Beete, in denen hauptsächlich ordentlich gestützte Stauden wachsen. Moderne Rabatten bestehen aus einer vielfältigen Pflanzenmischung: Sträuchern, die für Struktur sorgen und die reizvolle Periode verlängern, Zwiebelblumen, die den Boden im Frühjahr bedecken, einjährigen Arten, die den Sommer bunt gestalten. Für solche Rabatten braucht man keinen riesigen Garten, ihre Wirkung kann sich auch auf kleinem Raum entfalten.

KÜHLE FARBEN IM SCHATTEN

Pflanzen, die im Schatten wachsen, haftet etwas Üppiges und Geheimnisvolles an, das man in der Sonne nie findet. Im Schatten schweben helle Farben wie Falter in der Dämmerung, während sie in der Sonne einfach ausgewaschen wirken. Manche Gärtner halten Schatten für ein Problem, aber man sollte ihn lieber als vom Himmel gesandte Chance sehen: Viele Pflanzen gedeihen im Schatten weit besser als anderswo.

Zum Reiz schattiger Bereiche gehört das Licht- und Schattenspiel auf den Pflanzen, das jeder leichte Wind verändert. Schatten erzeugt eine besondere Stimmung im Garten. Er verbreitet Ruhe und Besinnlichkeit, läßt Sie einhalten und gibt Ihnen Zeit, die außergewöhnliche Vielfalt von Pflanzen und Blüten wahrzunehmen.

Aus der Entfernung glauben Sie vielleicht, daß die zarten Blüten von *Hydrangea aspera* ssp. *aspera* in dieser Rabatte tiefviolett sind. Wenn Sie aber stehenbleiben und genau hinschauen, dann sehen Sie, daß die äußeren Brakteen in Wirklichkeit rosa sind und die violette Wirkung durch die leuchtendblauen Staubblätter der kleinen rosa Blüten in der Mitte entsteht.

Mehrstufige Pflanzung

Die großen Sträucher bilden in dieser Pflanzung die obere von drei »Stufen«. Die darunterliegende mittlere Stufe besteht aus Stauden wie Salomonssiegel *(Polygonatum × hybridum)*, während niedrige Pflanzen dicht über dem Boden die unterste Stufe bilden. Auch einige der kleineren Sträucher wie die Cotoneaster im Vordergrund der Pflanzung schmiegen sich an den Boden und können nur mit kleinen Zwiebelblumen wie Blausternchen zusammen wachsen, die ihnen den Platz nicht streitig machen.

Stars dieser Pflanzung sind die beiden Hortensien und auch der im Spätfrühjahr blühende Schneeball, ein Cultivar von *Viburnum plicatum*, der Schichten wie ein Hochzeitskuchen hat. Die meisten Hortensien stehen im Spätsommer, wenn sie blühen, auf dem Höhepunkt ihrer Pracht, doch die hier verwendeten Formen haben auch schönes Laub und sehen daher länger dekorativ aus.

Wie die Hortensien ist auch der Schneeball lange Zeit reizvoll. Dies macht ihn besonders für kleine Gärten geeignet, wo jeder Quadratzentimeter gut ge-

PFLANZENLISTE

1 *Polygonatum × hybridum* (Salomonssiegel), 12 ×
2 *Arum italicum* ›Pictum‹ (Aronstab), 3 ×
3 *Hydrangea quercifolia* (Hortensie), 1 ×
4 *Scilla siberica* ›Atrocoerulea‹ (Blausternchen), 75 ×
5 *Cotoneaster horizontalis* ›Variegatus‹ (Zwergmispel), 2 ×
6 *Carex elata* ›Aurea‹ (Segge), 3 ×
7 *Viburnum plicatum* ›Mariesii‹ (Schneeball), 1 ×
8 *Epimedium perralderianum* (Elfenblume), 5 ×
9 *Mentha x gentilis* (Edelminze), 3 ×
10 *Hydrangea aspera* ssp. *aspera* (Hortensie), 1 ×
11 *Ajuga reptans* ›Atropurpurea‹ (Günsel), 3 ×
12 *Decaisnea fargesii* (Blauschote), 1 ×

PFLANZPLAN

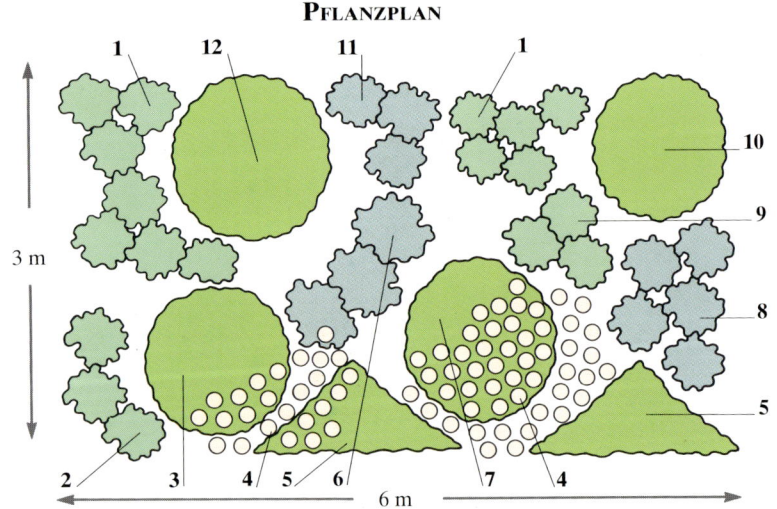

1 12 11 1
10
3 m 9
8
5
2 3 4 5 6 7 4
6 m

Spätsommerliche Pracht

Im Sommer sind die Hortensien mit ihren Blütenköpfen in Weiß und diffusem Lilarosa am schönsten. Kräftige Farben bieten die ungewöhnlichen dunklen Früchte der Blauschote und die leuchtenden perlenförmigen Beeren des Aronstabs.

Hortensie
Hydrangea quercifolia bietet neben weißen Blütenständen auch hübsches Laub.

Salomonssiegel
Polygonatum × hybridum ist eine anmutige Pflanze mit ausladendem Wuchs und kleinen Glockenblüten.

Aronstab
Arum italicum ›Pictum‹ hat cremefarben marmorierte, lanzettliche Blätter, die vor allem im Winter willkommen sind.

nutzt sein will. Durch seine Wuchsform mit ihren horizontal übereinandergeschichteten Zweigen wirkt der Schneeball auch dann schön, wenn er nicht blüht. Aber er braucht reichlich Platz, damit seine Form nicht durch andere Pflanzen beeinträchtigt wird. Er blüht weiß, und auch bei ihm rahmt ein Kranz aus sterilen Blüten ein Büschel erheblich kleinerer fertiler Blütchen ein.

Kühle Farben und schönes Laub

In dieser Pflanzung herrscht Weiß vor. Weiß sind die Blüten, die von den ausladenden Stengeln des Salomonssiegels hängen, und grünlich-weiß die ebenfalls hängenden Blütenstände der Blauschote (*Decaisnea fargesii*), die allerdings eine eher unbedeutende Rolle spielen.

Verblüffend sind hingegen ihre Früchte – marineblaue Schoten, so lang wie Würste. Das Laub ist ungemein anmutig: Jedes der langen Blätter besteht aus unpaarig angeordneten Teilblättchen, die an einer bläulich bereiften Mittelrippe sitzen.

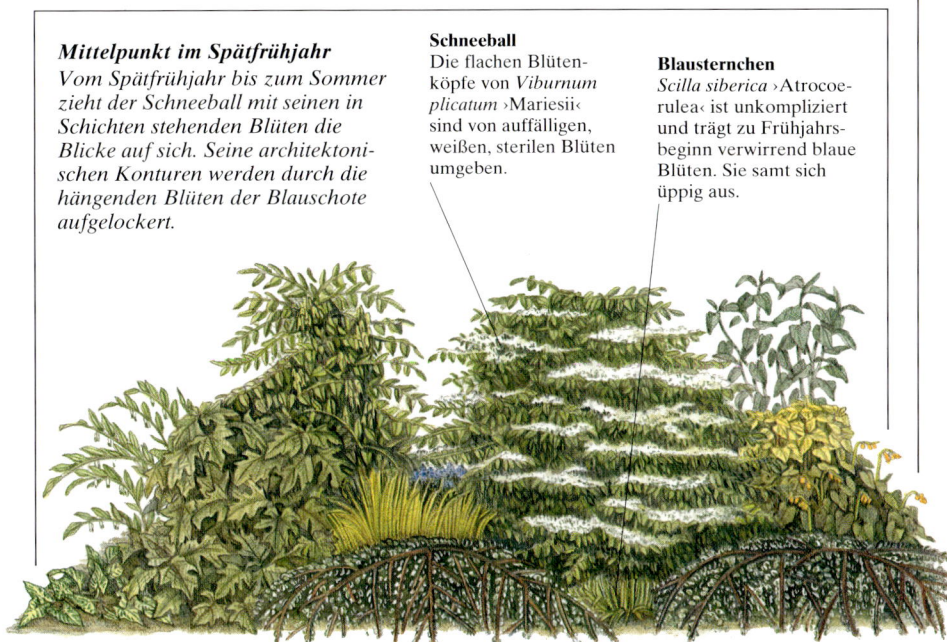

Mittelpunkt im Spätfrühjahr
Vom Spätfrühjahr bis zum Sommer zieht der Schneeball mit seinen in Schichten stehenden Blüten die Blicke auf sich. Seine architektonischen Konturen werden durch die hängenden Blüten der Blauschote aufgelockert.

Schneeball
Die flachen Blütenköpfe von *Viburnum plicatum* ›Mariesii‹ sind von auffälligen, weißen, sterilen Blüten umgeben.

Blausternchen
Scilla siberica ›Atrocoerulea‹ ist unkompliziert und trägt zu Frühjahrsbeginn verwirrend blaue Blüten. Sie samt sich üppig aus.

Blauschote
Kein anderer Strauch trägt so seltsame marineblaue Früchte wie *Decaisnea fargesii*.

Segge
Ungewöhnliche Blüten sitzen, flaumigen Raupen ähnlich, im Frühjahr an den Stengeln von *Carex elata* ›Aurea‹. Wichtiger aber ist ihr glänzendes Laub.

Kriechender Günsel
Auch wenn er zum Wuchern neigt, bildet *Ajuga reptans* ›Atropurpurea‹ glänzende Laubteppiche, über denen hohe blaue Blütenstände stehen.

Viburnum plicatum ›Mariesii‹

Hortensie
Samtige Blätter und zartfarbene Blütenstände von bis zu 30 cm Breite machen *Hydrangea aspera* ssp. *aspera* zur Königin der Hortensien.

Edelminze
Mentha × gentilis ›Variegata‹ hat leuchtend panaschierte Blätter und ist weit dekorativer als Küchenminze.

Elfenblume
Die großen, glänzenden Blätter von *Epimedium perralderianum* bilden schöne, dichte Kissen, die zudem leuchtendgelbe Blüten tragen.

Zwergmispel
Cotoneaster horizontalis ›Variegatus‹ ist eine cremefarben getupfte Spielart der herkömmlichen Zwergmispel.

Pflanzen für schattige Standorte

Viele sonnenliebende Pflanzen blühen besser, wenn sie hungrig sind, Schattenpflanzen brauchen dagegen nahrhaften Boden. Diese Pflanzung ist für einen Standort vorgesehen, der schattig, aber weder mager noch trocken ist.

Geben Sie dem Schneeball reichlich Platz, und widerstehen Sie der Versuchung, ihn zu schneiden. Dieser Strauch ist ein Paradebeispiel für Symmetrie: Entfernt man einen Zweig, bringt man vielleicht die gesamte Form aus dem Gleichgewicht. Bei der Blauschote schneidet man jedes Jahr ein oder zwei der ältesten Stämme ganz heraus.

Sowohl Günsel als auch Edelminze breiten sich durch Ausläufer recht rasch aus und können die Blausternchen ersticken, wenn man nicht eingreift. Die Blütenstände der Hortensien läßt man bis zum Frühjahr stehen – mit Rauhreif besetzt wirken sie besonders hübsch.

KULTUR UND PFLEGE

Frühjahr
Seggen, Minze und Günsel pflanzen. Salomonssiegel mulchen. Hortensien jetzt oder im Herbst pflanzen, angewachsene Pflanzen dick mulchen, um die Bodenfeuchtigkeit zu konservieren. Alte Blütenstände entfernen. Regelmäßiger Schnitt ist nicht notwendig, zu große Pflanzen jetzt zurückschneiden. Bei Elfenblumen alte Blätter abschneiden und gesiebten Kompost um sie verteilen, bevor die Blütenstände erscheinen.

Sommer
Falls notwendig, die älteren Stämme der Blauschote nach dem Abblühen herausschneiden. Aronstab während der Ruheperiode pflanzen.

Herbst
Schneeball, Salomonssiegel, Blauschote und Zwergmispel pflanzen. Über die Zwergmispel dürfen sich keine Nachbarpflanzen legen, weil sie sonst abstirbt. Elfenblumen und Blausternchenzwiebeln pflanzen, letztere 8 cm tief.

Winter
Alte Triebe des Salomonssiegels entfernen.

Polygonatum × hybridum (Salomonssiegel)
Ausladende Staude mit hängenden, glockenförmigen, grünlich-weißen Frühjahrsblüten. H 1,2 m, B 1 m.

Decaisnea fargesii (Blauschote)
Sommergrüner Strauch mit hängenden hellgrünen Blütenständen, denen große marineblaue Früchte folgen. H und B 3 m.

Ajuga reptans ›Atropurpurea‹ (Günsel)
Niedrige immergrüne Staude mit glänzenden Blättern und blauen Frühlingsblüten. H 15 cm, B 1 m.

Hydrangea aspera ssp. aspera (Hortensie)
Sommergrüner Strauch, der von Spätsommer bis Herbstmitte lila Blütenköpfe trägt. H 3 m, B 2,5 m.

Hydrangea quercifolia (Hortensie)
Sommergrüner, runder Strauch mit schönem Herbstlaub. Die weißen Blüten öffnen sich ab Hochsommer. H 2 m, B 2,2 m.

Carex elata ›Aurea‹ (Segge) *Immergrüne Staude mit goldgelben, grasartigen Blättern und kleinen braunen Sommerblüten. H bis 40 cm, B 15 cm.*

Viburnum plicatum ›Mariesii‹ (Schneeball)
Sommergrüner, buschiger Strauch mit großen, runden Blütenköpfen, die vom Spätfrühjahr bis zum Frühsommer erscheinen. H 3 m, B 4 m.

Mentha × gentilis ›Variegata‹ (Edelminze)
Sich ausbreitende Staude mit golden gezeichneten Blättern und lilarosa Blüten. H 45 cm, B 60 cm.

Arum italicum ›Pictum‹ (Aronstab)
Zu Frühjahrsbeginn blühende Staude mit panaschiertem Herbstlaub, dem rote Fruchtstände folgen. H bis 25 cm, B bis 30 cm.

Scilla siberica ›Atrocoerulea‹
Zwiebelblume mit glänzenden Blättern. Trägt zu Frühjahrsbeginn blaue Glockenblüten. H 15 cm, B 5 cm.

Cotoneaster horizontalis ›Variegatus‹ (Zwergmispel)
Sommergrüner Strauch. An den fischgrätenartigen Zweigen sitzen cremefarben panaschierte Blätter, im Herbst rote Beeren. H 60 cm, B bis 1,5 m.

Epimedium perralderianum (Elfenblume)
Halbimmergrüne teppichbildende Staude mit glänzendem Laub und gelben Frühlingsblüten. H 30 cm, B 45 cm.

Abwandlung des Pflanzplans

Diese Pflanzung läßt sich leicht verändern und besonderen Bedingungen anpassen. Die Hortensien stellen keine speziellen Ansprüche an den Boden, sofern er feucht ist und mit gutem Kompost angereichert wurde. Wo die Erde jedoch sauer ist, kann man die hohe Hortensie durch eine Lavendelheide *(Pieris)* und die Zwergmispeln durch niedrige Rhododendren ersetzen. Die Bodendecker wurden hier gegen eine Kombination in Weiß, Gold und Blau ausgetauscht.

Farbenfrohe Bodendecker

Endlose Teppiche aus Johanniskraut *(Hypericum)* haben die Bodendecker in Verruf gebracht, doch sie können so kunstvoll wie ein Orientteppich aussehen. Versuchen Sie, Pflanzen zu kombinieren, die bescheidene Platzansprüche haben und sich ergänzen, damit Ihre Rabatte möglichst lange reizvoll bleibt.

Wählen Sie eine Funkie, deren Blätter Wärme ausstrahlen. In dieser Pflanzung wirken weißblühende Maiglöckchen hübscher als rosafarbene.

Convallaria majalis (Maiglöckchen)
Niedrige Staude mit matten, dunkelgrünen Blättern und Trauben aus duftenden Glockenblüten. H bis 30 cm, B unbegrenzt.

Hosta ›**Gold Standard**‹ **(Funkie)**
Staude mit blaßgrünen Blättern, die sich vom Hochsommer an golden mit dunkelgrünem Rand färben. H 75 cm, B 1 m.

Tiarella wherryi **(Schaumblüte)**
Staude mit duftigen Blüten. H 10 cm, B 15 cm.

Omphalodes cappadocica **(Blaues Lieschen)**
Staude mit gerunzelten Blättern und leuchtendblauen Blüten, die sich im Frühjahr und Sommer öffnen. H 20 cm, B 30–45 cm.

Frühlingsrabatte für sauren Boden

Manche Sträucher wie Rhododendren, Kamelien und Lavendelheide gedeihen nur auf sauren Böden. In freier Natur findet man diese Pflanzen am häufigsten in Wäldern, und auch im Garten bevorzugen sie etwas Schatten. Wählen Sie Rhododendren mit hellen Blüten, damit sie mit der übrigen Pflanzung harmonieren. Als Gegengewicht zu den kräftigen Rhododendronbüschen verwenden Sie Bodendecker mit filigranen oder geteilten Blättern.

Lavendelheide ist ein anmutiger immergrüner Strauch, der im Frühjahr am schönsten wirkt, weil dann die jungen Blätter kupfrigrot überlaufen sind. Seine duftenden Blütenrispen sind cremeweiß.

Rhododendron ›**Snow**‹
Niedriger, runder Strauch, der zu Frühjahrsbeginn mit reinweißen Blüten bedeckt ist. H und B bis 60 cm.

Pieris ›**Forest Flame**‹ **(Lavendelheide)**
Strauch mit glänzendem Laub, das sich erst rot, dann rosa und creme und endlich dunkelgrün färbt. H 4 m, B 2 m.

27

HÜBSCHE PASTELLTÖNE

Der Honigstrauch – der Star dieser Rabatte – ist eine der prächtigsten Blattpflanzen, die sich ein Gärtner vorstellen kann. Er hat dekorative, lange, unpaarig gefiederte Blätter in einem seltsamen bläulichen Meergrün. Als Knospen sind sie eng gefältelt, geöffnet ist jedes Blatt ein Meisterwerk für sich.

Der Honigstrauch ist in Südafrika heimisch und muß im Winter vor Frost und eisigen Winden geschützt werden. Wie alle Stars ist er ein Leben in Luxus und Bequemlichkeit gewöhnt. Bei richtiger Behandlung sticht er jedoch alle anderen Pflanzen im Garten aus.

Farbmischung in gedämpften Tönen

Blasses Rosalila und Blau sind die Grundtöne dieser Rabatte. Sie gruppieren sich um Flächen aus Grau und kühlem Meergrün, die Blattpflanzen wie Honigstrauch und Wollziest entstehen lassen. Selbst der hier verwendete Ginster hat nicht das kräftige Gelb vieler Mitglieder seiner Gattung, sondern eine gedämpfte cremige Farbe.

Pflanzen mit kräftigen, prägnanten Formen verhindern jedoch, daß die Rabatte eintönig oder langweilig wirkt. Die kugelrunden Fruchtstände des Zierlauchs wirken auch dann noch interessant, wenn die Blüten schon lange verwelkt sind. Und die Edeldistel sieht aus, als sei ein Bildhauer am Werk gewesen.

Wer diese Pflanzung erweitern will, kann auch andere Pflanzen in weichen Tönen einbeziehen: Bartfaden, blaue Marienglockenblumen (Campanula medium), Lavendel, Abutilon und Storchschnabel (Geranium).

Silberblättrige Pflanzen wie Wollziest sind ein ausgezeichneter Hintergrund für blasse Blumen, die selbst kein reizvolles Laub besitzen. Dazwischen pflanzt man Zwiebelblumen wie Tulpen, Lilien und Zierlauch. Beziehen Sie aber nicht zu viele silberlaubige Pflanzen in ein Beet ein, sonst gehen Farb- und Strukturkontraste verloren. Für diese Rabatte können sowohl graue als auch gelbgrüne Strohblumen (Helichrysum) verwendet werden, Gelbgrün wirkt jedoch interessanter. Beide Typen gedeihen zwar üppig, fädeln sich aber meist hübsch durch andere Pflanzen hindurch, ohne sie zu erdrücken.

HERRLICHE FORM
Die typischen Blätter von *Eryngium × oliverianum* bilden im Spätsommer einen großartigen Hintergrund für die lavendelblauen Blütenköpfe.

GESTALTERISCHE ASPEKTE

Lange Pracht
Cremefarbener Ginster sorgt gemeinsam mit rosa und weißen Tulpen im Frühjahr für Reiz; die Fruchtstände der Edeldistel halten bis weit in den Winter.

Beruhigende Farben
Zarte, pastellfarbene Blüten und kühles Laub lassen zusammen eine heiter-ruhige Pflanzung entstehen.

Farbspielereien
Durch die Einbeziehung von Tulpen, die nicht immer sehr dauerhaft sind, kann man das Farbspektrum jedes Jahr leicht variieren. Dunkelpurpurne Papageientulpen bilden einen kräftigen Kontrast zum hellen Laub der Umgebung.

PFLANZENLISTE

1 *Eryngium × oliverianum* (Edeldistel), 10 ×
2 *Lilium regale* (Königslilie), 25 ×
3 *Aster × frikartii* ›Mönch‹, 8 ×
4 *Melianthus major* (Honigstrauch), 2 ×
5 *Viola cornuta* (Hornveilchen), 15 ×
6 *Stachys byzantina* (Wollziest), 3 ×
7 *Tulipa* ›Angélique‹ und ›White Triumphator‹, 50 ×
8 *Helichrysum petiolare* ›Limelight‹ (Strohblume), 8 ×
9 *Astrantia major* ›Shaggy‹ (Sterndolde), 4 ×
10 *Cytisus × praecox* (Elfenbeinginster), 1 ×
11 *Allium giganteum* (Zierlauch), 16 ×
12 *Eupatorium lingustrinum* (Wasserdost), 1 ×

PFLANZPLAN

Meer aus Laub und Blüten
Im Spätsommer steht der Honigstrauch auf dem Höhepunkt seiner Pracht und bildet einen meergrünen Hintergrund für die herrlichen filigranen Köpfe des Zierlauchs und die metallisch schimmernden Blüten der Edeldistel.

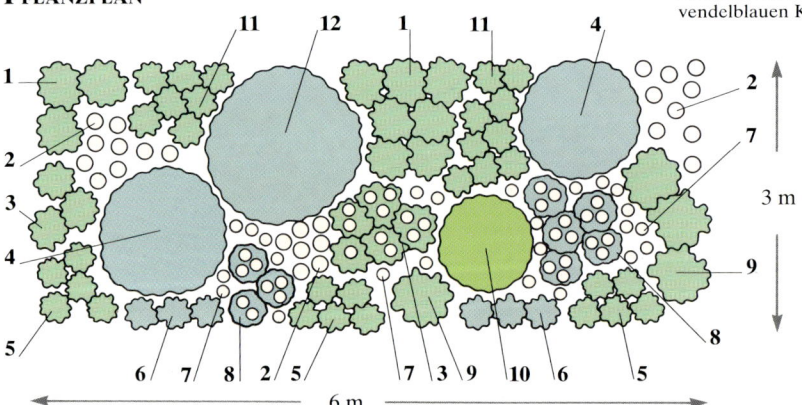

Edeldistel
In einer Gattung, die für ihr attraktives Aussehen bekannt ist, gehört *Eryngium × oliverianum* zu den schönsten Arten.

Aster
Weit weniger krankheitsanfällig als andere Astern ist *Aster × frikartii* ›Mönch‹ mit ihren fransigen, tiefalavendelblauen Korbblüten.

Honigstrauch
Obwohl *Melianthus major* nicht winterhart ist, macht ihn allein sein herrliches Laub lohnend.

Hornveilchen
In Anbetracht ihrer geringen Größe ist die Blühfreudigkeit von Veilchen verblüffend. Hier wurde *Viola cornuta* verwendet.

3 m

6 m

Kräftige, attraktive Sträucher

Die Sträucher dienen dazu, der Rabatte Volumen und Höhe zu geben. Der Elfenbeinginster, *Cytisus × praecox,* mag die gleichen Wachstumsbedingungen wie die graublättrigen Pflanzen. Im Spätfrühjahr tropfen seine Blüten wie schmelzende Eiscreme von den Zweigen.

Der immergrüne Wasserdost *(Eupatorium ligustrinum)* bildet ein Gegengewicht zu den Grautönen, die im Winter besonders reizlos sind. Er ist deshalb weit mehr als einfach ein nützlicher Strauch, auch wenn er unaufdringlich wirkt. Seine dunkelgrünen Blätter erinnern ganz stark an Liguster. Im Spätsommer gibt er dann seine Zurückhaltung auf und versinkt unter einem Meer duftender flacher Blütenstände, von denen jeder aus Hunderten winziger weißer oder zartrosa Blütchen besteht. Die Wirkung ist einfach hinreißend.

Frühlingsspektakel
Der Ginster zieht Mitte des Frühjahrs die Blicke auf sich. Tulpen schließen die Lücken zwischen spätblühenden Stauden.

Tulipa ›Angélique‹

Elfenbeinginster
Cytisus × praecox ist im Frühjahr mit cremeweißen Blüten bedeckt und hat zudem einen kräftig-würzigen Duft.

Tulpen
Mit Tulpen kann man in der Rabatte für farbliche Abwechslung sorgen. Hier führen lilienblütige ›White Triumphator‹ und rosa ›Angélique‹ (links) das Pastellthema fort.

Wollziest
Die beliebte Gartenpflanze *Stachys byzantina* eignet sich gut als Bodendecker unter höheren Pflanzen.

Zierlauch
Die violetten, runden Blüten von *Allium giganteum* sind auch als Fruchtstände noch ungemein dekorativ.

Wasserdost
In milden Gegenden kann *Eupatorium ligustrinum* noch im Winter blühen. Seine weißen Blütenstände kontrastieren hübsch mit dem nüchternen Laub.

Cytisus × praecox

Strohblume
Das Laub von *Helichrysum petiolare* ›Limelight‹ wächst durch andere Pflanzen hindurch und verbindet sie.

Sterndolde
Astrantia major ›Shaggy‹ trägt um die Blüten einen besonders großen Kranz aus Hüllblättern.

Königslilie
Lilium regale gehört zu den beliebtesten Gartenlilien und trägt lange Trichterblüten in reinstem Weiß.

29

Pflanzen für einen gutdrainierten Platz

Alle Pflanzen in dieser Rabatte brauchen einen offenen, sonnigen Standort. In kalten Gegenden sollte man den bedingt winterharten Honigstrauch wie eine Geranie behandeln. Man nimmt also im Herbst Stecklinge und überwintert sie im Haus, um sie im folgenden Frühjahr pflanzen zu können. Oder man kauft jedes Jahr neue Pflanzen. Sie kosten nicht mehr als eine Flasche Wein, und ihre Wirkung ist doppelt so berauschend. Einmal angewachsen, übersteht der Honigstrauch auch Minustemperaturen. Schwierig ist nur, ihn über die ersten Winter zu bekommen. Mitunter hilft es, die Wurzelkrone mit Stroh zu schützen. Er kann bis zu 3 m hoch werden. Falls er jedes Frühjahr neu gepflanzt wird, wird er nicht einmal halb so hoch. Winterfeuchte ist für den Honigstrauch ebenso schädlich wie Winterkälte. Dies gilt auch für alle silberblättrigen Pflanzen, wie etwa Wollziest. Sie gedeihen am besten in leichter, gutdrainierter Erde.

KULTUR UND PFLEGE

Frühjahr
Wollziest pflanzen. Welke Blätter und Stengel entfernen und zu lange Triebe zurückschneiden. Ginster und Edeldistel pflanzen, im Spätfrühjahr dann Strohblumen und Honigstrauch. Um Lilienzwiebeln herum mulchen.

Sommer
Bei Veilchen regelmäßig welke Blüten entfernen, ebenso bei Tulpen – hier aber Stiele und Blätter natürlich absterben lassen. Ginster nach der Blüte bis zu zwei Drittel zurücknehmen. Im Spätsommer von Honigstrauch und Strohblumen Stecklinge zum Überwintern schneiden.

Herbst
Veilchen, Astern, Sterndolde und Lilien jetzt oder im Frühjahr pflanzen. *Lilium regale* bewurzelt sich am Stengel und muß daher tief gesetzt werden. Wasserdost und Tulpen pflanzen, dabei Knochenmehl in die Erde einarbeiten. Edeldisteln für Trockenarrangements schneiden, bevor sie welken. In kalten Gegenden gut wachsende Honigsträucher mit einer leichten Strohdecke schützen.

Winter
Welke Blüten des Wasserdosts entfernen. Disteln, Astern und Sterndolden zurückschneiden.

Allium giganteum *Sommerblühendes Zwiebelgewächs mit dickem Schaft und dichten purpurnen Blütenständen von 12 cm Ø. H 1,2 m, B 35 cm.*

Eupatorium ligustrinum syn. E. micranthum (Wasserdost) *Immergrüner, runder Strauch mit duftenden Blüten. H und B 2 m.*

Eryngium × oliverianum (Edeldistel) *Aufrechte Staude mit lavendelblauen Spätsommerblüten. H 1 m, B 60 cm.*

Lilium regale (Königslilie) *Sommerblühende Zwiebelblume mit duftenden, nach außen gerichteten Trichterblüten. H bis 2 m, B bis 30 cm.*

Aster × frikartii ›Mönch‹ *Buschige Staude, die im Herbst violette Korbblüten trägt. H 75 cm, B 45 cm.*

Melianthus major (Honigstrauch) *Immergrüner Strauch, der im Frühjahr und Sommer bräunlich-rote Blüten öffnet. H und B 2–3 m.*

Tulipa ›White Triumphator‹ *Im Spätfrühjahr blühende Tulpe mit weißen Blüten und zurückgebogenen Petalen. H 65 cm, B bis 20 cm.*

Cytisus × praecox (Elfenbeinginster) *Sommergrüner, dichtverzweigter Strauch, der Mitte und Ende des Frühjahrs blüht. H und B 1,5 m.*

Viola cornuta (Hornveilchen) *Staude mit gezähnten Blättern und purpurblauen Frühjahrs- und Sommerblüten. H 12–20 cm, B 20 cm und mehr.*

Stachys byzantina syn. S. lanata (Wollziest) *Immergrüne Staude mit lilarosa Sommerblüten. H 40 cm, B 60 cm.*

Helichrysum petiolare syn. H. petiolatum (Strohblume) *Immergrüner runder Strauch mit grau-filzigen Blättern. Im Sommer trägt er cremegelbe Blüten. H 30 cm, B 1,5 cm.*

Astrantia major ›Shaggy‹ (Sterndolde) *Büschelige Staude mit zahllosen Blütchen, die sich im Sommer und Herbst öffnen. H 60 cm, B 45 cm.*

Abwandlung des Pflanzplans

Alle verwendeten Pflanzen müssen trockene, durchlässige Erde vertragen, man kann jedoch Bereiche, die man nahrhafter machen will, kräftig mulchen. Aufregende Laubkontraste entstehen, wenn man anstelle des Wasserdosts einen Strauch mit purpurnen Blättern einbezieht. Einige der Zwiebelblumen kann man durch im Spätsommer blühende Pflanzen ersetzen.

Farbe für alle Jahreszeiten

Prächtig gefärbtes Laub haben der Perückenstrauch *Cotinus coggygria,* eine purpurblättrige Strauchveronika wie ›La Séduisante‹ oder eine purpurne Berberitze mit orangefarbenen Blüten. Im Perückenstrauch kann man eine im Frühjahr blühende Clematis klettern lassen, im Sommer bildet rosa Mohn einen schönen Kontrast zu seinem Laub.

Für spätsommerliche Pracht kann man einige der Tulpen und Lilien durch rosa Nerinen und blaue Schmucklilien ersetzen.

Cotinus coggygria ›**Notcutt's Variety**‹ **(Perückenstrauch)** Sommergrüner Strauch mit rötlich-purpurnen Blättern. Zur Förderung der Blattentwicklung schneidet man den Strauch im Herbst stark zurück. H und B bis 5 m.

*Agapanthus-***Headbourne-Hybriden (Schmucklilie)** Staude mit überhängenden Blättern. Die großen tiefblauen Blütenstände stehen an aufrechten Schäften. H 1 m, B 50 cm.

Clematis alpina ›**Frances Rivis**‹ Sommergrüne Kletterpflanze mit mittelblauen Frühlingsblüten, denen im Sommer flaumige, silberne Fruchtstände folgen. H 3 m, B 1,5 cm.

Papaver orientale **(Schlafmohn)** Winterharte, sich ausbreitende Staude, die Büsche aus behaarten, tiefgeteilten Blättern bildet. Im Frühsommer erscheinen an geraden Stengeln einzelne große, prächtige Blüten. Sie sind lachsrosa, weiß, orange oder braunrot und an der Petalenbasis meist blauschwarz. H 75 cm, B 30 cm.

Nerine bowdenii Herbstblühende Zwiebelblume mit riemenförmigen, grundständigen Blättern. An hohen Schäften trägt sie mehrere hübsche glänzendrosa Blüten, deren Petalen zurückgerollt sind. H 45–60 cm, B 12–15 cm.

31

EINE TROPISCHE SOMMERRABATTE

Um sich für diese Rabatte inspirieren zu lassen, denken Sie an den Dschungel. Solch ein tropisches Beet sollte üppig begrünt sein und verschwenderisch und exotisch wirken. Es eignet sich nicht für Gegenden mit späten Sommern und frühen Winterfrösten. Überdies erfordert es Pflege, doch jeder Gärtner, der zu der notwendigen Mehrarbeit bereit ist, wird von dieser üppigen Anlage fasziniert sein.

BUNTE SPINNENPFLANZE
Lange, dünne Staubgefäße, die aus den Blüten herausstehen, haben *Cleome hassleriana* den deutschen Namen Spinnenpflanze eingetragen. Sie blüht üppig und gedeiht vor allem in warmen Sommern gut.

GESTALTERISCHE ASPEKTE

Eine gewagte Anpflanzung
Diese Rabatte ist nichts für Zaghafte. Kräftige Formen, üppiges Laub und warme Farben lassen zusammen ein eindrucksvolles Spektakel entstehen.

Kaleidoskop der Farben
Blumenohren und Wunderbäume sehen im Gegenlicht besonders wirkungsvoll aus, wenn der Bronzeton ihrer Blätter in allen Schattierungen leuchtet. Im Spätsommer tragen die Pflanzen Blüten in flammenden Farben.

Bevorzugter Platz
Die Rabatte wurde gestaltet, um direkt daraufzublicken. Ein idealer Platz wäre beispielsweise die rückwärtige Seite eines geschützten Hinterhofes, wo man sie von den Fenstern aus direkt sehen kann. Im Winter ist sie jedoch kahl.

Rabatten wie diese waren in den großen Gärten des edwardianischen England, in denen es nie an Arbeitskräften mangelte, weit verbreitet. Grundbesitzer wetteiferten miteinander im Erreichen immer ausgefallenerer Effekte, und Gärtner waren mit den Ansprüchen einer tropischen Bananenstaude ebenso vertraut wie mit heimischem Kohl. Dieser Stil lebt in den berühmten roten Rabatten von Hidcote Manor im englischen Gloucestershire fort, wo im Sommer frostempfindliche Blumenohren und Keulenlilien, tiefrote Lobelien und üppige Dahlien zwischen robusteren Gewächsen stehen.

Formales Muster

Eine so ungemein effektvolle Rabatte wie diese sieht am schönsten aus, wenn man ihre Künstlichkeit nicht überspielt, sondern betont. Dies gelingt besonders gut bei einer streng formalen Gestaltung mit Pflanzengruppen, die sich wie ein Tapetenmuster in regelmäßigen Abständen wiederholen. Steht das Muster einmal fest, kann die Rabatte in beliebiger Länge angelegt werden. Bei einigen der vorn wachsenden Pflanzen sollte man jedoch die Plätze tauschen, damit der Gesamteindruck nicht zu schablonenartig wird.

Die Schwerpunkte dieser Rabatte bilden Bananenstauden, Wunderbäume und Blumenohren. Für eine wirklich großartige Wirkung braucht man alle drei. Die Bananenstauden setzen deutliche Akzente und sorgen für Höhe. Nur wenige andere Pflanzen wirken so üppig und kraftvoll. Und

Atemberaubendes Arrangement
Pflanzen mit prachtvollem Laub – Bananen, Wunderbäume, Blumenohren – prägen die Stimmung dieser tropisch wirkenden Rabatte. Spinnenpflanzen, Kosmeen und Tabak steuern Farbe und Duft bei.

Strauchmargerite
Argyranthemum frutescens ›Jamaica Primrose‹ trägt den ganzen Sommer hindurch gelbe Blüten.

Ewigblatt
Aeonium arboreum ›Schwarzkopf‹ hat ordentliche, weinrote, fleischige Rosetten.

wenn sich ihre gewaltigen Blätter entrollen, ist es jedesmal wieder ein faszinierendes Schauspiel. Außerhalb der Tropen entwickeln Bananen keine eßbaren Früchte, und während des Winters brauchen sie einen warmen Platz (etwa in einem beheizten Wintergarten), wo sie zwischen ihren Sommervorstellungen von den Tropen träumen können.

Wunderbaum
Ricinus communis wird wegen seiner großen, tiefgeteilten Blätter einbezogen.

Kosmee
Cosmos ›Sensation‹ bildet Büsche aus zartem, gefiedertem Laub, über dem rosa Blüten schweben.

Auch Wunderbäume und Blumenohren eignen sich in ihrer Üppigkeit für eine tropische Rabatte, ebenso die hohe Tabakpflanze, *Nicotiana sylvestris.* Andere Exoten wie Neuseeländer Flachs, Reispapierbaum *(Tetrapanax),* Yucca und der japanische *Trochodendron araloides* würden sich in diesem Beet ebenfalls wohl fühlen.

Duft und Farben

Kosmeen, Spinnenpflanze und Tabak sorgen für Farbe und duften überdies. Alle diese einjährigen Blumen bekommt man in Rosa, Malvenfarben und Weiß. Überlegen Sie, ob Sie ein einfarbiges oder gemischtes Arrangement vorziehen. Zuviel Weiß könnte nicht zum gewünschten Ziel führen und den Charakter dieser von üppigen, tropischen Gärten inspirierten Pflanzung verwässern.

PFLANZPLAN

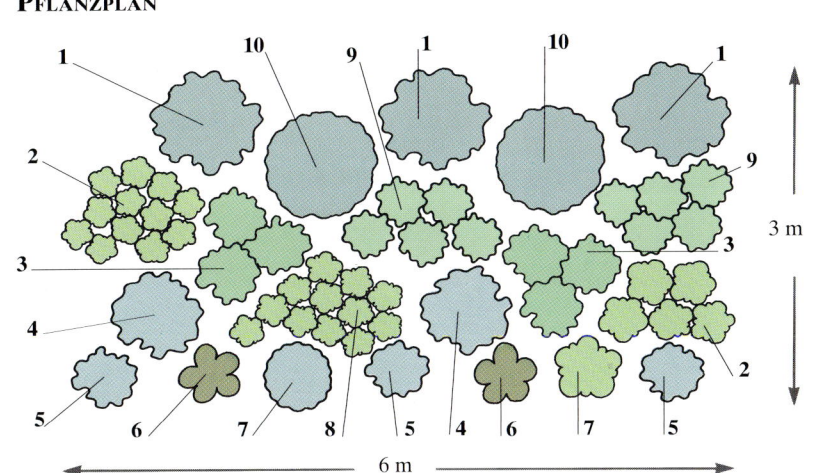

3 m

6 m

Wunderbaum
Ricinus communis ›Carmencita‹ ist einer von mehreren Wunderbäumen, die bronzefarbene oder rötliche Blätter haben.

Banane
Die ausladenden, federähnlichen Blätter von *Ensete ventricosum* geben der Pflanzung Höhe und Ausdruckskraft.

Ziertabak
Diese hohen Tabakpflanzen *(Nicotiana sylvestris)* setzen Farbtupfer in reinstem Weiß und duften.

Blumenohr
Breite, bronzefarbene Blätter und flammendgefärbte Blüten verleihen *Canna indica* ein exotisches Aussehen.

Spinnenpflanze
Cleome hassleriana ›Colour Fountain‹ trägt hohe rosa, purpurne und weiße Blütenstände.

Kapaster
Die blauen Blüten von *Felicia amelloides* ›Santa Anita‹ bilden ein Gegengewicht zu den warmen Farben der Pflanzung.

Pelargonie
Pelargonium ›Royal Oak‹ wurde wegen seiner braungefleckten, würzig duftenden Blätter einbezogen.

PFLANZENLISTE
1 *Ensete ventricosum* (Banane), 3 ×
2 *Cleome hassleriana* ›Colour Fountain‹ (Spinnenpflanze), 17 ×
3 *Canna indica* (Blumenohr), 6 ×
4 *Argyranthemum frutescens* ›Jamaica Primrose‹ (Strauchmargerite), 2 ×
5 *Pelargonium* ›Royal Oak‹, 3 ×
6 *Aeonium arboreum* ›Schwarzkopf‹ (Ewigblatt), 2 ×
7 *Felicia amelloides* ›Santa Anita‹ (Kapaster), 2 ×
8 *Cosmos* ›Sensation‹ (Kosmee), 12 ×
9 *Nicotiana sylvestris* (Tabak), 10 ×
10 *Ricinus communis* (Wunderbaum), 1 ×, und *R. c.* ›Carmencita‹, 1 ×

Frühling

Zu Frühjahrsbeginn Bananen in nahrhafte Erde umtopfen und Blumenohren im Haus in Töpfe setzen. Spinnenpflanzen werden in Töpfe gesät. Kosmeen, Tabak und Wunderbäume nach dem letzten Frost zusammen mit Kapastern und Pelargonien auspflanzen. Hohe Wunderbäume brauchen vielleicht eine Stütze.

Sommer

Blumenohren und Margeriten auspflanzen, bei letzteren regelmäßig welke Blüten entfernen. Töpfe mit Ewigblatt in der Rabatte versenken. Bananen gut gießen. Alle Pflanzen gelegentlich mit Flüssigdünger düngen. Kapastern nach der Blüte stutzen. Von Kapastern und Pelargonien Stecklinge zum Überwintern nehmen.

Herbst

Bananen und Ewigblatt vor dem ersten Frost ins Haus bringen und bei mindestens 10 °C halten. Stecklinge von Margeriten für die folgende Saison nehmen. Blumenohren nach dem ersten Frost herausheben und Rhizome abtrocknen lassen.

Winter

Kosmeen, Ziertabak und Wunderbäume im Spätwinter oder zu Frühjahrsbeginn aussäen. Blätter und Wurzeln der Blumenohren abschneiden, bevor die Rhizome in feuchtes Substrat gelegt werden.

Pflanzen für einen warmen Fleck

In kühlen oder gemäßigten Regionen müssen frostempfindliche Pflanzen wie Bananen und Ewigblatt im Kalthaus oder Wintergarten überwintert werden. Am einfachsten sind Bananen zu pflegen, wenn man sie in Kübel pflanzt, die man, sobald keine Frostgefahr mehr besteht, für den Sommer in die Rabatte einläßt. Wenn der Winter kommt, hebt man die Kübel heraus, wäscht sie ab und bringt sie für die kühleren Monate ins Haus.

Die beiden anderen Stars dieser exotischen Rabatte, Wunderbaum und Blumenohr, sind nicht weniger empfindlich. Das Blumenohr nimmt man im Herbst heraus und überwintert es unter Glas. Der aus dem tropischen Afrika stammende Wunderbaum ist eigentlich ein immergrüner Strauch, doch in gemäßigten Zonen wird diese raschwachsende Pflanze gewöhnlich einjährig behandelt und jedes Jahr neu aus Samen gezogen.

Cleome hassleriana ›**Colour Fountain**‹ **(Spinnenpflanze)** *Buschige Einjahresblume mit geteilten Blättern. Blütezeit Sommer. H 1,2 m, B 60 cm.*

Argyranthemum frutescens ›**Jamaica Primrose**‹ **(Strauchmargerite)** *Buschige immergrüne Staude mit farnähnlichen Blättern, die den ganzen Sommer über gelbe Blüten öffnet. H und B bis 1 m.*

Pelargonium ›**Royal Oak**‹ *Buschige Immergrüne mit kompakten, duftenden Blättern und kleinen rosalila Blüten. H 40 cm, B 30 cm.*

Ensete ventricosum **(Banane)** *Immergrüne palmenähnliche Staude mit riesigen, geaderten Blättern, die eine rote Mittelrippe haben. H bis 6 m, B bis 3 m.*

Aeonium arboreum ›**Schwarzkopf**‹ **(Ewigblatt)** *Mehrjährige Sukkulente mit typischen Rosetten aus steifen dunkelpurpurnen Blättern. H bis 60 cm, B 1 m.*

Ricinus communis **(Wunderbaum)** *Schnellwüchsiger immergrüner Strauch, der im Sommer grün-rote Blütenstände trägt. H 1,5 m, B 90 cm.*

Nicotiana sylvestris **(Tabak)** *Verzweigte Staude mit Rispen aus duftenden, weißen Röhrenblüten, die im Spätsommer erscheinen. H 1,5 m, B 75 cm.*

Cosmos ›**Sensation**‹ **(Kosmee)** *Buschige Einjahresblume mit filigranem Laub und Korbblüten, die von Frühsommer bis Frühherbst erscheinen. H 90 cm, B 60 cm.*

Canna indica **(Blumenohr)** *Staude mit breiten, mitunter purpurrot überhauchten Blättern und roten oder orangefarbenen Sommerblüten. H 1,2 m, B 45 cm.*

Felicia amelloides ›**Santa Anita**‹ *Immergrüner Strauch, der von Spätfrühjahr bis Herbst Korbblüten trägt. H und B 30 cm.*

Abwandlung des Pflanzplans

In Gegenden mit kurzen Sommern könnten einige der empfindlichen Pflanzen durch robustere Arten und Sorten ersetzt werden. Dadurch wird die Pflanzung pflegeleichter, allerdings nimmt auch die effektvolle Wirkung mit den Arbeitsstunden ab. Naheliegenderweise ersetzt man zuerst die Bananen und die anderen exotischen Pflanzen, die im Winter Pflege brauchen.

Pampasgras für kühle Regionen

In kühlen Lagen erleichtert Pampasgras die Pflege der Rabatte, da es ganzjährig im Boden bleiben kann. Man wählt eine frühe Sorte, die ihre Blütenrispen entwickelt, bevor die übrigen Pflanzen absterben.

Auch Keulenlilien kann man in ihren Töpfen in den Boden einsenken. Im Herbst hebt man sie wieder heraus, um sie an einem frostfreien Platz zu überwintern. Zusätzlichen Schutz geben zusammengebundene Blätter. Dahlienknollen sollten nach dem ersten Frost aus dem Boden geholt werden.

Cordyline australis ›Atropurpurea‹ (Keulenlilie) Schwachwüchsiger Baum mit ausladenden Blättern. H 1,2 m, B bis 1 m.

Cortaderia selloana ›Sunningdale Silver‹ (Pampasgras) Trägt vom Spätsommer an große, fedrige Blütenrispen. H bis 2,5 m, B 1,2 m.

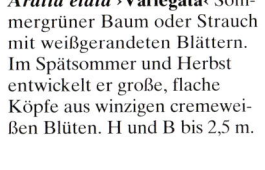

Dahlia ›**Bishop of Llandaff**‹ Staude mit bronzegrünen Blättern, die die anderen Farben in der Rabatte gut ergänzt. Im Sommer und Herbst trägt sie große leuchtendrote Blüten. H und B 1 m.

Satte Farbkombinationen

Setzen Sie tiefpurpurne *Verbena patagonica* und Gladiolen in Magentarot, Karmin und Purpur vor einen Hintergrund, den panaschierte Aralien und die schimmernden, bronzefarbenen Wunderbäume bilden. Silbern panaschierte Aralien eignen sich besser als goldbunte, da sie eine zartere Kulisse für die leuchtenden Blüten entstehen lassen. Die Gladiolen haben großartige Blütenstände, die die exotische Wirkung der Pflanzung verstärken.

Aralia elata ›**Variegata**‹ Sommergrüner Baum oder Strauch mit weißgerandeten Blättern. Im Spätsommer und Herbst entwickelt er große, flache Köpfe aus winzigen cremeweißen Blüten. H und B bis 2,5 m.

Verbena patagonica Hohe Staude mit aufrechten Stengeln, an denen im Sommer und Herbst purpurrosa Blüten sitzen. Samt sich üppig aus und braucht keine Stütze. H 1,5 m, B 50 cm.

Gladiolus ›**Robin**‹ Zwiebelblume, die im Spätsommer aufrechte Blütenstände entwickelt. Braucht eine dezente Stütze. H 1,2 m, B 20 cm.

ÜPPIGE TEICHRANDBEPFLANZUNG

Laub bildet das Leitmotiv dieser Rabatte mit zahlreichen Pflanzen, deren dekorative Wirkung nicht allein auf Blüten beruht. Üppige Blattpflanzen gehören so selbstverständlich an ein Gewässer im Garten wie Steine in ein Alpinum. Doch damit eine Pflanzung am Ufer wirklich gelingt, muß man dafür sorgen, daß sie in einem harmonischen Größenverhältnis zu Teich oder Bach steht.

Diese Pflanzung wurde für einen recht kleinen Teich gestaltet. Wer einen großen Uferbereich bepflanzt, muß entsprechend größere Pflanzen verwenden wie Weiden oder das riesige Mammutblatt (Gunnera), dessen Blätter groß genug sind, um bei einem Gewitter darunter zu picknicken.

Schönes Laub

Die ständige Feuchte einer Uferrabatte fördert üppiges Blattwachstum, und zudem gedeihen gerade am Wasser viele Pflanzen mit auffällig schönen Blattformen: die buntlaubige *Iris pseudacorus* ›Variegata‹ mit breiten lanzenartigen Blättern, das Schaublatt mit seinen dekorativen handförmigen Blättern sowie Farne mit filigranen Wedeln. Die Blätter des Schaublatts bestehen aus mehreren gezackten Teilen, die sich im Kreis um einen Stiel ausbreiten. Wenn sie im Frühjahr erscheinen, sind sie tief bronzefarben überlaufen. Ihr warmer Farbton bildet einen herrlichen Hintergrund für die grasartigen Büschel von *Carex elata* ›Aurea‹. Auch wenn Seggen botanisch gesehen keine Gräser sind, erinnern sie doch stark an Ziergräser und haben den Vorteil, daß sie in feuchter Erde am besten gedeihen. Sie eignen sich also ideal für einen sumpfigen Uferbereich. Zudem sind sie immergrün – ein großer Vorteil für eine Rabatte, in der die meisten Pflanzen den Winter über im Boden verschwinden.

Akzente in Rot und Gelb

Besonders leuchtende Farben haben die magentaroten Blüten von *Primula japonica* und die gelben Blüten der Iris. Es scheint beinahe, als würden diese Blüten die gelbe Farbe aus den Blättern saugen, denn wenn die Pflanze im Frühsommer blüht, verliert das Laub seine gelben Streifen fast ganz. Bei der Auswahl der Astilben ist Vorsicht geboten, da manche eine

grellrosa Farbe haben. Da diese Pflanzung viel reines Gelb und Bronze enthält, eignen sich ziegelfarbene oder weiße Astilben besser.

Pflanzung für den Hochsommer
Wenn die Primeln welken, beginnen Goldkolben und Wasserdost zu blühen. Rodgersia aesculifolia trägt jetzt dicke rosa Blütenrispen, die an Plüsch erinnern.

Primel
Primula florindae entwickelt mehrere Stengel mit gelben Blüten, die hoch über den Blättern stehen.

Lobelie
Lobelia siphilitica hat aufrechte Stengel mit reinblauen Blüten. Sie wächst auf feuchten, schweren Böden.

PFLANZPLAN

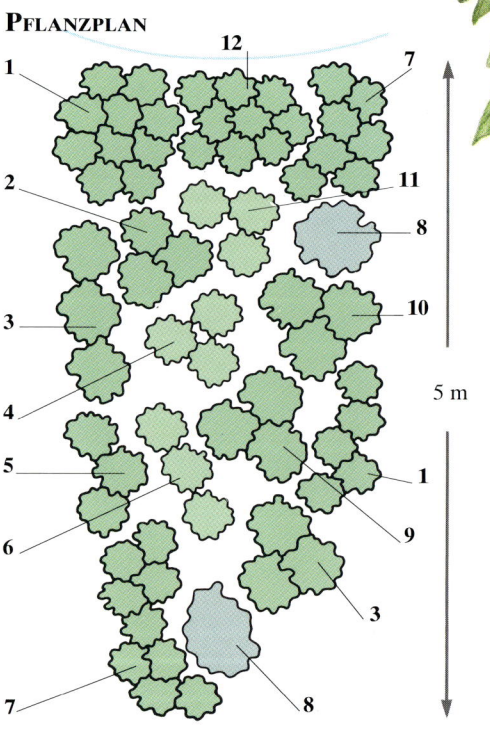

5 m

2,2 m

PFLANZENLISTE

1 *Primula florindae*, 16 ×
2 *Astilbe* x *arendsii*, 3 ×
3 *Hosta plantaginea* (Funkie), 6 ×
4 *Osmunda regalis* (Königsfarn), 3 ×
5 *Lobelia siphilitica*, 3 ×
6 *Rodgersia aesculifolia* (Schaublatt), 3 ×

7 *Primula japonica* (Japanische Primel), 16 ×
8 *Carex elata* ›Aurea‹ (Segge), 2 ×
9 *Ligularia przewalskii* (Goldkolben), 3 ×
10 *Eupatorium rugosum* (Wasserdost), 3 ×
11 *Rodgersia podophylla* (Schaublatt), 3 ×
12 *Iris pseudacorus* ›Variegata‹, 9 ×

Astilbe
Im Frühjahr sind die Triebe von *Astilbe × arendsii* bronzerot und bernsteinfarben überzogen. Diese Färbung wiederholt sich in den trockenen mahagonifarbenen Stengeln des Winters.

Iris pseudacorus ›Variegata‹

Königsfarn
Osmunda regalis ist der größte unter den Farnen, die in gemäßigten Zonen im Freien wachsen können.

Spätfrühjahr
Iris pseudacorus ›*Variega-ta*‹ *und* Primula japonica *fügen einem Laubteppich aus verschiedenen Formen und Strukturen leuchtende Glanzpunkte hinzu.*

Iris
Iris pseudacorus ›Variegata‹ sorgt für fröhliche gelbe Tupfer.

Japanische Primel
Etagenprimeln wie *Primula japonica* tragen ihre Blütenköpfe hoch über den Blattrosetten.

Primula japonica

Schaublatt
Große, scharfgezähnte Blätter sind ein Markenzeichen von *Rodgersia podophylla*. Im Jugendstadium sind sie bronzefarben, später werden sie grün.

Wasserdost
Die flachen, duftigen, weißen Blütenstände von *Eupatorium rugosum* erscheinen im Spätsommer an schlanken, verzweigten Trieben.

Goldkolben
Anmutige, tiefgeteilte Blätter bilden bei *Ligularia przewalskii* den Hintergrund für schmale Ähren aus reingelben Blüten.

Schaublatt
Breite, runzelige Blätter, ähnlich denen eines Kastanienbaums, sind für die Blattpflanze *Rodgersia aesculifolia* typisch.

Funkie
Mit prächtigen weißen Blüten, die wie Lilien duften, überrascht im Frühherbst *Hosta plantaginea.*

Segge
Obwohl sich *Carex elata* ›Aurea‹ nicht immer leicht eingewöhnt, lohnt sich ihre Verwendung wegen der großartigen Blattfarben.

Pflanzen für eine Teichuferrabatte

Bevor Sie eine solche Rabatte in Angriff nehmen, müssen Sie feststellen, ob Ihr Sumpfbereich den richtigen Untergrund hat. Über die Ufer tretendes Wasser muß ablaufen können, ohne die Pflanzen fortzuschwemmen. In langen, trockenen Sommern muß der Boden aber auch ausreichend feucht bleiben. Möglicherweise ist es notwendig, ihn mit dicker Folie, etwa Teichfolie, zu unterfüttern.

Die Iris können an einer nicht allzu tiefen Stelle ins Wasser gesetzt werden oder an eine besonders sumpfige Stelle des Ufers. Im Wasser muß man sie in einen Kunststoffkorb pflanzen, der mit Steinen beschwert wird.

KULTUR UND PFLEGE

Frühjahr
Iris an einen sonnigen Platz pflanzen, im Wasser nicht tiefer als 15 cm. Beim Schaublatt muß die Wurzelkrone gerade unterhalb der Erdoberfläche sitzen, beim Königsfarn eben mit ihr abschließen. Lobelien pflanzt man in den Schatten einer Nachbarpflanze. Abgestorbene Triebe der Seggen entfernen. Austreibende Funkien vor Schnecken schützen.
Um alle Pflanzen eine Schicht aus humusreichem Material verteilen.

Sommer
Verwelkte Blüten der Iris entfernen. Pflanzen alle drei Jahre gleich nach der Blüte teilen. Im Spätsommer abgeblühte Stengel des Schaublatts entfernen.

Herbst
Astilben pflanzen. Seggen, Goldkolben, Wasserdost, Funkien und Primeln können jetzt oder im Frühjahr gepflanzt werden. Ältere Astilben auf Bodenhöhe zurückschneiden und alle drei Jahre teilen. Stengel des Wasserdosts nach der Blüte abschneiden, beim Königsfarn die Wedel entfernen, ausgenommen die braunen Sporenwedel.

Winter
Goldkolben bis auf Bodenhöhe zurückschneiden.

Iris pseudacorus ›**Variegata**‹ *Staude mit Rhizomen, gestreiften Blättern und gelben Blüten. H bis 2 m, B unbegrenzt.*

Primula japonica (Japanische Primel) *Staude mit attraktiven rötlichen Blüten. H 60 cm, B 30 cm.*

Primula florindae *Staude mit Köpfen aus gelben Glockenblüten. H bis 1 m, B bis 60 cm.*

Astilbe arendsii *Staude mit farnartigen Blättern und fedrigen cremegelben Blütenständen. H 90 cm, B 45 cm.*

Rodgersia podophylla (Schaublatt) *Büschelige Staude mit großen Blättern und cremefarbenen Sommerblüten. H 1,2 m, B 1 m.*

Eupatorium rugosum (Wasserdost) *Staude, die im Spätsommer flache, weiße Blütenköpfe trägt. H 1,2 m, B 45 cm.*

Hosta plantaginea (Funkie) *Staude mit glänzenden Blättern. Trägt im Spätsommer und Herbst duftende Blüten. H 60 cm, B 1,2 m.*

Rodgersia aesculifolia (Schaublatt) *Staude mit gerunzelten, bronzegrünen Blättern und duftigen Hochsommerblüten. H und B 1 m.*

Lobelia siphilitica *Staude mit hohen, blauen Blütenständen, die sich im Spätsommer und Herbst öffnen. H 1 m, B 25 cm.*

Osmunda regalis (Königsfarn) *Sommergrüner Farn mit breiten Wedeln und rostbraunen Sporenblättern. H 2 m, B 1 m.*

Ligularia przewalskii (Goldkolben) *Staude mit tiefgeteilten Blättern. Trägt ab Hochsommer gelbe Blütenstände. H 2 m, B 1 m.*

Carex elata ›**Aurea**‹ *Immergrüne Staude mit grasähnlichen hellgrünen Blätterbüscheln. H 40 cm, B 15 cm.*

Abwandlung des Pflanzplans

Das Aussehen der Pflanzung läßt sich durch eine andere Farbzusammenstellung leicht verändern. Die warmen Farben des ursprünglichen Plans wirken um eine Nuance kühler und frischer, wenn man mehr weißblühende Pflanzen einbezieht. Liegt der Teich im Blickfeld, möchten Sie vielleicht die reizvolle Periode der Rabatte mit Pflanzen verlängern, die besonders im Winter und zu Frühlingsbeginn hübsch aussehen.

Eine kühlere Farbwirkung

Einige Gärtner sind bei der Verwendung gelber Blüten äußerst heikel. Ganz Konservative unter den Gelbgegnern möchten vielleicht völlig auf diese anstößige Farbe verzichten und die Farbwirkung statt dessen mit weißen oder silbrigen Pflanzen abkühlen. In diesem Fall kann man als Ersatz für die Seggen die hellsilbern panaschierte *Iris laevigata* verwenden, für die ursprünglich gelbe Iris weiße, wachsartige Zimmerkalla und für die Goldkolben weiße Silberkerzen. Diese Kombination wirkt eher heiter und gelassen als fröhlich. Besonders schön sieht sie in der Abenddämmerung aus.

Zantedeschia aethiopica ›Crowborough‹ (Zimmerkalla)
Im Früh- und Hochsommer blühende Rhizompflanze mit weißen kelchförmigen Spathen und tiefgrünen Blättern.
H 1 m, B 45 cm.

Cimifuga simplex (Silberkerze)
Aufrecht wachsende Staude mit glänzenden, geteilten Blättern, über denen im Herbst hohe Blütenstände wogen. Sie bestehen aus winzigen, leicht duftenden Sternblüten. H 1,5 m, B 60 cm.

Iris laevigata ›Variegata‹
Staude mit gestreiften Blättern. Sie blüht im Früh- und Hochsommer und im Herbst oft noch einmal.
H 25 cm, B unbegrenzt

Pflanzung für Winter und Frühjahr

Um die Saison dieser Rabatte auszudehnen, pflanzt man einen Hartriegel wie *Cornus alba* ›Elegantissima‹, der im Winter seine nackten roten Zweige zur Schau stellt und später in panaschiertes Laub gehüllt ist. Im Spätwinter wird er stark zurückgeschnitten und gedüngt, um die Entwicklung junger, schön gefärbter Triebe anzuregen. Die Scheinkalla mit ihren leuchtendgelben Blütenspathen und die Engelwurz mit großen, geteilten Blättern und üppigen Blüten sorgen für Höhe und Ausdruck.

Cornus alba ›Elegantissima‹ (Hartriegel)
Buntlaubiger Strauch mit cremeweißen Spätfrühjahrsblüten, denen weiße Früchte folgen.
H und B 1,5 m.

Lysichiton americanus (Scheinkalla)
Kräftige, sommergrüne Staude. Zu Frühjahrsbeginn trägt sie faszinierende, steife, leuchtendgelbe Blütenspathen, denen kohlähnliche, frischgrüne Blätter folgen. H bis 1 m, B 75 cm.

Angelica archangelica (Engelwurz)
Statueske, meist zweijährig gezogene Staude mit weißen oder grünen Blütenständen, die im Spätsommer erscheinen.
H 2 m, B 1 m.

LEUCHTENDE HERBSTFRÜCHTE

Legen Sie diese leicht gerundete Rabatte neben der Auffahrt Ihres Hauses an, wo sie im Herbst und Winter einen freundlichen Empfang bietet, oder am Rand des Grundstücks, wo sie Schutz gibt und die Einsicht verhindert. Sie braucht wenig Pflege und enthält viele Pflanzen, die Sie zweimal im Jahr für Ihre Mühen belohnen – im Frühjahr mit einem Blütenmeer und im Herbst mit farbenfrohen Früchten.

ROSIGER HAUCH
Die konischen, tiefgelben Früchte von *Malus* ›John Downie‹ sind rosig überhaucht. Aus ihnen läßt sich ein ausgezeichnetes durchsichtiges Gelee bereiten.

GESTALTERISCHE ASPEKTE

Farbliche Belebung
Diese Rabatte ist dann besonders reizvoll, wenn große Teile des Gartens eher langweilig wirken.

Unentbehrliche Sträucher
Bäume und Sträucher sorgen für Höhe und Substanz wie auch für Schutz.

Gedämpfte Töne
Satte Rosttöne von Herbstlaub und Früchten beleben und strahlen Wärme aus.

Weiße Tupfer
Schneeglöckchen und Narzissen lassen im Spätwinter fröhliche, helle Farbtupfer entstehen.

Rose, Zierapfel, Eberesche und Pfaffenhütchen tragen reichlich Früchte, und auch am Schneeball hängen glänzende Beeren. Im Frühjahr sind die gleichen Pflanzen mit Blüten bedeckt: der Schneeball mit cremeweißen Blütenständen, die Zweige des Holzapfels mit Büscheln aus rosa und weißen Petalen, die Eberesche mit breiten, schweren Blütenständen. Die Rose öffnet später einfache Blüten in reinem Rot.

Farbige Früchte

Der Zierapfel *Malus* ›John Downie‹ bildet einen schönen, wohlgeformten Baum, der unter leuchtenden Früchten versinkt. In Gegenden, wo Feuerbrand ein Problem ist, verwendet man statt seiner *M. floribunda*. Wer wenig Platz hat, kann die Sorten ›Golden Hornet‹ oder ›Red Sentinel‹ pflanzen.

Auch das Pfaffenhütchen, *Euonymus europaeus*, trägt großartige Herbstfrüchte – rosarote Samenkapseln, die aufplatzen und orangefarbene Beeren sichtbar werden lassen, eine verblüffende Farbkombination. Die reich verzweigten Äste von ›Red Cascade‹ sind dick mit roten Fruchtständen besetzt. Vor Wintereinbruch färben sich auch die Blätter in leuchtendes Scharlachrot.

Die Eberesche *Sorbus* ›Joseph Rock‹ hat einen aufrechten, kompakten Wuchs. Im Spätfrühjahr trägt sie Büschel aus cremeweißen Blüten, zudem hat sie glänzende, gezähnte, grüne Blätter, die sich im Herbst rostrot färben. Im Herbst erscheinen auch die blaßgelben Beeren, die später bernsteinfarben werden. Wer diese Pflanzung für eine größere Fläche verwenden will, wählt die höhere Art *S. alnifolia*, die reizvolle, eiförmige, orangefarbene Früchte besitzt.

Die hier verwendete weibliche Stechpalme entwickelt nur dann Beeren, wenn bestäubende Insekten auch eine männliche Pflanze in Reichweite finden, die aber nicht notwendigerweise in Ihrem Garten stehen muß.

PFLANZENLISTE

1 *Lunaria annua* ›Variegata‹ (Judas-Silberling), 16 ×
2 *Euonymus europaeus* ›Red Cascade‹ (Pfaffenhütchen), 1 ×
3 *Galanthus nivalis* (Schneeglöckchen), 170 ×
4 *Helleborus foetidus* (Stinkende Nieswurz), 10 ×
5 *Rosa moyesii* ›Geranium‹, 2 ×
6 *Narcissus* ›Thalia‹ (Narzisse), 55 ×
7 *Callicarpa bodinieri* (Schönfrucht), 2 ×
8 *Ilex aquifolium* ›Argentea Marginata‹ (Stechpalme), 1 ×
9 *Iris foetidissima*, 15 ×
10 *Viburnum opulus* ›Compactum‹ (Schneeball), 1 ×
11 *Sorbus* ›Joseph Rock‹ (Eberesche), 1 ×
12 *Malus* ›John Downie‹ (Holzapfel), 1 ×

Herbstfeuer aus Farben
Im Herbst sind viele der Pflanzen mit Beeren und größeren Früchten in leuchtenden Rot-, Orange- und Gelbtönen besetzt – flammende Farben, die durch die wechselnde Herbstfärbung des Laubes ergänzt und verstärkt werden.

PFLANZPLAN

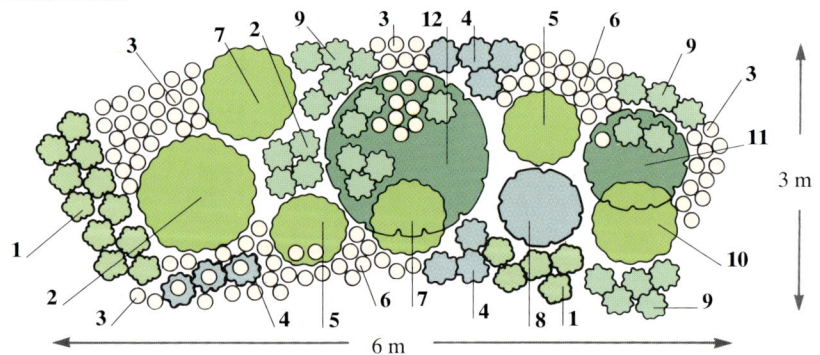

3 m

6 m

Pfaffenhütchen
Euonymus europaeus ›Red Cascade‹ gedeiht besonders gut auf Kalk- oder Kreideböden. Im Herbst ist es schwer mit Früchten beladen.

Silberling
Einmal angesiedelt, samt sich der Silberling – auch die panaschierte Sorte *Lunaria annua* ›Variegata‹ – in der Rabatte selbst aus.

Helleborus foetidus

Schönheit für Winter und Frühjahr

Diese Rabatte sieht über lange Zeit reizvoll aus. Als erstes erscheinen die Schneeglöckchen auf der Szene, zu denen die großartigen Fruchtstände der Iris und das hübsche Laub der Nieswurze Kontraste bilden. Wenn die Schneeglöckchen welken, beginnen die Nieswurze zu blühen, und ihnen folgen die Narzissen. Nach diesen übernimmt der Silberling die Hauptrolle, bis es für die Bäume Zeit ist, ihr Meer an Blüten zu öffnen.

Spätfrühlingsarrangement
Obwohl für den Herbst geplant, hat diese Rabatte auch zu anderen Zeiten manches zu bieten. Im Spätfrühjahr blühen die Nieswurze noch, wenn sich die cremefarbenen Blüten der Narzissen öffnen und ein Stilleben in Grün und Weiß entstehen lassen.

Narzisse
Bei *Narcissus* ›Thalia‹ sitzen an jedem Stengel drei und mehr Blüten.

Stinkende Nieswurz
Hübsche, schwarzgrüne Blätter bilden bei *Helleborus foetidus* den Hintergrund für die hellen Frühlingsblüten.

Schneeglöckchen
Zu Frühjahrsbeginn wartet jeder begierig auf *Galanthus nivalis*, Es breitet sich langsam aus und bildet weiße Teppiche unter Bäumen und Sträuchern.

Schönfrucht
Einen neuen Rotton bringen die purpurnen Beeren von *Callicarpa bodinieri* in diese Pflanzung.

Zierapfel
Alle Zieräpfel entwickeln sich zu wunderbaren kleinen Bäumen, doch *Malus* ›John Downie‹ hat die größten, schönsten Früchte.

Rose
Die Blüten von *Rosa moyesii* ›Geranium‹ verraten bereits die Farbe der Hagebutten. Beide haben ein volles, reines Rot.

Eberesche
Am besten gedeihen Ebereschen wie *Sorbus* ›Joseph Rock‹ in feuchten Gegenden. Sie entwickeln wunderschöne Herbstfrüchte.

Stechpalme
Die breitblättrige, silbern panaschierte *Ilex aquifolium* ›Argentea Marginata‹ wächst sehr langsam, wirkt aber in jedem Garten stattlich.

Schneeball
Viburnum opulus ›Compactum‹ ist die schönste Sorte dieser Art. Sie trägt reichlich Blüten und Früchte.

Iris
Die Blüten von *Iris foetidissima* sind unscheinbar, doch die leuchtendroten Fruchtstände wirken um so schöner.

Pflanzen für eine Herbstrabatte

Die Hauptpflanzen dieses Beetes sind Bäume und Sträucher. Um ihnen gute Startbedingungen zu geben, reichert man den Boden mit Kompost oder gut verrottetem Mist an. Sommergrüne Arten, wie Eberesche und Zierapfel, werden am besten im Herbst oder Frühwinter gepflanzt, damit sich ihre Wurzeln eingewöhnen, bevor sie im Frühjahr Blätter ausbilden.

Nach Möglichkeit sollte man Freilandpflanzen kaufen, denn sie haben gewöhnlich besser entwickelte Wurzelballen als Containerpflanzen. Wer sich für einen im Container gezogenen Baum entscheidet, sollte ihn vor dem Kauf aus seinem Topf nehmen, um sicherzustellen, daß sich die Wurzeln nicht aufgerollt haben.

KULTUR UND PFLEGE

Frühling
Schneeglöckchen am besten gleich nach der Blüte pflanzen. Auch die Stechpalme wird jetzt gepflanzt. Zierapfel und Rosen mit gut verrottetem Mist mulchen. Rosen im ersten Frühjahr nach dem Pflanzen kräftig zurückschneiden, danach nur noch altes und krankes Holz entfernen. Welke Narzissenblüten sowie abgestorbene Blätter und Fruchtstände der Iris entfernen.

Sommer
Im Frühsommer Silberling säen. Neugepflanzte Bäume und Sträucher wässern und um sie herum mulchen, um die Bodenfeuchtigkeit zu bewahren.

Herbst
Sommergrüne Bäume und Sträucher pflanzen. Iris mit etwa 30 cm Abstand pflanzen, Narzissenzwiebeln 15 cm tief setzen. Beim Pflanzen der Nieswurze darauf achten, daß sie einen schattigen Platz erhalten. Silberling im Frühherbst an Blühpositionen umpflanzen.

Winter
Letztjährige Triebe der Schönfrucht im Spätwinter bis auf junges Holz zurücknehmen, in exponierten Lagen die Basis junger Pflanzen mit Adlerfarn oder Stroh schützen.

Helleborus foetidus **(Stinkende Nieswurz)** *Immergrüne, büschelige Staude mit hellgrünen Blüten. H und B 45 cm.*

Iris foetidissima Rhizombildende Staude. Trägt Fruchtkapseln mit scharlachroten Samen. H 1 m, B unbegrenzt.

Euonymus europaeus ›**Red Cascade**‹ **(Pfaffenhütchen)** *Sommergrüner Strauch oder Baum mit roten Früchten. H und B 2,5 m.*

Malus ›**John Downie**‹ **(Zierapfel)** *Sommergrüner Baum mit weißen Blüten, die im Spätfrühjahr zwischen leuchtendgrünem Laub erscheinen. Im Herbst folgen reizvolle Früchte. H bis 9 m, B bis 5 m.*

Sorbus ›**Joseph Rock**‹ **(Eberesche)** *Sommergrüner Strauch mit weißen Frühlingsblüten und gelben Herbstbeeren. H bis 12 m, B bis 7,5 m.*

Lunaria annua ›**Variegata**‹ **(Judas-Silberling)** *Zweijährige Pflanze mit runden silbrigen Samenschoten. H 75 cm, B 30 cm.*

Rosa moyesii ›**Geranium**‹ *Kräftige Rose, die im Herbst große, rote Hagebutten trägt. H bis 3 m, B 2,5 m.*

Ilex aquifolium ›**Argentea Marginata**‹ **(Stechpalme)** *Immergrüner Baum mit cremegeränderten, dunklen Blättern. H bis 12 m, B 5 m.*

Viburnum opulus ›**Compactum**‹ **(Schneeball)** *Dichter, sommergrüner Strauch mit weißen Frühjahrsblüten. H und B 1,5 m.*

Galanthus nivalis **(Schneeglöckchen)** *Zwiebelblume mit weißen Blüten und riemenförmigen Blättern. H 15 cm, B 8 cm.*

Narcissus ›**Thalia**‹ **(Narzisse)** *Zwiebelblume mit anmutigen milchigweißen Frühjahrsblüten. H bis 40 cm, B bis 20 cm.*

Callicarpa bodinieri **(Schönfrucht)** *Sommergrüner Strauch mit kleinen lila Blüten und violetten Beeren. H 2,5 m, B 2 m.*

Abwandlung des Pflanzplans

Wer die Rabatte im Sommer aufheitern möchte, bezieht weitere Strauchrosen in die Pflanzung ein. Wählen Sie Formen mit hübschen Hagebutten und Herbstfarben, um die reizvolle Periode zu verlängern. Für sauren Boden ist die Pflanzenauswahl größer. Hier kann man alle Arten von Heidekraut ziehen oder kalkfliehende Sträucher wie Torfmyrte, Zaubernuß und verschiedene Ahorne.

Rosen für den Sommer

Alle Rugosa-Rosen sind ausgezeichnete Sträucher, die nie unter Rost oder Sternrußtau leiden. *Rosa rugosa* ›Frau Dagmar Hartropp‹ hat einfache, blaßrosa Blüten, die sich über eine lange Periode öffnen. Die letzten Blüten erscheinen mit den ersten Hagebutten – auffälligen, roten Früchten von der Größe kleiner Tomaten, mit einem Kranz anmutiger Sepalen. *R. virginiana* ist eine kleinere, Ausläufer bildende Strauchrose mit orangefarbenen Hagebutten.

Rosa rugosa ›Frau Dagmar Hartopp‹ Kräftige Rose mit leuchtendrosa Sommer- und Herbstblüten, denen große, rote Hagebutten folgen. H und B 2 m.

Rosa virginiana Wildrose mit offenen, rosa Blüten und glänzendem Laub, das sich im Herbst schön färbt. H bis 1,5 m, B 1 m.

Clematis macropetala Winterharte Kletterpflanze mit geteilten Blättern und kleinen schalenförmigen Blüten, die im Frühjahr erscheinen. H 3 m, B 1,5 m.

Kalkfliehende Sträucher

Auf saurem Boden ersetzt man die Iris durch rosa Glockenheide, einen winterblühenden Bodendecker. Während in der ursprünglichen Pflanzung die Schönfrucht nur purpurne Beeren zu bieten hat, kann man bei der immergrünen Torfmyrte aus einer Farbpalette auswählen, die von Weiß über Rosa bis Tiefpurpur reicht. Die Blüten der Zaubernuß wirken wie beschwipste Spinnen, doch in den trüben Spätwintertagen sind sie sehr willkommen. Auch duften sie wunderbar.

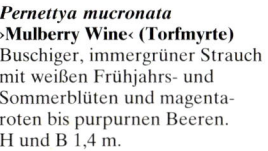

Pernettya mucronata ›Mulberry Wine‹ (Torfmyrte) Buschiger, immergrüner Strauch mit weißen Frühjahrs- und Sommerblüten und magentaroten bis purpurnen Beeren. H und B 1,4 m.

Hamamelis × intermedia ›Arnold Promise‹ (Zaubernuß) Sommergrüner Strauch mit gelben Winterblüten. H 4 m, B 3 m.

Erica × darleyensis ›Ghost Hills‹ (Glockenheide) Strauch mit rosa Winterblüten und nadelartigem Laub, das im Frühjahr cremeweiße Spitzen hat. H 45 cm, B 1 m.

BAUERNGARTENRABATTE

Träume vom Leben auf dem Lande sind meist angenehmer als die Wirklichkeit. Der Gedanke an einen Bauerngarten beschwört das idealisierte Bild liebenswürdigen Durcheinanders herauf – eine bunte Pracht altmodischer Sommerblumen und ein Rosenstock, der sich um die Tür rankt. Doch aus unkontrolliertem Charme kann leicht entfesseltes Chaos werden. Hier ist der Gärtner gefordert, die goldene Mitte zu finden.

Paradoxerweise ist heute der altmodische Bauerngarten gerade bei wohlhabenden Städtern um die Dreißig *en vogue*. Seine Gestaltung orientiert sich nicht an überliefertem Wissen, sondern an einer romantischen Vorstellung von ländlichen Gärten der Vergangenheit.

Spontanes Wachstum sollte in einem solchen Naturgarten möglichst wenig unterdrückt werden, und doch muß der Gärtner dafür sorgen, daß kräftige Pflanzen wie Päonien nicht zartere Gewächse, wie etwa Akelei, ersticken.

Pflanzen mit nostalgischem Flair

Pfingstrosen mit Akelei und prallen Maßliebchen sind klassische Zutaten für eine altmodische Bauernblumenrabatte. *Paeonia* ›Sarah Bernhardt‹ hat großartige, duftende, zartrosa Blüten, die an Puder-

quasten erinnern. Im Herbst nimmt ihr tiefgeteiltes Laub mitunter ein warmes Fuchsrot an. Die Blüten der Akelei sollten nicht langgespornt, sondern kurz und dick sein.

Gefüllte Maßliebchen wirken alle bezaubernd, und obwohl die Pflanzen kurzlebig sind, bleiben sie durch Selbstaussaat erhalten. Auch Akelei samt sich aus und siedelt sich oft an Plätzen an, an die man selbst nie gedacht hätte. Hier kann man einiges lernen. Manchmal findet man sogar eine neue, aufregende Farbvariante, die kultiviert werden sollte.

Dazu pflanzt man duftenden Seidelbast, wie etwa die im Frühling blühende, halbimmergrüne *Daphne × burkwoodii* oder die immergrüne *D. bholua,* die die trostlosen Wintertage aufheitert.

PFLANZENLISTE

1 *Viola labradorica* ›Purpurea‹ (Veilchen), 12 ×
2 *Bellis perennis* ›Pomponette‹ (Maßliebchen), 23 ×
3 *Camassia leichtlinii* (Prärielilie), 16 ×
4 *Aquilegia vulgaris* (Akelei), 12 ×

5 *Daphne × burkwoodii* ›Somerset‹ (Seidelbast), 1 ×
6 *Geranium pratense* ›Florepleno‹ (Storchschnabel), 3 ×
7 *Paeonia* ›Sarah Bernhardt‹ (Pfingstrose), 3 ×
8 *Salvia sclarea* var. *turkestanica,* 5 ×

9 *Thalictrum delavayi* (Wiesenraute), 5 ×
10 *Campanula lactiflora* ›Prichard's Variety‹ (Glockenblume), 5 ×
11 *Gypsophila paniculata* ›Bristol Fairy‹ (Schleierkraut), 3 ×
12 *Lychnis coronaria* (Vexiernelke), 7 ×

PFLANZPLAN

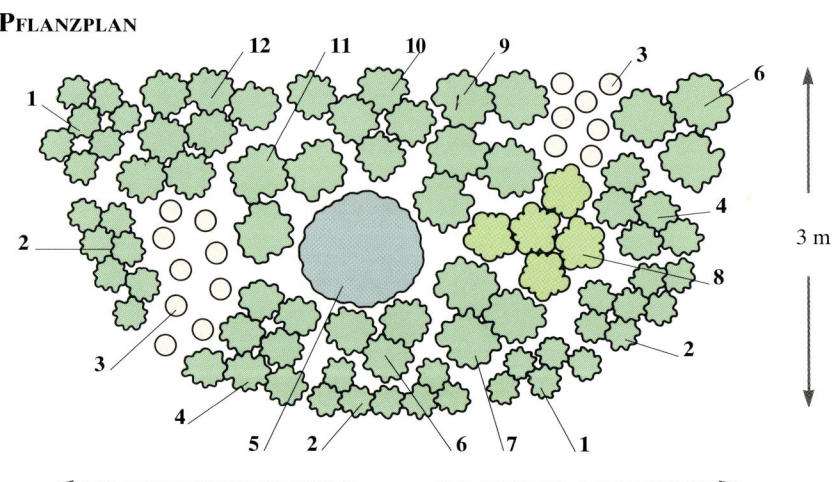

6 m

3 m

Vexiernelke
Die grauen, flanellartigen Blätter von *Lychnis coronaria* bilden einen Busch, aus dem sich ihre magentaroten Blüten erheben.

Prärielilie
Camassia leichtlinii ist eine in Amerika heimische Pflanze mit schlanken Stengeln und sternförmigen Sommerblüten.

Maßliebchen
Bellis perennis ›Pomponette‹ blüht üppig und samt sich aus.

Zwanglose Gestaltung

Im Bauerngarten konnte man sich noch nie den Luxus erlauben, über den passenden Blauton der Glockenblumen nachzudenken. Auch Sie sollten das nicht machen. Es besteht die Gefahr, daß sie sich zuviel Mühe geben. Rabatten wie diese mißlingen in der Hälfte der Fälle, weil zuviel des Guten getan wurde.

Farbharmonien
Im Hochsommer ist die Rabatte zu einem Blütenmeer geworden – Wogen aus blauen, malvenfarbenen und rosa Tönen, zwischen denen die rein magentaroten Blüten der Vexiernelke Akzente setzen.

Spätfrühjahrsarrangement
Im Spätfrühjahr bilden die Pfingstrosen den Mittelpunkt, dahinter steht rosa Seidelbast. Beide werden ergänzt durch zarte Akelei.

Akelei
An den aufrechten Stengeln von *Aquilegia vulgaris* hängen hübsche, nickende, purpurne Blüten.

Seidelbast
Daphne × burkwoodii ›Somerset‹ bringt im Spätfrühjahr Duft in die Rabatte.

Pfingstrose
Paeonia ›Sarah Bernhardt‹ hat großartige rosa Blüten.

Glockenblume
Campanula lactiflora ›Prichard's Variety‹ ist eine der höheren Glockenblumen. Sie trägt violettblaue Blütenrispen.

Daphne × burkwoodii ›Somerset‹

Schleierkraut
Winzige Sternblüten stehen wie eine weiße Wolke über dem grauen Laub von *Gypsophila paniculata* ›Bristol Fairy‹.

Wiesenraute
Die breiten Blütenstände von *Thalictrum delavayi* ziehen im Sommer die Blicke auf sich.

Salbei
Die graugrünen Blätter von *Salvia sclarea* var. *turkestanica* sind weich und behaart.

Storchschnabel
Geranium pratense ›Flore-pleno‹ hat filigranes Laub und gefüllte blaue Blüten.

Aquilegia vulgaris

Paeonia ›Sarah Bernhardt‹

Veilchen
Viola labradorica ›Purpurea‹ ist unter höheren Pflanzen ein ausgezeichneter Bodendecker.

Pflanzung mit natürlicher Wirkung

Da sich mehrere der verwendeten Pflanzen – Salbei, Akelei und Maßliebchen – reichlich aussamen, werden sie bald jeden Pflanzplan *ad absurdum* führen. Greifen Sie nicht ein. Pingelige Ordnung ist nicht Thema dieser Rabatte.

Der Salbei muß sich auf jeden Fall aussamen können, da er nur zweijährig ist. Die durch Selbstaussaat entstandenen Sämlinge der Akelei unterscheiden sich zwar von der Mutterpflanze, sehen aber so hübsch aus, daß man ihnen eine Chance geben sollte.

Dagegen muß man den Platz für die Pfingstrosen sorgfältig wählen, denn Umpflanzen mögen sie nicht. Tut man es dennoch, blühen sie vielleicht einige Jahre nicht. Auch ein zu tiefes Pflanzen verhindert die Blüte: Es reicht aus, wenn die Wurzelkronen mit 2–3 cm Erde bedeckt sind.

KULTUR UND PFLEGE

Frühjahr
Wiesenraute pflanzen, falls notwendig stützen. In Töpfen gezogene Akelei und Schleierkraut pflanzen. Salbei im Spätfrühjahr pflanzen. Pfingstrosen und Wiesenraute mit gut verrottetem Mist mulchen. Beim Seidelbast nach der Blüte lange, dünne Zweige zurückschneiden.

Sommer
Akelei und Maßliebchen im Frühsommer in einer Reihe säen. Glockenblumen vor Erreichen der vollen Größe stützen. Welke Blüten von Pfingstrosen und Lichtnelken entfernen, abgeblühte Storchschnabeltriebe nach der Blüte zurückschneiden. Prärielilien können nach der Blüte geteilt werden.

Herbst
Abgeblühte Stengel von Akeleien und Glockenblumen entfernen. Prärielilien pflanzen. Akeleien und Maßliebchen im Frühherbst an ihren endgültigen Platz setzen. Pfingstrosen unter Zugabe von reichlich Knochenmehl pflanzen. Veilchen, Storchschnabel, Vexiernelken, Glockenblumen und Seidelbast können jetzt oder im Frühjahr gepflanzt werden.

Winter
Pfingstrosen, Schleierkraut, Wiesenraute und Vexiernelken zurückschneiden. Storchschnabel in Ordnung bringen.

Lychnis coronaria (Vexiernelke) *Oft zweijährig gezogene Staude. Trägt im Hoch- und Spätsommer an verzweigten, graufilzigen Stengeln magentarote Blüten. H 45–60 cm, B 45 cm.*

Camassia leichtlinii (Prärielilie) *Zwiebelblume mit weißen oder violettblauen Sternblüten. H 1,2 m, B 30 cm.*

Gypsophila paniculata ›Bristol Fairy‹ (Schleierkraut) *Staude mit kleinen, dunkelgrünen Blättern und drahtigen, verzweigten Trieben, die im Sommer mit zahllosen winzigen, weißen Blüten bedeckt sind. H 60–75 cm, B 1 m.*

Aquilegia vulgaris (Akelei) *Staude mit geteilten Blättern und nickenden Blüten im Spätfrühjahr und Frühsommer. H 75 cm, B 50 cm.*

Campanula lactiflora ›Prichard's Variety‹ (Glockenblume) *Von Frühsommer bis Spätherbst blühende Staude. H 1,2 m, B 60 cm.*

Thalictrum delavayi (Wiesenraute) *Staude, die im Hochsommer blüht. H 1,5–2 m, B 60 cm.*

Daphne × burkwoodii ›Somerset‹ (Seidelbast) *Halbimmergrüner Strauch mit duftenden Spätfrühjahrsblüten. H 1,5 m, B 1,2 m.*

Salvia sclarea var. turkestanica (Salbei) *Zweijährige Pflanze mit aufrechtem Wuchs und aromatischem Laub. H 75 cm, B 30 cm.*

Geranium pratense ›Florepleno‹ (Storchschnabel) *Blaublühende Staude mit bronzefarbenem Herbstlaub. H bis 75 cm, B 60 cm.*

Paeonia ›Sarah Bernhardt‹ (Pfingstrose) *Büschelige Staude mit großen, duftenden Blüten. H und B bis 1 m.*

Bellis perennis ›Pomponette‹ (Maßliebchen) *Staude mit gefüllten Frühjahrsblüten. H und B 15–20 cm.*

Viola labradorica ›Purpurea‹ (Veilchen) *Frühjahrsblühende Staude mit purpurgrünem Laub. H 12 cm, B unbegrenzt.*

Abwandlung des Pflanzplans

Es gibt viele Möglichkeiten, das Gleichgewicht der Farben in der Pflanzung zu verändern. Tiefrote Pfingstrosen, purpurfarbene Akelei und rote Lichtnelken etwa lassen eine weit sattere Wirkung entstehen als die gleichen Blumen in Rosa, Blau und Weiß. In der hier gezeigten Variante haben jedoch andere Dinge Vorrang: Die Pflanzung wurde einer größeren Fläche und schwerem, feuchtem Boden angepaßt.

Üppige Bepflanzung einer größeren Fläche

Will man den Plan für eine größere Fläche auslegen, nimmt man andere Sorten und Farben der gleichen Pflanzen dazu oder bezieht weitere altmodische Pflanzen wie Nelken (Dianthus), Mohn (Papaver rhoeas), zweijährige Levkojen (Matthiola) und Bartnelken (Dianthus barbatus) ein. Oder man pflanzt einige Sträucher, um der Rabatte Höhe und Volumen zu geben. Sie sollten einen aufrechten Wuchs haben, weil sie sonst Nachbarpflanzen bedrängen. Durch die Wahl von duftendem Pfeifenstrauch und Geißblatt kann man auch den Wohlgeruch der Rabatte intensivieren.

In schweren und feuchten Böden fühlen sich sowohl Schleierkraut als auch Salbei unwohl und gehen vielleicht sogar ein. Daher ersetzt man sie durch Herbstanemonen in Rosa- und Weißtönen und verstreute zartfarbene Primeln.

Clematis ›Perle d'Azur‹
Sommergrüne Kletterpflanze, die im Sommer ein Meer großer, flacher, azurblauer Blüten entwickelt.
H 3 m, B 1 m.

Lonicera periclymenum ›Belgica‹ (Waldgeißblatt)
Buschige Kletterpflanze mit stark duftenden Spätfrühjahrs- und Frühsommerblüten.
H bis 7 m.

Philadelphus ›Belle Étoile‹ (Pfeifenstrauch) Ausladender Strauch, der im Spätfrühjahr und Frühsommer unter duftenden weißen Blüten versinkt. H und B bis 3 m.

Anemone × hybrida syn. A. japonica ›Honorine Jobert‹ Kräftige Staude mit offenen, reinweißen Blüten. Sie stehen im Spätsommer und Herbst an drahtigen Stengeln über tiefgeteilten, dunkelgrünen Blättern. H 1,5 m, B 60 cm.

Primula vulgaris ›Gigha White‹ Niedrige Primel, deren weiße Blüten gelbe Mitten haben. H und B 15–20 cm.

WINTERARRANGEMENT

Der Garten wird im Winter meist stiefmütterlich behandelt. Während er im Frühjahr und Sommer prächtige Kleider erhält, muß er sich im Winter mit den abgelegten Sachen der anderen Jahreszeiten begnügen. Aber der Garten verschwindet mit den ersten naßkalten Wintertagen nicht. Er liegt immer noch draußen vor dem Fenster, und nicht alle Wintertage sind so häßlich, daß man sie ausschließlich im Haus verbringen will.

Eine der Hauptattraktionen dieser Winterrabatte ist immergrünes Laub, das im allgemeinen bei der Gartengestaltung eine zuverlässigere Hilfe darstellt als Blüten. Der Reiz einer Blüte liegt allein im Augenblick. Laub dagegen wirkt auf subtilere Weise und erfreut das Auge auch dann noch durch sanfte Schönheit oder strukturreiche Kontraste, wenn die Blüten längst verwelkt sind.

Duftende Sträucher

Viele winterblühende Sträucher, wie etwa Schneeball, Seidelbast, Winterblüte, Scheinhasel, Zaubernuß, Duftblüte sowie die Mahonie, die als größter Strauch den Mittelpunkt dieser Winterpflanzung bildet, duften besonders gut.

Auch wenn Duft eine der vergänglichsten Freuden im Garten ist, kann der Dufthauch einer bestimmten Blüte ein ganzes Spektrum an Emotionen wachrufen. Und da während des Winters im Garten wenig anderes die Sinne ablenkt, erscheint eine duftende Blüte in dieser Jahreszeit noch kostbarer als im Sommer.

Schöne Blätter und Blüten

Gegenüber anderen duftenden Wintersträuchern zeichnet sich eine Mahonie durch ihre Form aus. Von knorriger Schönheit, groß und immergrün, läßt sie Sie nie im Stich. Ihre Blätter sind geteilt, und jedes besteht aus einer Anzahl von Fiederblättchen, die in Paaren an einer Mittelrippe sitzen, an deren Ende sich ein einzelnes Blättchen befindet. Manche Arten besitzen bis zu zwanzig Blattpaare. Wenn Sie sich für *Mahonia × media* ›Charity‹ entscheiden, liegt der Höhepunkt der Saison im Frühwinter. Dann trägt der Strauch aufrechte, endständige, zitronengelbe Blütenstände, die nach Maiglöckchen duften.

Die beiden Nieswurze blühen nacheinander. Die hellen grün-weißen Blütenbüschel von *Helleborus lividus* ssp. *corsicus* erscheinen manchmal schon um Weihnachten. *H. orientalis* bietet ein breites Spektrum an Farben, das von Weißgesprenkelt bis Violettschwarz reicht, und folgt im Spätwinter und zu Frühjahrsbeginn. Beide Formen haben wunderschönes Laub, und neue Blätter erscheinen, bevor die alten welken, so daß nie eine kahle Stelle entsteht.

PFLANZENLISTE

1 *Helleborus orientalis* (Nieswurz), 7 ×
2 *Cyclamen coum* ssp. *coum* (Alpenveilchen), 20 ×
3 *Cyclamen hederifolium* (Alpenveilchen), 20 ×
4 *Erythronium dens-canis* (Hundszahn), 24 ×
5 *Galanthus nivalis* (Schneeglöckchen), 100 ×
6 *Hyacinthoides hispanica* (Scilla), 30 ×
7 *Helleborus lividus* ssp. *corsicus* (Nieswurz), 3 ×
8 *Phyllitis scolopendrium* (Hirschzunge), 5 ×
9 *Mahonia × media* ›Charity‹, 1 ×
10 *Hedera helix* ›Adam‹ (Efeu), 3 ×

PFLANZPLAN

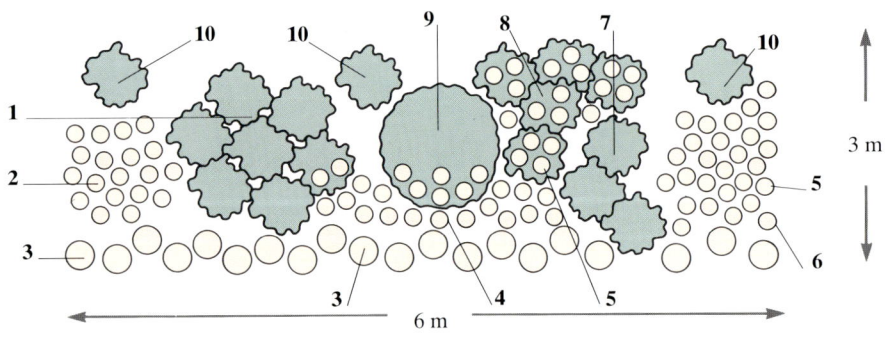

Winter-Alpenveilchen
Im Spätwinter erscheinen zwischen den glänzenden Blättern von *Cyclamen coum* ssp. *coum* rosa oder weiße Blüten.

Herbst-Alpenveilchen
Bei *Cyclamen hederifolium* ist das langlebige, marmorierte Laub ebenso schön wie die Herbstblüten.

Nieswurz
Die Blüten von *Helleborus orientalis* können sehr unterschiedlich aussehen – hell oder dunkel, einfarbig oder gesprenkelt.

Farbenfrohe Bodendecker

Der Rest der Pflanzung ist niedrig und sorgt in Bodenhöhe während vieler Monate für Farbe und Struktur. Die hellen Wedel des immergrünen Farns, die marmorierten Blätter von *Cyclamen hederifolium* und der panaschierte Efeu sehen auch noch reizvoll aus, lange nachdem der Winter dem Frühjahr Platz gemacht hat.

Von Frühjahr bis Sommer ruht das Alpenveilchen, bevor es im Spätsommer ein Meer winziger Blüten entwickelt, Miniaturausgaben von *C. persicum,* der beliebten Zimmerpflanze. *C. hederifolium* wird gefolgt von *C. coum* ssp. *coum,* das von Winterende bis ins Frühjahr hinein Blüten trägt. Üblicherweise sind sie rosa, beide Arten haben bisweilen aber auch weiße Blüten.

Mit den ersten *Helleborus orientalis* blühen auch die Schneeglöckchen. Andere Zwiebelblumen wie Hundszahn und Scilla dehnen die Blühperiode bis ins Spätfrühjahr aus.

Frühlingsfreuden
Im Spätfrühjahr beginnen Scilla und Hundszahn zu blühen und setzen Farbtupfer zwischen das reichstrukturierte Grün der Blattpflanzen.

Scilla
Hyacinthoides hispanica hat aufrechtere Blütenstengel als das verwandte Hasenglöckchen.

Hundszahn
Erythronium dens-canis braucht kühle, feuchte Erde und darf nicht gestört werden.

Rabatte für die kühle Jahreszeit
Im Spätwinter sehen beide Nieswurze am schönsten aus, und ihre anmutigen Blüten heben sich gut von den dunklen Blättern ab. Die Mahonie bildet das ganze Jahr einen großartigen Mittelpunkt.

Mahonie
Mahonia x *media* ›Charity‹ ist ein Strauch mit großartigem Laub und trägt zudem im Winter duftende, schirmförmige Blütenstände.

Efeu
Hedera helix ›Adam‹ hat ordentliche, panaschierte Blätter und ist leicht zu kontrollieren.

Hirschzunge
Breite, gewellte, riemenförmige Wedel sind das Markenzeichen des immergrünen Farns *Phyllitis scolopendrium.*

Nieswurz
Helleborus lividus ssp. *corsicus* hat von allen Nieswurzen das schönste Laub. Es ist geadert und mit feinen Stacheln besetzt.

Schneeglöckchen
Mit seinen Blüten in reinstem Weiß ist *Galanthus nivalis* zu Frühjahrsbeginn ein willkommener Anblick.

49

Pflegeleichte Pflanzen für den Winter

Sich selbst überlassen streckt sich die Mahonie so lange zum Himmel, bis Sie nicht mehr an ihren Blütenständen riechen können. Um dies zu verhindern, schneiden Sie in jedem Winter einen Teil der Stämme um die Hälfte zurück. Da die Mahonie vollkommen aufrecht wächst, kann sie ohne weiteres unterpflanzt werden. Die Mahonie und alle anderen hier verwendeten Pflanzen fühlen sich auch an einem Platz wohl, an dem überhängende Bäume Schatten werfen. Da solche Plätze oft etwas trocken sind, muß man zum Ausgleich alle Pflanzen großzügig mit Kompost düngen oder mit lockerem Mist mulchen.

Die bodendeckenden Pflanzen benötigen wenig Aufmerksamkeit, doch sollte man den Efeu etwas lenken, indem man lange Triebe mit Draht in der gewünschten Richtung feststeckt. Die Alpenveilchen samen sich üppig aus. Glücklicherweise gehören sie zu den wenigen Pflanzen, von denen man nie genug haben kann, und daher sollte man sie gewähren lassen.

KULTUR UND PFLEGE

Frühjahr
Mahonie und Efeu können jetzt oder im Herbst gepflanzt werden. Einmal angewachsen, braucht die Mahonie, abgesehen von regelmäßigem kräftigem Mulchen, wenig Pflege. Schneeglöckchen auspflanzen, sobald sie verblüht sind. Alte, abgeblühte Stengel von *Helleborus lividus* ssp. *corsicus* herausschneiden und um neue Triebe herum mulchen.

Sommer
Hundszahn pflanzen, sobald er im Spätsommer erhältlich ist, ebenso Farne, die gut gewässert werden müssen, bis sie angewachsen sind. Alpenveilchen vor Beginn der Blüte mit etwas Knochenmehl düngen und um sie herum eine 2–3 cm dicke Schicht Lauberde verteilen.

Herbst
Jetzt die Nieswurze pflanzen. Da sie Störungen nicht mögen, läßt man sie in Ruhe, wenn sie einmal wachsen. Alpenveilchen im Frühherbst pflanzen, dabei die Knollen nur dünn mit Erde bedecken. Scillazwiebeln etwa 10 cm tief stecken.

Winter
Alte Blätter von *Helleborus orientalis* zurückschneiden, wenn sich neue Blütenstengel zeigen. Absterbende Farnwedel entfernen.

Hedera helix ›Adam‹ (Efeu) *Sich ausbreitende immergrüne Kriechpflanze mit kleinen, hellgrünen Blättern, die cremegelb gerändert sind. H 1,2 m, B 1 m.*

Phyllitis scolopendrium (Hirschzunge) *Vollkommen winterharter immergrüner Farn mit leuchtendgrünen, ledrigen Wedeln. H 45–75 cm, B bis 45 cm.*

Hyacinthoides hispanica (Scilla) *Zwiebelblume mit blauen, weißen oder rosa glockenförmigen Frühjahrsblüten. H bis 30 cm, B 10–15 cm.*

Helleborus orientalis (Nieswurz) *Immergrüne Staude mit weißen, rosa oder purpurnen Winter- und Frühlingsblüten. H und B 45 cm.*

Mahonia × media ›Charity‹ *Immergrüner Strauch mit tiefgeteilten dunkelgrünen Blättern und schlanken, gelben Blütenständen. H 3 m, B 2,5 m.*

Helleborus lividus ssp. corsicus (Nieswurz) *Immergrüne Staude, die im Winter und Frühjahr grünlichweiße Blüten trägt. H und B 60 cm.*

Galanthus nivalis (Schneeglöckchen) *Zwiebelblume mit hängenden weißen Winter- und Frühlingsblüten und riemenförmigen Blättern. H 10–15 cm, B 5–8 cm.*

Cyclamen coum ssp. coum (Alpenveilchen) *Knollengewächs mit leuchtendrosa Winterblüten. H bis 10 cm, B 5–10 cm.*

Erythronium dens-canis (Hundszahn) *Knollenbildende Staude mit hübsch marmorierten Blättern und nickenden rosa, weißen oder purpurnen Frühjahrsblüten. H 15–25 cm, B 8–10 cm.*

Cyclamen hederifolium (Alpenveilchen) *Knollengewächs mit gemusterten Blättern und rosa Herbstblüten. H bis 10 cm, B 10–25 cm.*

Abwandlung des Pflanzplans

Nur wenige andere winterblühende Sträucher sind das ganze Jahr hindurch so reizvoll wie die Mahonie, doch in Gegenden, in denen sie nicht winterhart ist, kann man einen anderen Strauch, wie etwa einen Schneeball, verwenden. Auch mit den Bodendeckern läßt sich experimentieren. Man kann es mit Farn, Zwiebel- oder Knollengewächsen versuchen, ungeeignet sind aber Formen, die volle Sonne benötigen.

Variationen in Rosa

Um eine Pflanzung entstehen zu lassen, die von Rosatönen dominiert wird, kann man anstelle der Mahonie einen winterblühenden Schneeball verwenden. Die steifen, aufrechten Triebe von *Viburnum* x *bodnantense* ›Dawn‹ tragen mitten im Winter Büschel aus duftenden Blüten mit einem rosa Hauch. Im Sommer wird der Schneeball etwas langweilig, doch man kann ihn mit einer Clematis verschönern wie der rosafarbenen ›Comtesse de Bouchaud‹, die im Spätsommer blüht. Es sollte eine Clematis sein, die jedes Jahr zurückgeschnitten wird, damit der Schneeball Gelegenheit hat, sich kräftig zu entwickeln. Sowohl Schneeball als auch Clematis brauchen, um gut zu blühen, einen etwas offeneren Platz als die Mahonie.

Es gibt viele Pflanzen, die in durchbrochenem Schatten gern am Boden wachsen. Möchte man mehr Blüten, kann man den Efeu durch Immergrün ersetzen. Die glattblättrige Hirschzunge tauscht man gegen eine Sorte, die gekrauste Blattränder hat. Oder man verwendet den Straußenfarn *Matteucia struthiopteris*. Er ist zwar nicht immergrün, sieht beim Austreiben im Spätfrühjahr aber sehr reizvoll aus.

Viburnum × *bodnantense* ›**Dawn**‹ **(Schneeball)**
Sommergrüner Strauch mit dunkelrosa Knospen, die sich vom Spätherbst bis zu Frühjahrsbeginn zu duftenden, rosa Blüten öffnen.
H 3 m, B 2,5 m.

Phyllitis scolopendrium ›**Marginatum**‹ **(Hirschzunge)**
Vollkommen winterharter immergrüner Farn mit langen, aufrechten, hellgrünen Wedeln, deren Ränder hübsch gekraust sind.
H und B 30–40 cm.

Vinca minor ›**Argenteovariegata**‹ **(Kleines Immergrün)**
Immergrüner Bodendecker mit weiß geränderten Blättern und lilablauen Blüten. H 15 cm, B unbegrenzt.

Clematis ›**Comtesse de Bouchaud**‹
Winterharte, starkwüchsige, sommergrüne Kletterpflanze. Im Spätsommer trägt sie zahllose einfache, große, dunkelrosa Blüten mit gelben Antheren. H 2–3 m, B 1 m.

**GESTALTERISCHE
ASPEKTE**

≈≈

Klein, aber fein
Ein Miniaturgarten, der
sich perfekt für eine sehr
schmale Rabatte eignet,
entsteht durch die Verwendung alpiner und anderer
kompakter Pflanzen.

≈≈

Form und Kontrast
Zarte Blumen und Zwie-
belpflanzen stehen im
Kontrast zu den robusten,
raumbildenden Formen
der Zwergkoniferen und
den rauhen Oberflächen
von Kies und Tuffstein.

RABATTE MIT MINIATUREN

Sofern man für die richtigen Wachstumsbedingungen sorgt, können alpine Pflanzen an vielen Plätzen im Garten wachsen: in den Spalten zwischen Pflastersteinen einer Terrasse oder
eines Innenhofs, in einem Rasen oder Geröllbeet, in flachen Trögen oder Schalen, in einem
kühlen Gewächshaus oder, wie hier, in einem Hochbeet.

Versuchen Sie nicht, in Ihrem Hintergarten die Alpen
neu zu erschaffen. Was Sie mit Bauschutt auch tun mögen, es wird nie wie eine alpine Geröllhalde aussehen.
Setzen Sie die Pflanzen statt dessen in ein Hochbeet, so
werden Sie auch in der Lage sein, sie aus nächster Nähe
zu bewundern. Sie könnten die Rabatte in einer niedrigen Stützmauer anlegen, die vielleicht die Grenze zwischen Terrasse und Rasen markiert, oder am Ende eines
Innenhofs. In einem Hochbeet sind die Pflanzen nicht
nur besser zu sehen, sondern erhalten auch die zum Gedeihen notwendige gute Drainage. Außerdem muß ihr
Standort offen und sonnig sein.

Alpine Pflanzen und Zwiebelblumen

Im Frühjahr stehen alpine Pflanzen und jene Zwiebelblumen, die mit ihnen harmonieren, wie Schachbrettblumen, Scilla, Zwergnarzissen, Wildtulpen und Krokusse, auf dem Höhepunkt ihrer Pracht. Glücklicherweise haben aber viele der frühjahrsblühenden Pflanzen, wie etwa Saxifragen, so hübsche Wuchsformen
und Blätter, daß sie das ganze Jahr reizvoll aussehen.
Die Saxifragen bilden eine so riesige und vielfältige

Gattung, daß man allein mit ihnen eine ganze Rabatte
gestalten könnte. Hier müssen Sie sich jedoch – auch
wenn es schwerfällt – auf ein oder zwei beschränken.
Eines sollte ein Moossteinbrech sein, der ordentliche
Polster aus grünem Laub bildet, über denen im Frühjahr verstreut kurzstielige Blüten stehen. Als zweiten
wählen Sie *Saxifraga* ›Southside Seedling‹, eine Sorte
mit prächtigen, überhängenden Blütenständen, die
ein Meer aus Weiß mit karminroten Flecken und Tupfen bilden. Die Blattrosette stirbt nach der Blüte ab,
läßt aber mehrere Nebenrosetten zurück, die meist in
der nächsten Wachstumsperiode Blühgröße erreicht
haben. Kaufen Sie die Hälfte der benötigten Pflanzen
in einem Jahr und die andere Hälfte im folgenden.

Inszenierung für das Frühjahr
*Im Spätfrühjahr sind Strauchveronika, Kuhschellen und
Moossteinbrech mit Blüten bedeckt, während eine Zwerg-
kiefer und eine Gruppe aus kleinen Säulenwacholdern kräftige
Formen und kontrastierende Strukturen entstehen lassen.*

Silberwinde
*Convolvulus
cneorum* ist
hübsch,
aber meist
nicht win-
terhart.

PFLANZENLISTE

1 *Convolvulus cneorum* (Silberwinde), 1 ×
2 *Sempervivum tectorum* (Hauswurz), 14 ×
3 *Pulsatilla vulgaris* (Kuhschelle), 6 ×
4 *Dianthus gratianopolitanus*
(Pfingstnelke), 6 ×
5 *Saxifraga* ›Southside Seedling‹
(Steinbrech), 10 ×
6 *Sisyrinchium graminoides*
(Binsenlilie), 5 ×

7 *Campanula carpatica* (Glockenblume), 6 ×
8 *Saxifraga* ›Sanguinea Superba‹
(Moossteinbrech), 3 ×
9 *Lithodora diffusa* ›Heavenly
Blue‹ (Steintäschel), 6 ×
10 *Pinus mugo* ›Humpy‹ (Zwergkiefer), 1 ×
11 *Hebe pinguifolia* ›Pagei‹
(Strauchveronika), 1 ×
12 *Juniperus communis* ›Compressa‹
(Zwergwacholder), 3 ×

PFLANZPLAN

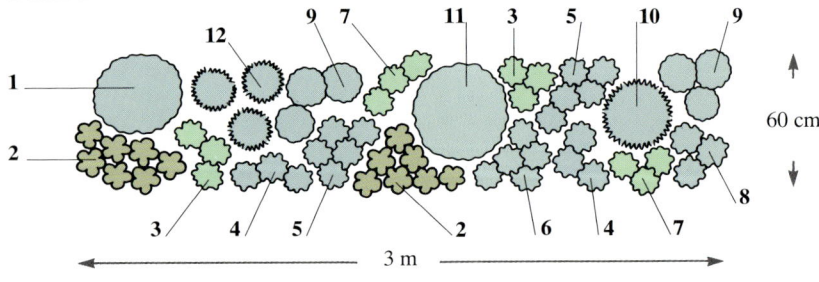

60 cm

3 m

Auf diese Weise gehen nicht alle gleichzeitig ein, und einige sollten immer blühen.

Setzen Sie wenigstens eine Pflanze ein, die sich über die Stützmauer legt, um ihre harten Konturen aufzulockern. Geeignet sind verschiedene Glockenblumen und Nelken, die zudem die Blütezeit bis in den Sommer hinein verlängern.

Strukturgebende Pflanzen

Beziehen Sie eine Auswahl von Pflanzen mit mehr Substanz und kräftigerem Wuchs ein, die helfen, ein Gleichgewicht innerhalb der Pflanzung herzustellen. Traditionell werden Steingartenpflanzen mit Zwerg-koniferen kombiniert, die ganzjährig belaubt sind. Es gibt viele aufrecht wachsende Wacholder, die für Höhe und stabile Struktur sorgen. Kiefern wie *Pinus mugo* ›Humpy‹ oder *P. pumila* ›Globe‹ lassen eine kompakte Halbkugel entstehen, und ihre Nadeln sitzen in Quirlen um die kräftigen Zweige, die an Flaschenbürsten erinnern. Eine andere Zwergkonifere mit Charakter ist *P. leucodermis* ›Schmidtii‹. Versichern Sie sich beim Kauf einer Konifere stets, daß es sich bei der gewählten Art wirklich um eine Zwergform handelt.

Die Rabatte im Spätsommer
Im Sommer treten Silberwinde, Binsenlilie, Steintäschel und Glockenblumen in den Vordergrund und lassen ein Meer aus farbenfrohen Blüten entstehen.

Steintäschel
Die sich ausbreitenden, niederliegenden Triebe von *Lithodora diffusa* ›Heavenly Blue‹ sind im Sommer mit tiefblauen Blüten bedeckt.

Binsenlilie
Sisyrinchium graminoides trägt an kräftigen Stengeln sternförmige Blüten.

Glockenblume
Im Sommer sind die ordentlichen, niedrigen, hellgrünen Laubkissen der kleinen Glockenblume *Campanula carpatica* mit blauen oder weißen Blüten besetzt.

Zwergwacholder
Juniperus communis ›Compressa‹ ist ein ausgezeichneter Zwergwacholder für den Steingarten.

Hauswurz
Alle Sorten von *Sempervivum tectorum* haben die gleiche Form und bilden kompakte Rosetten aus fleischigen Blättern.

Strauchveronika
Hebe pinguifolia ›Pagei‹ ist ein niedriger, dichter Strauch mit kräftig blaugrauen Blättern.

Kuhschelle
Pulsatilla vulgaris, die Kuhschelle, trägt seidige Blätter und purpurne Blüten.

Sisyrinchium graminoides

Steinbrech
Saxifraga ›Southside Seedling‹ entwickelt an 30 cm hohen Stengeln ein Meer aus prächtigen rot-weißen Blüten.

Pfingstnelke
Die langlebige Pfingstnelke *Dianthus gratianopolitanus* erfüllt im Frühsommer die Luft mit süßem Duft.

Zwergkiefer
Die kompakteste Form der Bergkiefer, *Pinus mugo* ›Humpy‹, wächst langsam zu einem dichten runden Busch heran.

Campanula carpatica

Moossteinbrech
Saxifraga ›Sanguinea Superba‹ ist ein Moossteinbrech mit roten Frühjahrsblüten.

Lithodora diffusa ›Heavenly Blue‹

Gutdrainierte Rabatte für Miniaturpflanzen

KULTUR UND PFLEGE

Frühjahr
Wacholder und Nelken pflanzen, bei letzteren Knochenmehl in die Erde mischen. Außerdem Glockenblumen, Silberwinde, Steintäschel, Hauswurz und Binsenlilien pflanzen. Glockenblumen brauchen Schutz vor Schnecken, für das Steintäschel muß dem Boden Lauberde zugesetzt werden. Zu dicht stehende Hauswurz teilen. Bei der Strauchveronika können lange, dünne Triebe zurückgeschnitten werden.

Sommer
Welke Blüten des Moossteinbrech entfernen. Abgeblühte Triebe bei *Saxifraga* ›Southside Seedling‹, Nelken und Glockenblumen herausschneiden. Abgeblühte Rosetten der Hauswurz entfernen. Bei der Strauchveronika welke Blüten entfernen.

Herbst
Steinbrech jetzt oder im Frühjahr pflanzen, dabei reichlich groben Sand um das Pflanzloch herum einarbeiten. Kuhschellen an einen sonnigen Platz setzen. Abgeblühte Stengel und Blätter der Binsenlilien entfernen. Steintäschel zurückschneiden, falls es Nachbarpflanzen bedrängt.

Winter
Die Kiefer jetzt oder im Frühjahr an einen sonnigen Platz setzen. Abgefallene Blätter von Nelken oder Saxifragen entfernen. In nassen Gegenden die Silberwinde mit Glasscheiben oder einem Tunnel schützen.

Drainage ist bei dieser Rabatte der Schlüssel zum Erfolg. Man verwendet ein spezielles Substrat für Steingartenpflanzen oder mischt Lehmsubstrat oder andere gute Gartenerde mit grobem Sand. Da sich die Erde später setzt, sollte man beim Füllen des Hochbeets großzügig sein.

Darüber verteilt man eine Deckschicht aus Splitt. Sie sorgt für eine gute Drainage in der Umgebung der empfindlichen Pflanzenhälse, unterdrückt Unkraut und reduziert die Verdunstung.

Die Pflanzfläche wird mit Tuffbrocken aufgelokkert, die man mindestens zu einem Drittel eingräbt, damit sie Stabilität erhalten.

Saxifraga ›**Southside Seedling**‹ **(Steinbrech)** *Immergrüne Staude, die im Spätfrühjahr und Frühsommer blüht. H und B 30 cm.*

Lithodora diffusa ›**Heavenly Blue**‹ **(Steintäschel)** *Immergrüner Halbstrauch. Blüht im Sommer. H 30 cm, B 45 cm.*

Convolvulus cneorum (Silberwinde) *Immergrüner Strauch mit silbrigen Blättern, der im Spätfrühjahr und Sommer weiß blüht. H und B 75 cm.*

Sempervivum tectorum (Hauswurz) *Immergrüne Sukkulente mit ordentlichen fleischigen Rosetten. H 15 cm, B 20 cm.*

Juniperus communis ›**Compressa**‹ **(Zwergwacholder)** *Konifere mit aromatisch duftenden Blättern. H 75 cm, B 20 cm.*

Hebe pinguifolia ›**Pagei**‹ **(Strauchveronika)** *Immergrüner Strauch mit glänzenden Blättern, der im Frühsommer üppig blüht. H und B 90 cm.*

Campanula carpatica (Glockenblume) *Staude mit großen, zarten blauen oder weißen Sommerblüten. H 10 cm, B 30 cm.*

Pinus mugo ›**Humpy**‹ **(Zwergkiefer)** *Zwergkonifere mit dunkelgrünen Nadeln. H und B 25–30 cm.*

Pulsatilla vulgaris (Kuhschelle) *Staude mit roten, rosa, purpurnen oder weißen Frühjahrsblüten. H und B 20 cm.*

Dianthus gratianopolitanus (Pfingstnelke) *Immergrüne Staude mit stark duftenden blaßrosa Sommerblüten. H 15 cm, B 30 cm.*

Saxifraga ›**Sanguinea Superba**‹ **(Moossteinbrech)** *Staude mit rötlichen Blüten. H 10 cm, B unbegrenzt.*

Sisyrinchium graminoides (Binsenlilie) *Halbimmergrüne Staude mit blauen Sommerblüten. H 30 cm, B 8 cm.*

Abwandlung des Pflanzplans

Die Pflanzen in dieser Rabatte können durch vielerlei kleine Zwiebelblumen ergänzt werden, die zudem helfen, die reizvolle Periode zu verlängern. Wenn man die Zwiebelblumen in Töpfen zieht, die man in die Rabatte einläßt, kann man die Pflanzung in jeder Jahreszeit leicht verändern. Wählen Sie Sorten, die in der Größe zu den zarten Miniaturen dieser Rabatte passen.

Verlängerung der Blühperiode

Alpenveilchen bringen zu einer Zeit Leben in die Rabatte, in der viele Pflanzen ruhen – *Cyclamen coum* ssp. *coum* wartet bis zum Spätwinter, um seine Blüten zu öffnen. Herbstzeitlosen schieben ihre gemusterten rosa Blüten im Frühherbst aus dem Boden. Im Frühjahr geht es richtig los. Dann sorgen Krokusse, Scilla, Schneestolz, Puschkinien und *Anemone blanda* für Reiz. Tulpen und Narzissen setzt man in Töpfe, die man nach der Blüte wieder herausnimmt. Die Blätter läßt man welken, bevor die Zwiebeln für das nächste Jahr eingelagert werden.

Colchicum agrippinum (Herbstzeitlose) Im Frühherbst blühende Zwiebelblume, die aufrechte, rosa Trichterblüten entwickelt. H 10–15 cm, B 10 cm.

Cyclamen coum ssp. coum (Alpenveilchen) Winterblühende Knollenpflanze mit runden, meist silbern gezeichneten Blättern und rosa Blüten. H und B 10 cm.

Narcissus ›Hawera‹ Zur Frühjahrsmitte blühende Zwiebelblume mit nickenden zitronengelben Blüten und zurückgebogenen Petalen. H und B bis 20 cm.

Iris reticulata ›Cantab‹ Zwiebelblume, deren blaßblaue Blüten einen leuchtendgelben Mittelstreifen haben. H 10–15 cm, B 5 cm.

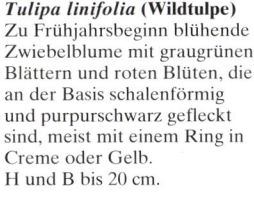

Tulipa linifolia (Wildtulpe) Zu Frühjahrsbeginn blühende Zwiebelblume mit graugrünen Blättern und roten Blüten, die an der Basis schalenförmig und purpurschwarz gefleckt sind, meist mit einem Ring in Creme oder Gelb. H und B bis 20 cm.

Crocus tommasinianus Frühjahrsblühende Zwiebelblume mit schlanken, kelchförmigen Blüten, die fliederfarben, tiefpurpur oder violett sind, außen mitunter silbern. Bürgert sich leicht ein. H bis 10 cm, B bis 8 cm.

BLUMENINSELN UND ANDERE BEETE

Gartenbeete dürfen nicht nur aus einer Blickrichtung hübsch aussehen. Dies gilt besonders für Beete, die wie eine Insel im Rasen liegen und von allen Seiten betrachtet werden. Der Gestaltungsstil solcher Beete im Blickfeld ist oft schon durch ihre Form vorgegeben: Symmetrisch oder geometrisch angelegte Beete bieten sich von selbst für eine formale Gestaltung an, während Beete mit geschwungenen oder unregelmäßigen Konturen besser mit zwanglosen Pflanzungen harmonieren.

EIN BEET MIT ROSEN

Nur wenige Pflanzen haben einen so verführerischen Duft und so wunderbare Farben wie die Rosen. In traditionellen, formal angelegten Gärten werden Rosen häufig allein gezogen. Bei diesem formal gestalteten Beet bildet ein Pflanzenteppich unter den Rosen einen Hintergrund aus Farbe und Struktur.

MEHRFACHE PRACHT
Die offenen Blüten von *Rosa* ›Penelope‹ sind zartrosa gefärbt. Entfernt man welke Blüten, blüht die Rose Sommer und Herbst.

GESTALTERISCHE ASPEKTE

Geometrische Formen
Sich wiederholende Farbgruppen in der Unterpflanzung lassen eine formale Struktur entstehen.

Skulpturaler Mittelpunkt
Die Metallsäule im Herzen des Beetes sorgt für Höhe und bildet den Mittelpunkt.

Zarte Farben
Aufeinander abgestimmte Gruppen aus Frauenmantel, Storchschnabel, Perlpfötchen und Nelken ergänzen die Farben der Rosen.

Es ist ohne weiteres möglich, Rosen zu pflanzen, die gesund sind, gut riechen, im Sommer über lange Zeit blühen, hübsches Laub und auch wunderschöne Blüten haben und einen anmutigen Wuchs besitzen. Das Problem liegt darin, Sorten zu finden, die all diese Eigenschaften in sich vereinen.

Die schönsten Blüten haben die großblumigen Teehybriden, die aber oft anfällig und wenig anmutig sind. Die altmodischen Strauchrosen haben besondere Anmut, doch ihre Blühperiode im Hochsommer ist nur kurz.

Irgendwo dazwischen liegen die großartigen Moschusrosen-Hybriden, gesunde Sträucher mit hübschem, lockerem Wuchs, die im Gegensatz zu den alten Strauchrosensorten bis zum Herbst immer wieder neue Blüten öffnen.

In dieser Pflanzung finden sich die Sorte ›Felicia‹, eine starkwüchsige Rose mit tiefrosa gefüllten Blü-

ten, die mit dem Altern verblassen, und die hellere ›Penelope‹, die Büschel aus ebenfalls gefüllten, kugeligen zartrosa Blüten trägt. Beide Sorten duften süß. Die Rosen stehen sich jeweils in Dreiergruppen an den Ecken des formal gestalteten, rhombenförmigen Beetes gegenüber.

Kletterpflanze als Mittelpunkt

Eine üppige Kletterrose, die an einer Stütze gezogen werden kann, bildet den Mittelpunkt. Metallsäulen sind stabil und haben zudem während der Ruheperiode skulpturhaften Charakter. Ein entsprechendes Klettergerüst aus Holz dagegen wirkt natürlicher, ist aber weniger robust.

Meiden Sie zu wuchsfreudige Rosensorten wie ›Kiftsgate‹, die ihre Stütze bald überwuchert haben. Kletternde Formen großblumiger Buschrosen sind

PFLANZENLISTE

1 *Dianthus* ›Charles Musgrave‹ (Nelke), 6 ×
2 *Rosa* ›Penelope‹, 6 ×
3 *Geranium endressii* (Storchschnabel), 6 ×
4 *Stachys macrantha* (Ziest), 6 ×
5 *Nepeta* ›Six Hills Giant‹ (Katzenminze), 6 ×
6 *Rosa* ›Felicia‹, 6 ×

7 *Alchemilla mollis* (Frauenmantel), 3 ×
8 *Geranium psilostemon* (Storchschnabel), 6 ×
9 *Hosta fortunei* ›Albopicta‹ (Funkie), 10 ×
10 *Iris germanica*, 14 ×
11 *Anaphalis triplinervis* (Perlpfötchen), 6 ×
12 *Rosa* ›Félicité Perpétuée‹, 1 ×

PFLANZPLAN

8 m

5 m

Spätsommerpracht
Wenn die Moschusrosen-Hybriden in voller Blüte stehen, tritt die Unterpflanzung in den Hintergrund. Nelken und Perlpfötchen bilden Teppiche aus weichem, grauem Laub, während blaue Katzenminze und rosa Storchschnabel farbige Flächen entstehen lassen.

Storchschnabel
Geranium endressii bildet eine schöne immergrüne Bodendecke und trägt über lange Zeit silbrig-rosa Blüten.

Funkie
Mit ihren breiten, panaschierten Blättern ist *Hosta fortunei* ›Albopicta‹ eine großartige Blattpflanze für das Frühjahr.

zwar kleiner, aber auch fester und haben kräftigere Stämme.

Entscheiden Sie sich lieber für eine Sorte wie ›Félicité Perpétuée‹, die nicht über 5 m hinaus will und deren Laub zudem in milden Gegenden meist immergrün ist. Ihre cremeweißen, mitunter rosa überhauchten Blüten sind klein, aber stehen in dicken Büscheln und duften süß.

Falls Ihnen selbst diese Sorte zu wuchsfreudig ist, versuchen Sie es mit ›The Garland‹, die selten höher als 3 m wird. Sie blüht üppig und trägt zahllose winzige, cremeweiße Blüten, die in Büscheln stehen und stark nach Orangen duften.

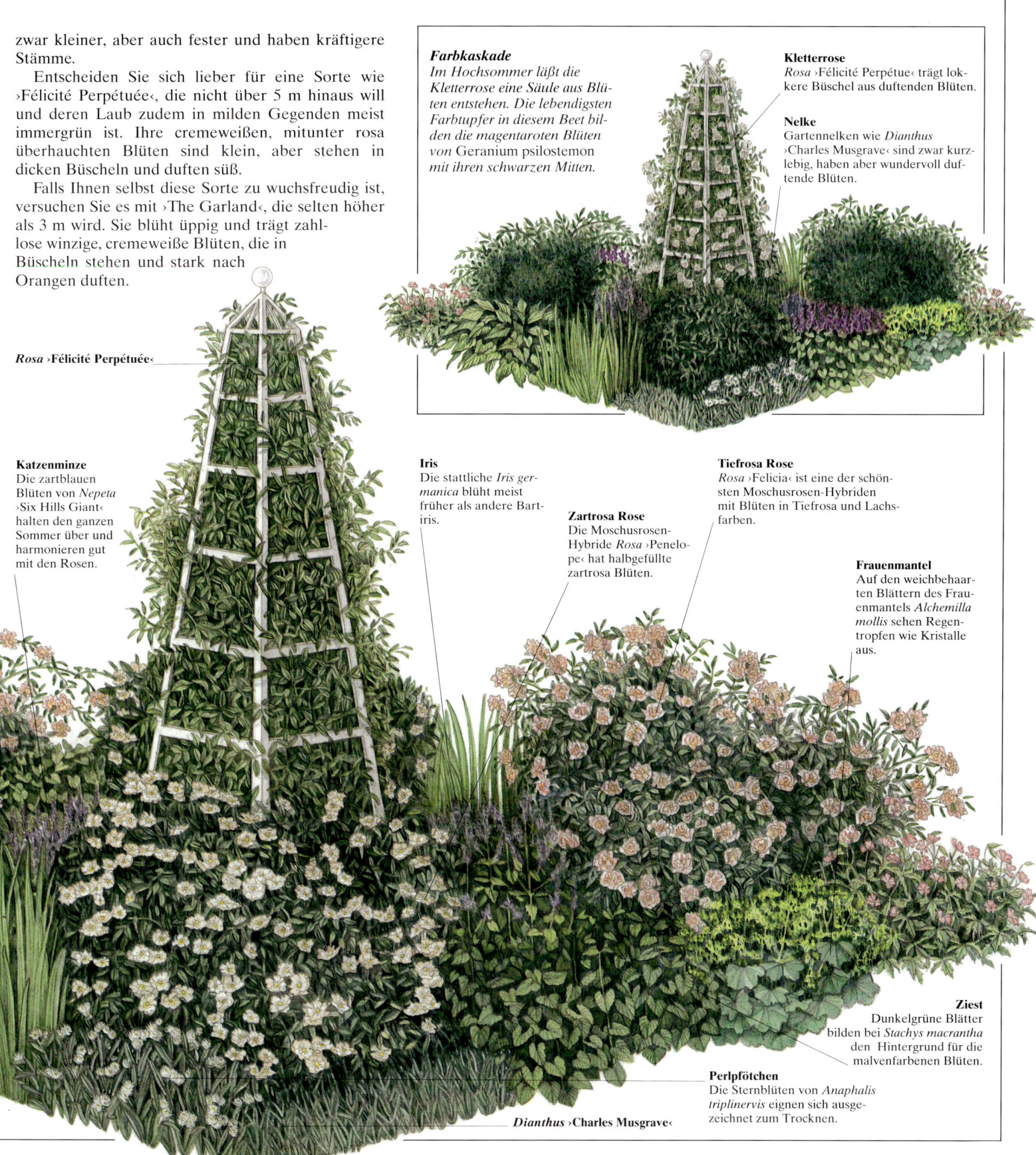

Farbkaskade
Im Hochsommer läßt die Kletterrose eine Säule aus Blüten entstehen. Die lebendigsten Farbtupfer in diesem Beet bilden die magentaroten Blüten von Geranium psilostemon *mit ihren schwarzen Mitten.*

Kletterrose
Rosa ›Félicité Perpétue‹ trägt lockere Büschel aus duftenden Blüten.

Nelke
Gartennelken wie *Dianthus* ›Charles Musgrave‹ sind zwar kurzlebig, haben aber wundervoll duftende Blüten.

Rosa ›Félicité Perpétuée‹

Katzenminze
Die zartblauen Blüten von *Nepeta* ›Six Hills Giant‹ halten den ganzen Sommer über und harmonieren gut mit den Rosen.

Iris
Die stattliche *Iris germanica* blüht meist früher als andere Bartiris.

Zartrosa Rose
Die Moschusrosen-Hybride *Rosa* ›Penelope‹ hat halbgefüllte zartrosa Blüten.

Tiefrosa Rose
Rosa ›Felicia‹ ist eine der schönsten Moschusrosen-Hybriden mit Blüten in Tiefrosa und Lachsfarben.

Frauenmantel
Auf den weichbehaarten Blättern des Frauenmantels *Alchemilla mollis* sehen Regentropfen wie Kristalle aus.

Ziest
Dunkelgrüne Blätter bilden bei *Stachys macrantha* den Hintergrund für die malvenfarbenen Blüten.

Perlpfötchen
Die Sternblüten von *Anaphalis triplinervis* eignen sich ausgezeichnet zum Trocknen.

Dianthus ›Charles Musgrave‹

KULTUR UND PFLEGE

Frühjahr

Rosen mit lockerem organischem Material mulchen. Neue Triebe von Kletterrosen aufbinden. Nelken in durchlässige Erde setzen, ebenso Ziest, Frauenmantel, Katzenminze, Storchschnabel, Funkien und Perlpfötchen. Junge Funkienblätter im Spätfrühjahr vor Schnecken schützen.

Sommer

Rosen, falls notwendig, mit einem umweltfreundlichen Mittel gegen Blattläuse und Mehltau spritzen. Bei Rosen und Nelken regelmäßig welke Blüten entfernen. Nelken Kaliumdünger geben. Storchschnabel nach der Blüte stutzen, damit die Pflanzen kompakt bleiben und ein zweites Mal blühen.

Herbst

Iris im Frühherbst pflanzen – reichlich Knochenmehl zugeben und die Rhizome über die Erde setzen. Die Blätter auf halbe Länge kürzen. Welke Blätter angewachsener Pflanzen entfernen. Perlpfötchen falls nötig zurückschneiden, Katzenminze auf Bodenhöhe zurücknehmen.

Winter

Rosen pflanzen, dabei Knochenmehl und Kompost einarbeiten. Gutwachsende Kletterpflanzen zurückschneiden. Wer eine natürlichere Wirkung vorzieht, schneidet die Moschusrosen-Hybriden besser nicht.

Selbst so wundervolle Rosentypen wie etwa die Moschusrosen-Hybriden haben kein so schönes Laub, daß sie auch ohne Blüten auffallen würden. Daher ist es um so wichtiger, für die übrige Pflanzung Arten mit dekorativen Blättern zu verwenden. In dieser Hinsicht gut geeignet ist der Frauenmantel mit seinen tellerförmigen, am Rand gesägten Blättern, auch wenn er stets später austreibt, als man es sich wünscht. Da er invasiv sein kann, empfiehlt es sich, die Blütenstengel abzuschneiden, bevor er sich aussamt.

Stachys macrantha hat typische, gerunzelte, dreieckige Blätter, die einen dicken dunkelgrünen Teppich entstehen lassen. Obwohl er nicht so häufig gezogen wird wie *S. byzantina,* ist dieser Ziest sehr empfehlenswert.

Geranium endressii **(Storchschnabel)** *Halbimmergrüne dichte Staude mit schalenförmigen rosa Sommerblüten. H 45 cm, B 60 cm.*

***Dianthus* ›Charles Musgrave‹ (Nelke)** *Sich ausbreitende Staude mit einfachen, weißen Hochsommerblüten. H 45 cm, B 30 cm.*

***Iris germanica* (rhizombildende Bartiris)** *Ihre violetten, gelbgestreiften Blüten erscheinen im Spätfrühjahr und Frühsommer. H bis 1,2 m, B unbegrenzt.*

***Rosa* ›Felicia‹** *Schnellwüchsige Moschusrosen-Hybride mit graugrünem Laub und gefüllten, duftenden Blüten, die im Sommer und Herbst erscheinen. H 1,5 m, B 2,2 m.*

***Rosa* ›Félicité Perpétuée‹** *Halbimmergrüne Kletterrose mit Büscheln aus gefüllten rosa bis weißen Hochsommerblüten. H 5 m, B 4 m.*

***Geranium psilostemon* (Storchschnabel)** *Büschelige Staude mit schalenförmigen Hochsommerblüten, die eine schwarze Mitte haben. Die tiefgeteilten Blätter sind im Herbst schön gefärbt. H und B 1,2 m.*

***Rosa* ›Penelope‹** *Buschige Moschusrosen-Hybride mit vielen dunkelgrünen Blättern und gefüllten, zartrosa Blüten, die im Sommer und Herbst erscheinen und duften. H und B 1 m.*

***Nepeta* ›Six Hills Giant‹ (Katzenminze)** *Sommerblühende Staude mit schmalen, graugrünen Blättern und lavendelblauen Blütenständen. H und B 60 cm.*

***Hosta fortunei* ›Albopicta‹ (Funkie)** *Buschige Staude mit cremefarben gezeichnetem Laub. Ihre blaßvioletten Blüten zeigen sich im Frühsommer. H und B 1 m.*

***Anaphalis triplinervis* (Perlpfötchen)** *Kleine blattreiche Staude mit graugrünem Laub und silbrigen Trieben. Die weißen Blütenstände erscheinen im Spätsommer. H 20–30 cm, B 15 cm.*

***Stachys macrantha* (Ziest)** *Büschelige Staude mit krausen, herzförmigen, zartgrünen Blättern. Im Sommer trägt sie purpurne Blütenstände. H und B 30 cm.*

***Alchemilla mollis* (Frauenmantel)** *Bodendeckende Staude mit flaumigen, runden, blaßgrünen Blättern und Rispen aus grünlich-gelben Sommerblüten. H und B 50 cm.*

Abwandlung des Pflanzplans

Im Originalplan wurden zartrosa Rosen verwendet. Um eine insgesamt prächtigere Wirkung zu erzielen, kann man sie durch tief magentarote Rugosa-Rosen ersetzen. Die reizvolle Periode dieses Beetes kann man verlängern, indem man frühjahrsblühende Zwiebelblumen wie Hyazinthen und Tulpen einbeziehet. Man kann Hyazinthen verwenden, die im Haus vorgetrieben wurden, um früh zu blühen.

Prächtiges Arrangement in Tiefrosa und Purpur

Rugosa-Rosen haben eine ganz andere Wuchsform als Moschusrosen-Hybriden. Sie wachsen dicht, aufrecht und kräftig, so daß sie im Gegensatz zu den lockeren, offenen Moschusrosen-Hybriden undurchdringliche Büsche bilden. Rugosa-Rosen sind ungewöhnlich gesunde Rosen, die Sternrußtau und Mehltau nicht kennen. ›Roseraie de l'Haÿ‹ besitzt große, flache, halbgefüllte Blüten in Tiefmagentarot. ›Frau Dagmar Hartopp‹ hat blassere Blüten, trägt dafür aber schöne Herbstfrüchte in der Größe und Farbe von Kirschtomaten.

Um den verschwenderischen Eindruck zu verstärken, kann man die helle Kletterrose durch eine dunklere ersetzen. Perfekt wäre ›Veilchenblau‹: Ihre Blüten haben das Aussehen von feuchtem purpurblauem Seidenpapier, das mit zunehmendem Alter lilagrau wird. Ungeeignet sind leuchtendgelbe Rosen – sie würden sich mit dem magentaroten *Geranium psilostemon* nicht vertragen.

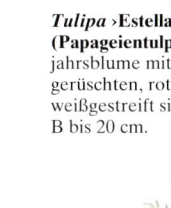

Rosa rugosa ›**Frau Dagmar Hartopp**‹ Strauchrose mit duftenden, einfachen, rosa Blüten, denen im Herbst große, rote Hagebutten folgen. H 1,5 m, B 1,2 m.

Rosa rugosa ›**Roseraie de l'Haÿ**‹ Kräftige, stark duftende Rose mit großen, gefüllten, magentaroten Blüten. H 2 m, B 1,5 m.

Herrliche Zwiebelblumen für den Frühling

Dieses Arrangement ist für den Sommer geplant, doch bieten großzügige Zwiebelblumenpflanzungen die Möglichkeit, bereits früher im Jahr Glanzpunkte zu setzen. Man kann um die Beetränder dicke Streifen aus Krokussen pflanzen und zu Füßen der mittleren Rose eine Narzissengruppe plazieren. Oder man pflanzt da und dort Gruppen aus Hyazinthen (jeweils mindestens sieben), die mit Tulpen gemischt werden. Sehr hübsch sind die Papageientulpe ›Estella Rijnveld‹ und die frühblühende, ungefüllte, weiße ›Purissima‹.

Tulipa ›**Purissima**‹ (Fosteriana-Tulpe) Frühjahrsblüher mit weißen Blüten und breiten Blättern. H 35–40 cm, B bis 20 cm.

Tulipa ›**Estella Rijnveld**‹ (**Papageientulpe**) Spätfrühjahrsblume mit phantastisch gerüschten, roten Blüten, die weißgestreift sind. H 60 cm, B bis 20 cm.

Hyacinthus orientalis ›**Delft Blue**‹ (**Hyazinthe**) Winteroder frühjahrsblühende Zwiebelblume mit duftenden violettblauen Blüten. H 10–20 cm, B 6–10 cm.

EXOTEN FÜR TROCKENEN BODEN

Hübsche Exoten wie Yucca, Agave, Fackellilie und Neuseeländer Flachs müssen wie Skulpturen in einer Galerie ausgestellt werden und rundum reichlich Platz haben. Diese Pflanzung könnte in der modernen Umgebung eines Innenhofes, in einem Hinterhof mit glatten, weißgetünchten Wänden oder zu beiden Seiten einer Terrasse angelegt werden. Oder man variiert sie für einen Wintergarten – dann wäre sie selbst in kalten Regionen nicht nur vier Monate, sondern das ganze Jahr über attraktiv.

STAHLBLAUE SUKKULENTE
Die fleischigen, sukkulenten Blätter von *Agave parryi* bilden eine kompakte, stahlblaue Rosette und helfen der Pflanze über lange Trockenperioden.

GESTALTERISCHE ASPEKTE

— 🌱 —

Zeitgemäßer Stil
Prägnante Pflanzenformen sind eine gute Ergänzung für eine nüchterne Umgebung.

— 🌱 —

Trockenheit
Ein ideales Arrangement für einen sehr trockenen, sonnigen Platz oder ein Beet in einem frostfreien Wintergarten.

— 🌱 —

Wirkung im Dunkeln
Pflanzen, deren Formen an Skulpturen erinnern, sehen besonders wirkungsvoll aus, wenn man sie bei Nacht beleuchtet.

Farbe und Form

Für Farbe sorgt in dieser Gruppe vor allen Dingen das Laub. Die Agave steuert Blaugrau und Gold bei, der Eukalyptus blaugrünes Grau, Neuseeländer Flachs Tiefpurpur. Das Ewigblatt wirkt wachsartig – wie eine Gruppe von Miniaturbäumen aus sukkulenten Blattrosetten, die in perfekter Symmetrie angeordnet sind. Die glänzende Oberfläche der Blätter bildet einen schönen Kontrast zu dem matten Glanz des Neuseeländer Flachses. Selbst die Fuchsie, deren Gattung im allgemeinen nicht für ihr Laub berühmt ist, hat schimmernde Blätter, die dunkler und seidiger als die gewöhnlicher Fuchsien sind.

In diesem Arrangement wurde *Eucalyptus niphophila* verwendet, der kleiner ist und langsamer wächst als der häufig gepflanzte *E. gunnii*, doch ihm in Hinblick auf Winterhärte und Robustheit in nichts nachsteht. Seine Jugendblätter sind hell mahagonifarben, und diese Farbe geht im Winter auf die Zweige über, die dann glänzendrot leuchten. Im Frühjahr sind sie mit blauweißem Flaum bedeckt. Die gleiche Farbe hat auch die Rinde junger Bäume. Ältere Bäume schälen sich, und ihre Rinde färbt sich von Creme über Grau bis Rötlichbraun.

Der Neuseeländer Flachs läßt mit seinen immergrünen, riemenförmigen Blättern in der Mitte der Gruppe eine kräftige aufrechte Form entstehen. Die leuchtendgelbe Gazanie (die in milden Gegenden mehrjährig ist) wird zwar hauptsächlich wegen ihrer Blüten gezogen, doch selbst sie besitzt dekorative Blätter, die unterseits hübsch silbern gefärbt sind.

PFLANZENLISTE

1 *Datura × candida* (Stechapfel), 1 ×
2 *Gazania uniflora*, 16 ×
3 *Agave americana* ›Variegata‹, 1 ×, und *Agave parryi*, 2 ×
4 *Fuchsia* ›Thalia‹, 1 ×
5 *Begonia rex* ›Helen Lewis‹, 4 ×
6 *Phormium tenax* ›Purpureum‹ (Neuseeländer Flachs), 1 ×
7 *Aeonium arboreum* ›Schwarzkopf‹ (Ewigblatt), 3 ×
8 *Kniphofia caulescens* (Fackellilie), 3 ×
9 *Eucalyptus niphophila*, 1 ×
10 *Crassula perfoliata* var. *falcata* (Propellerblatt), 1 ×
11 *Echeveria gibbiflora* var. *metallica*, 1 ×
12 *Yucca whipplei*, 1 ×

PFLANZPLAN

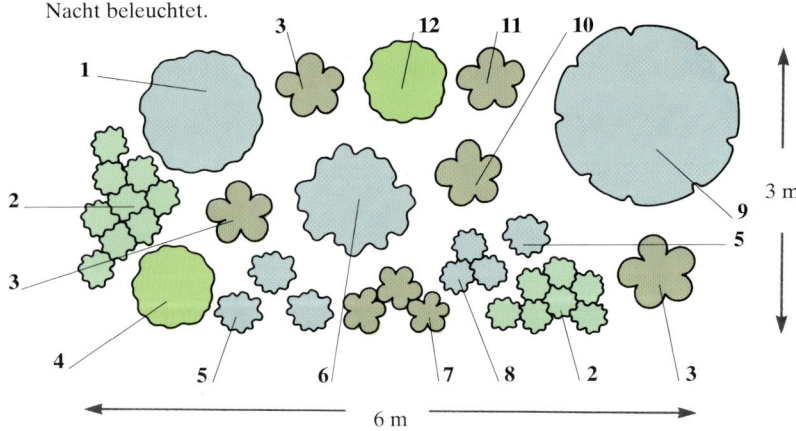

Skulpturhaftes Arrangement
Die Stärke dieser Pflanzung liegt in ihrer Schlichtheit – Pflanzen mit prägnanten Silhouetten, wenigen Farben und sich wiederholenden Formen heben sich von einem strukturreichen Kiesuntergrund ab.

Stechapfel
Die intensiv duftenden Blüten von *Datura × candida* öffnen sich im Spätsommer und Herbst über einen langen Zeitraum.

Fuchsie
Die grünen Blätter von *Fuchsia* ›Thalia‹ sind unterseits rot und bilden einen schönen Hintergrund für die orangeroten Röhrenblüten.

Gazanie
Jede der leuchtenden Blüten von *Gazania uniflora* strahlt vor dem dunklen Laub wie eine kleine Sonne.

Arrangement aus Sonnenliebhabern

Nur wenige dieser Pflanzen wirken winterhart und ausdauernd. Sie sind Genießer, für Sonne und Wonne geschaffen, nicht für Frost und Qualen. In warmen Gegenden rund ums Mittelmeer, in Australien und im Süden der USA könnten all diese Pflanzen ganzjährig im Freien wachsen, doch in Regionen mit kalten Wintern und heftigen Winden sollten sie nur den Sommer über im Garten bleiben. Die kleineren Pflanzen wie Dickblatt und Ewigblatt können während der Som-

mermonate in Tontöpfen auf den Kies gestellt werden. Auch die Begonien sehen in Töpfen hübsch aus. Auf diese Weise gezogen, kann man die Pflanzen zum Überwintern problemlos in ein frostfreies Gewächshaus bringen.

In weniger kalten Gegenden können Eukalyptus, Yucca, Neuseeländer Flachs und Fackellilie ständig im Freien wachsen; wo jedoch mit starkem Frost zu rechnen ist, müssen sie nach drinnen. Diese vier bilden allein schon eine Gruppe mit kontrastreichen Formen.

Eukalyptus
Eucalyptus niphophila kann als Baum oder Strauch erzogen werden und hat wunderschönes Laub.

Panaschierte Agave
Zwar haben die gestreiften Blätter dieser *Agave americana* ›Variegata‹ gefährlich spitze Dornen, doch verleihen sie jeder Pflanzung besonderen Ausdruck.

Agave
Agave parryi ist eine kleine Ausgabe der großen amerikanischen Agaven, doch ihre Rosetten sind nicht weniger faszinierend.

Rexbegonie
Bei *Begonia rex* ›Helen Lewis‹ sind die Blätter weit prächtiger als die Blüten.

Propellerblatt
Crassula perfoliata var. *falcata* will behutsam behandelt werden, da der Reif auf ihren Blättern leicht zerstört werden kann.

Yucca
Im Sommer erheben sich über dem grauen Laub von *Yucca whipplei* riesige Rispen aus cremefarbenen Glockenblüten.

Ewigblatt
Die Blattquirle von *Aeonium arboreum* ›Schwarzkopf‹ sind wundervoll dunkel und schimmernd.

Neuseeländer Flachs
Phormium tenax ›Purpureum‹ bildet eine Fontäne aus überhängenden Blättern.

Fackellilie
Die wunderschönen grauen Blätter von *Kniphofia caulescens* kontrastieren mit den korallenroten Blüten.

Echeverie
Die sukkulenten Blätter von *Echeveria gibbiflora* var. *metallica* sind rosa überlaufen.

Pflanzen für einen trockenen, gut drainierten Platz

Soll eine Exotenpflanzung wie diese auch in unserem Klima gut gedeihen, ist ein offener Platz mit voller Sonne erforderlich. Die meisten der hier verwendeten Pflanzen brauchen trockene Bedingungen und gute Drainage, vor allem Sukkulenten wie Echeverie und Ewigblatt, die bei zu großer Feuchte faulen.

Der Boden um die Pflanzen wird mit Kies abgedeckt. Er bildet einen besonders schönen Hintergrund für diese statuenhaften Pflanzen und läßt sie natürlicher wirken als nackte Erde. Kies hat überdies praktische Vorteile: Er unterdrückt Unkraut und verringert die Verdunstung.

KULTUR UND PFLEGE

Frühjahr
Yucca, Fackellilien, Gazanien und Neuseeländer Flachs pflanzen. Agaven in eine sandige, durchlässige Erde umtopfen. Begonien umtopfen, falls nötig auch Echeverie und Dickblatt, dabei ein mit grobem Sand gemischtes Substrat verwenden. Fuchsie nach draußen setzen, wenn keine Frostgefahr mehr besteht.

Sommer
Eukalyptus in durchlässigen Boden pflanzen. Gut gießen, bis er angewachsen ist, und bei Bedarf stützen. Agaven nach draußen bringen. Das Laub der Begonien besprühen, um die Luftfeuchtigkeit zu erhöhen, und alle zwei Wochen einen Flüssigdünger geben. Stechapfel im Topf ins Beet einsenken oder auspflanzen. Ewigblatt ins Freie bringen.

Herbst
Fuchsien und andere Pflanzen, die überwintern sollen, herausnehmen oder aus Stecklingen neue Pflanzen ziehen. Die Triebe der übrigen Pflanzen nach dem ersten Frost abschneiden.

Winter
Propellerblatt und Agaven unter Schutz trocken halten. Zuviel Feuchte läßt sie faulen. Im Spätwinter Stechapfeltriebe auf 15 cm zurückschneiden.

Eucalyptus niphophila Immergrüner Baum mit rotgerandeten graugrünen Blättern. H bis 10 m, B 6 m.

Echeveria gibbiflora var. metallica Sukkulente mit graugrünen fleischigen Blättern, die rosa überhaucht sind. H bis 1 m, B 15 cm.

Gazania uniflora Mattenbildende Staude mit sternförmigen gelben Frühsommerblüten. H 45–60 cm, B 45 cm.

Kniphofia caulescens (Fackellilie) Herbstblühende, immergrüne Staude mit hohen Blütenkerzen. H 1,2 m, B 60 cm.

Begonia rex ›Helen Lewis‹ Immergrüne Staude mit weißgerandeten Blättern und cremefarbenen Frühsommerblüten. H und B bis 60 cm.

Yucca whipplei Immergrüner Strauch mit schlanken blaugrünen Blättern und einer hohen Blütenrispe. H 1,5 m, B 1 m.

Agave americana ›Variegata‹ Sukkulente Staude. Ihre steifen, schmalen Blätter sind cremegelb umrandet. H und B bis 2 m.

Datura × candida (Stechapfel) Halbimmergrüner Strauch, der im Sommer und Herbst duftende Blüten trägt. H und B bis 3 m.

Fuchsia ›Thalia‹ Frostempfindlicher, sommergrüner Strauch mit langen schlanken Blüten und dunklem Laub. H und B 1 m.

Phormium tenax ›Purpureum‹ (Neuseeländer Flachs) Immergrüne Staude mit prägnanten Blättern. H 2 m, B 1 m.

Crassula perfoliata var. falcata (Propellerblatt) Sukkulente mit fleischigen, gedrehten grauen Blättern. H und B 1 m.

Die Triebe der übrigen

Abwandlung des Pflanzplans

Die Wirkung des purpurnen Laubs und der leuchtendgefärbten Blüten im Originalplan ist schwer und üppig. Wer eine leichte, lockere Wirkung vorzieht, kann dies durch einige Änderungen bei der Bepflanzung ohne weiteres erreichen. Anstelle des eher starren, statuenhaften Neuseeländer Flachses verwendet man die filigrane Schirmakazie. Die leuchtendroten und gelben Blüten von Fuchsie, Fackellilien und Gazanien ersetzt man durch helle Blüten in Creme, Weiß und Rosa.

Kühlere Farbkombinationen

Die Schirmakazie ist die verkörperte Anmut, ein schimmerndes Wunder aus graugrünen Blättern, das im Spätsommer kleine, an Puderquasten erinnernde rosa Blüten entwickelt. Sie ist nicht vollkommen winterhart, gedeiht glücklicherweise aber auch in einem großen Topf, so daß sie ins Haus gebracht werden kann.

Für diese neue Pflanzung sollten auch die übrigen Pflanzen in gedämpfteren Farben ausgewählt werden. Verwenden Sie blaugraue Agaven, und ersetzen Sie die roten Fackellilien durch weiße. Anstelle der leuchtenden Gazanien pflanzen Sie Gruppen aus rosa und weißen Fleißigen Lieschen.

Albizia julibrissin **(Schirmakazie)** Sommergrüner Baum mit großen gefiederten Blättern und duftigen rosa Spätsommerblüten. H und B bis 10 m.

Impatiens ›**Accent Pink**‹ **(Fleißiges Lieschen)** Frostempfindliche Staude, die meist einjährig gezogen wird und im Sommer und Herbst mit rosa Blüten bedeckt ist. H und B bis 40 cm.

Begonia fuchsioides Immergrüne Ampelbegonie mit ovalen, gezähnten, dunkelgrünen Blättern und einzelnen, roten, hängenden Blüten. H bis 1,2 m, B 30 cm.

Echeveria elegans Sukkulente mit Rosetten aus hell silbrigblauen Blättern und rosa Blüten, die im Sommer hoch über den Blättern stehen. H 5 cm, B 50 cm.

Kniphofia ›**Percy's Pride**‹ **(Fackellilie)** Aufrecht wachsende Staude mit großen cremefarbenen, grün überlaufenen Blütenständen, die im Herbst an aufrechten Schäften erscheinen. H 1 m, B bis 50 cm.

Agave parryi Sukkulente mit steifen blaugrünen Blättern, die eine grundständige Rosette bilden. Ältere Pflanzen können hohe Stengel mit cremegelben Blüten entwickeln. H 50 cm, B 1 m.

RASCHE BLÜTENPRACHT

In jedem Garten muß es sowohl Dauerpflanzungen als auch temporäre Arrangements geben. Dieses Beet zeigt, wie man beides unter einen Hut bringt. Den Mittelpunkt bildet eine Magnolie, die erst nach vielen Jahren Statur erlangt. Bis dahin kann man den Platz um den Baum nutzen, um bunte, kurzlebige Sommerblumen zu ziehen.

Rings um jeden Baum oder Strauch, der zum Anlegen seines Erwachsenenkleides lange braucht, können Pflanzen gesetzt werden, die für rasche Blütenpracht sorgen.

Hier wurde eine Magnolie verwendet, doch ebensogut eignet sich auch ein Maulbeerbaum (Morus), ein Tulpenbaum (Liriodendron tulipifera) oder ein Glyzinenbäumchen (Wistera). Wählen Sie das Gehölz, das am vorgesehenen Standort am wahrscheinlichsten gedeiht.

Magnolien wachsen am besten auf fruchtbarem, leicht saurem Boden mit großem Wasserhaltevermögen. Die schönsten Magnolien findet man in Gegenden, wo mindestens 700 mm Niederschlag im Jahr fallen und im Sommer keine anhaltenden Trockenperioden herrschen. Magnolien wachsen auch in alkalischer Erde, doch magere, dünne, kreidige Böden vertragen sie nicht.

Ein silbriger Teppich

Im Blumenbeet unter der Magnolie stehen vier große Strauchmargeriten. Nach Möglichkeit verwenden Sie die schöne graublättrige, weißblühende Sorte Argyranthemum gracile ›Chelsea Girl‹. Sie blüht den ganzen Sommer hindurch bis zu den ersten Frösten. Nur wenige Einjahresblumen haben reizvolles, üppiges Laub, doch Strauchmargeriten besitzen nicht nur schöne Blätter, sie blühen auch unermüdlich.

Verleihen Sie der Pflanzung mehr Substanz, indem Sie Exemplare des Kreuzkrauts Senecio maritimus ›Silver Dust‹ einbeziehen. Die Blätter und Stengel sind mit weißen, wolligen Haaren bedeckt und wirken wie aus Filz geschnitten. In milden Gegenden ist dieser kleine Strauch winterhart, häufig wird er aber wie eine einjährige Pflanze behandelt und jedes Frühjahr aus Samen gezogen.

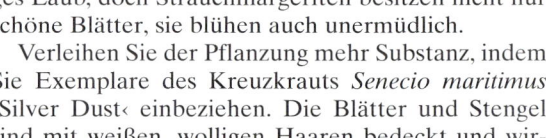

Strauchmargerite
Alle Strauchmargeriten sind hübsch, das blaugraue, filigrane Laub von Argyranthemum gracile ›Chelsea Girl‹ läßt die weißen Korbblüten jedoch besonders schön hervortreten.

Ein Spektakel für den Sommer
Im Sommer ist dieses Beet am schönsten. Herrlich gefärbte Blumen in sich wiederholenden Gruppen sorgen für eine patchworkartige, üppige Wirkung.

Mehlsalbei
Die purpurblauen Blüten von Salvia farinacea ›Victoria‹ stehen an gleichfarbigen hohen, aufrechten Stengeln.

Leinkraut
Das zierliche Leinkraut Linaria maroccana ›Fairy Lights‹ trägt hübsche kleine Blüten mit einem kontrastierenden weißen Schlund.

Verbene
Den ganzen Sommer hindurch öffnet Verbene ›Sissinghurst‹ ihre dunkelrosa Blüten.

Farbakzente

Vor diesen grauen Hintergrund kann man nun Farbe setzen. Fassen Sie das Beet mit dem Leinkraut *Linaria maroccana* ›Fairy Lights‹ und einigen leuchtendgefärbten
Verbenen wie der tiefrosa Sorte ›Sissinghurst‹ ein. Hinter
die Einfassung und zwischen die Strauchmargeriten werden nun blaßrosa Lachsblumen und hoher purpurblauer
Mehlsalbei (*Salvia farinacea* ›Victoria‹) gesetzt. Letzterer
entwickelt sich oft nur langsam, aber deswegen sollten Sie
nicht auf ihn verzichten. Es ist schön, wenn man sich noch
auf etwas Neues freuen kann, und hat der Salbei erst einmal zu blühen begonnen, stoppt ihn nur noch der Frost. In
diese Mischung aus Rosa, Blau, Grau und Weiß setzt man
als überraschende Akzente einige Büschel kräftiggelber
Löwenmäulchen. Wählen Sie den Farbton sorgfältig. Ein
ins Grüne gehendes Gelb ist besser als ein rotstichiges.

PFLANZPLAN

3 m

3 m

Magnolie
Magnolie × soulangeana trägt im
Spätfrühjahr prächtige, duftende
Blüten, die allerdings unter Spät-
frösten leiden können.

Löwenmaul
Um kräftige Farbkontra-
ste innerhalb der Pflan-
zung zu schaffen, verwen-
det man ein schwefel-
gelbes Löwenmäulchen
wie dieses rostresistente
Antirrhinum majus.

PFLANZENLISTE
1 *Verbena* ›Sissinghurst‹, 11 ×
2 *Antirrhinum majus* (rostresisten-
  tes Löwenmaul), 40 ×
3 *Diascia rigescens* (Lachsblume),
  3 ×
4 *Linaria maroccana* ›Fairy
  Lights‹ (Leinkraut), 27 ×
5 *Argyranthemum gracile* ›Chelsea
  Girl‹ (Strauchmargerite), 4 ×
6 *Senecio maritimus* ›Silver Dust‹
  (Kreuzkraut), 4 ×
7 *Salvia farinacea* ›Victoria‹
  (Mehlsalbei), 24 ×
8 *Magnolia × soulangeana*, 1 ×

Kreuzkraut
Im Hochsommer bildet *Senecio
maritimus* ›Silver Dust‹ niedrige
Büsche aus filigranem,
silbrig-weißem Laub.

Lachsblume
Diascia rigescens hat einen
niedrigen, fast strauchigen
Wuchs und trägt den
ganzen Sommer
über kupferrosa
Blüten.

Pflanzen für rasche Pracht

Dieses Beet enthält viele blühende Pflanzen, die – auch wenn sie botanisch als Stauden oder Halbsträucher gelten – einjährig gezogen werden können, um sie möglichst rasch zur Geltung zu bringen und mit ihnen schon gleich eine farbenprächtige Pflanzung zu gestalten.

Strauchmargeriten, Verbenen, Lachsblumen und Salbei eignen sich beispielsweise dafür und haben zudem alle die schöne Eigenschaft, den ganzen Sommer hindurch bis in den Herbst zu blühen.

Strauchmargeriten sind nicht winterhart, doch man kann sie in Töpfen ins Beet einlassen oder vor den ersten Frösten wieder eintopfen und im Haus überwintern. Oder man nimmt im Spätsommer Stecklinge und setzt die jungen Pflanzen Ende des kommenden Frühjahrs nach draußen.

Frostempfindliche Pflanzen wie diese dürfen, ebenso wie echte Einjahresblumen, beim Auspflanzen keinen Schock erleiden, sonst wird ihr Wachstum gehemmt. Geschieht dies doch, müssen Sie auch länger warten, bis sich Blüten entwickeln. Um möglichst früh Blüten zu erhalten, achten Sie darauf, daß im Haus gezogene Pflanzen sorgfältig abgehärtet werden, bevor sie nach draußen kommen. Helfen Sie ihnen über den Schock hinweg, indem Sie ihnen reichlich Nahrung und Wasser geben.

KULTUR UND PFLEGE

Frühjahr
Die Magnolie an einen geschützten Platz pflanzen. Mitte des Frühjahrs jungen Magnolien einen kaliumreichen Dünger geben, um sie herum jedes Jahr Lauberde oder Kompost verteilen. Beschädigte Zweige können im Spätfrühjahr entfernt werden. Wenn keine Frostgefahr mehr besteht, Verbenen, Leinkraut, Löwenmäulchen, Lachsblumen, Strauchmargeriten und Kreuzkraut pflanzen. Gegen Pilzkrankheiten wie Rost kann vorbeugend ein biologisches Stärkungsmittel gespritzt werden.

Sommer
Bei allen Pflanzen regelmäßig welke Blüten entfernen. Gelegentlich düngen und während trockener Perioden gut wässern. In sehr trockenen Sommern blühen Lachsblumen nur, wenn sie gründlich gegossen werden. Bei Verbenen Leittriebe ausknipsen, um einen buschigen Wuchs anzuregen, im Frühsommer auch die Spitzen der Löwenmäulchen, damit sie sich verzweigen.

Herbst
Strauchmargeriten herausnehmen und eintopfen, um sie an einem frostfreien Platz zu überwintern.

Winter
Strauchmargeriten in ihrem Winterquartier nur sparsam gießen.

Salvia farinacea ›Victoria‹ **(Mehlsalbei)** *Staude mit violetten Blüten, die im Sommer und Herbst erscheinen. H 45 cm, B 30 cm.*

Argyranthemum gracile ›Chelsea Girl‹ **(Strauchmargerite)** *Halbstrauch mit tiefgeteilten Blättern und Korbblüten. H und B bis 75 cm.*

Antirrhinum majus **(Löwenmaul)** *Buschige sommerblühende Staude. H und B 45 cm.*

Linaria maroccana ›Fairy Lights‹ **(Leinkraut)** *Einjährige Blume mit löwenmaulähnlichen Sommerblüten. H und B 20 cm.*

Diascia rigescens **(Lachsblume)** *Staude mit lachsrosa Blüten, die sich im Sommer und Herbst öffnen. H 25 cm, B 30 cm.*

Verbena ›Sissinghurst‹ *Mattenbildende Staude mit leuchtendrosa Sommerblüten. H 20 cm, B 45 cm.*

Magnolia × *soulangeana* *Sommergrüner Baum oder Strauch, der Mitte des Frühjahrs große weiße Blüten mit rosa Hauch trägt. H und B bis 6 m.*

Senecio maritimus ›Silver Dust‹ **(Kreuzkraut)** *Meist einjährig gezogener, immergrüner, buschiger Halbstrauch mit feingeteilten mattsilbernen Blättern. Die kleinen gelben Sommerblüten sind recht unscheinbar. H und B 30 cm.*

Abwandlung des Pflanzplans

Durch eine andere Auswahl an Einjahresblumen und frostempfindlichen Stauden kann man in diesem Arrangement ganz neue Farbakzente setzen. Tauschen Sie die Rosa- und Purpurtöne von Verbenen, Lachsblumen und Leinkraut gegen eine frische weiß-blaue Mischung aus Duftmargeriten, Lobelien und *Osteospermum* ›Whirlygig‹ aus.

Osteospermum hat äußerst ungewöhnliche Korbblüten mit löffelförmigen Petalen. Sie sind weiß und unterseits blau überlaufen, ihre Mitten erstrahlen in tiefem Blau. Die schwefelgelben Löwenmäulchen werden durch goldgelben Sonnenhut ersetzt. Er paßt gut zu den leuchtendgelben Mitten der Duftmargeriten.

Heitere Blau- und Gelbtöne

Verwenden Sie Lobelien für die Beeteinfassung anstelle des Leinkrauts im ursprünglichen Plan. Die Sorte ›Crystal Palace‹ hat schimmerndes dunkles Laub, das einen perfekten Hintergrund für die Blüten bildet, und wie alle Lobelien ist sie unempfindlich und blühfreudig. Die Grünlilien ersetzen das silbergraue Kreuzkraut und sorgen für lebhafte Akzente. Sie wachsen rasch und bilden Blattschöpfe, die in hübschem Kontrast zu den Einjahresblumen stehen. Die blauen Duftmargeriten und der gelbe Sonnenhut werden in Gruppen in die Mitte des Beetes gesetzt. Der Sonnenhut blüht später als die Duftmargeriten, etwa zur gleichen Zeit wie der Salbei.

Chlorophytum comosum ›**Vittatum‹ (Grünlilie)** Buschige frostempfindliche Staude mit grün-weiß gestreiften Blättern. H und B 30 cm.

Rudbeckia hirta ›**Marmalade‹ (Sonnenhut)** Aufrecht wachsende Staude. Ihre goldgelben Blüten haben schwarze Mitten und erscheinen im Sommer und Frühherbst. H 45 cm, B 30 cm.

Brachycome iberidifolia **(Duftmargerite)** Buschige Einjahresblume, die im Sommer und Frühherbst kleine duftende Blüten trägt. H und B 45 cm.

Osteospermum ›**Whirlygig‹** Büschelige, frostempfindliche immergrüne Staude mit graugrünem Laub und lockerem Wuchs. Im Sommer versinkt sie unter einem Meer bläulichweißer Blüten mit tiefblauen Mitten. H 60 cm, B 30–45 cm.

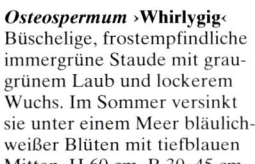

Lobelia erinus ›**Crystal Palace‹** Kompakte Einjahresblume mit bronzefarbenen Blättern und tiefblauen Blüten, die sich den ganzen Sommer über öffnen. H 20 cm, B 15 cm.

GANZJÄHRIGE PRACHT

Ein Garten, der das ganze Jahr über reizvoll aussehen soll, bedarf sorgfältiger Planung. Ein Dutzend Zwergkoniferen füllen zweifellos ein Beet zwölf Monate hindurch, doch stimmt ihr Anblick fröhlich? Bieten Laub und Wuchsform der Pflanzen genügend Kontraste? Und wird damit der verfügbare Raum auf besonders ansprechende und phantasievolle Weise genutzt?

FRÜHLINGSBLÜTEN
Im Frühjahr bietet *Prunus* ›Tai Haku‹ einen bezaubernden Anblick, denn dann ist sie mit weißen Blütenbüscheln bedeckt. Ihre Blüten bilden einen kräftigen Kontrast zu dem jungen, bronzefarben überlaufenen Laub.

GESTALTERISCHE ASPEKTE

❧

Kontinuität und Wandel
Immergrüne sorgen das ganze Jahr hindurch für Kontinuität und Substanz, andere Pflanzen setzen zu bestimmten Jahreszeiten wechselnde Schwerpunkte.

❧

Frische Blüten
Um neue farbliche Akzente und Abwechslung entstehen zu lassen, kann man jedes Jahr andere Lilien verwenden.

Gewiß brauchen Sie in jedem Beet, das im Sommer wie im Winter dekorativ sein soll, einen bestimmten Anteil an Immergrünen, die aber keinesfalls langweilig sein müssen. Es gibt zahlreiche Pflanzen, die Ihnen zu allen Jahreszeiten Gelegenheit bieten, mit Form- und Strukturkontrasten zu spielen.

Stellen Sie sich die blutroten Stämme des Hartriegels *Cornus alba* vor dem glänzenden Laub von *Choisya ternata*, der Orangenblume, vor. Oder die skulpturhaften, mit Blattquirlen besetzten Triebe der kräftigen Wolfsmilch *Euphorbia characias* ssp. *wulfenii*, die sich über das schöne immergrüne Laub von Elfenblumen erheben.

PFLANZENLISTE

1 *Epidemium pubigerum* (Elfenblume), 6×
2 *Cornus alba* ›Elegantissima‹ (Hartriegel), 1×
3 *Bergenia ciliata*, 8×
4 *Polystichum setiferum* ›Densum‹, 3×
5 *Lilium* ›Black Beauty‹, 16×
6 *Cyclamen hederifolium* (Alpenveilchen), 14×
7 *Choisya ternata* (Orangenblume), 1×
8 *Tellima grandiflora* ›Purpurea‹, 5×
9 *Pennisetum villosum* (Federborstengras), 3×
10 *Prunus* ›Tai Haku‹ (Kirsche), 1×
11 *Polystichum setiferum* (Schildfarn), 5×
12 *Euphorbia characias* ssp. *wulfenii* (Wolfsmilch), 1×

PFLANZPLAN

1 12 5
6
2
11
3
4
5
1
5
1 6 7 8 9 3 10

5 m
3 m

Saisonale Höhepunkte

Selbst ein Beet mit dem Anspruch, das ganze Jahr über hübsch auszusehen, sollte einige Pflanzen enthalten, die in einer bestimmten Jahreszeit ihren Höhepunkt erreichen. Diese Akzente verändern die Stimmung des Beetes mit dem Wechsel der Jahreszeiten. Solche fließenden Veränderungen sind im Garten notwendig. Ein Beet, in dem zu viele steife, statische Pflanzen stehen, wirkt ermüdend. Im Frühjahr braucht man Blüten, und man kann aus einer enormen Fülle wählen: Holzapfel, Felsenbirne, Weißdorn und natürlich Kirschen. In dieser Pflanzung wurde die weißblühende Kirsche ›Tai Haku‹ verwendet, für einen kleineren Garten eignet sich aber eine kompaktere Sorte besser. Wählen Sie einen Baum, der auch im Herbst einen Beitrag leistet. Die Blätter von ›Tai Haku‹ nehmen vor dem Abfallen ein reines Buttergelb an.

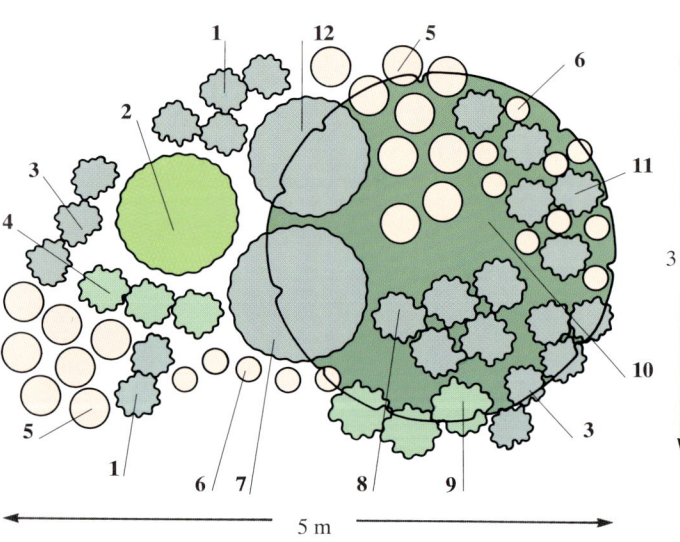

Das Beet im Frühling
Im Frühjahr erscheinen die attraktiven gelbgrünen Blüten der Wolfsmilch zwischen Hügeln aus Laub, während Kirsche und Orangenblume unter einem Meer aus weißen Blüten versinken.

Cornus alba ›Elegantissima‹

Schildfarn
Polystichum setiferum ›Densum‹ gehört zu den anmutigsten Formen dieser Gattung und hat feingeteilte Wedel.

Elfenblume
Die Blüten von *Epimedium pubigerum* sind eher unscheinbar, doch das glatte, immergrüne Laub wirkt dekorativ.

Herbstfarben

Im Herbst heitern die goldenen Blätter der Kirsche die Pflanzung auf, und die kahlen Stämme des Hartriegels heben sich leuchtend-rot von der Orangenblume ab. Die weichen, fedrigen Fruchtstände des Feder-borstengrases fühlen sich wunderbar an.

Hartriegel
Die Triebe des Hartriegels *Cornus alba* ›Elegantissima‹ kommen nach dem Laubfall am besten zur Geltung.

Lilie
Die braunroten Blütenblätter von *Lilium* ›Black Beauty‹ sind zurückgerollt und geben auffallende schwarze Staubblätter frei.

Federborstengras
Pennisetum villosum ist nicht ganz frosthart, hat aber herrlich zarte Blütenstände.

Kirsche
Prunus ›Tai Haku‹ ist eine der schönsten frühjahrs-blühenden Kirschen, aber sie braucht Platz zum Wachsen.

Wolfsmilch
An den imposanten Büschen aus Winterlaub öffnet *Euphorbia characias* ssp. *wulfenii* im Frühjahr gelbgrüne Blütenstände.

Orangenblume
Das üppige Laub von *Choisya ternata* bildet einen hübschen Hintergrund für die reinweißen Blüten.

Schildfarn
Polystichum setiferum verträgt Trockenheit und gedeiht unter beinahe allen Bedingungen.

Tellima
Tellima grandiflora ›Purpurea‹ ist ein schöner, immergrüner Bodendecker mit Trauben aus cremefarbenen Glockenblüten.

Bergenie
Bergenia ciliata ist nur in den mildesten Gegenden immergrün, hat aber hübsche runde, behaarte Blätter.

Pennisetum villosum

Alpenveilchen
Blätter und Blüten erscheinen bei *Cyclamen hederifolium* getrennt – das Laub bedeckt im Winter dekorativ den Boden.

Frühjahr
Orangenblume, Hartriegel, Federborstengras und Farne pflanzen – die Farne an einen halbschattigen Platz. In späteren Jahren die Orangenblume mulchen und frostgeschädigte Triebe entfernen. Hartriegel stark zurückschneiden. Altes Laub der Elfenblume zu Frühjahrsbeginn vor Einsetzen des Wachstums entfernen. Um Elfenblumen und Lilien gesiebten Kompost verteilen.

Sommer
Abgeblühte Stengel von Wolfsmilch und Tellima abschneiden. In Trockenperioden Farne wässern. Lilien müssen eventuell gestützt werden.

Herbst
Die Kirsche pflanzen, an exponierten Plätzen stützen. Ein kleines Exemplar der Wolfsmilch sowie Bergenien pflanzen. Dichte Pflanzen müssen umgesetzt werden. Alpenveilchen pflanzen, dabei die Knollen nur knapp mit Erde bedecken. In späteren Jahren nach der Blüte gesiebte Lauberde um sie verteilen. Elfenblumen, Tellima und – sobald erhältlich – Lilien pflanzen.

Winter
Im Winter fallen keine Routinearbeiten an.

Pflanzen mit ganzjährigem Reiz

Die Hauptpflanzen dieses Arrangements sorgen lange Zeit für Struktur und Substanz und brauchen wenig Pflege. Im Spätfrühjahr entrollen sich die anmutigen neuen Wedel der Farne, um das Laub des vergangenen Jahres zu ersetzen, das nun abgeschnitten werden kann. Die Orangenblume braucht keinen regelmäßigen Schnitt, dünne Triebe können jedoch nach der Blüte zurückgeschnitten werden. Im Winter ist der Hartriegel besonders leuchtend gefärbt. Da junge Stämme die kräftigste Färbung haben, schneidet man die Pflanze jedes Frühjahr stark zurück, um die Entwicklung zahlreicher neuer Triebe anzuregen. Durch Verwendung verschiedener Liliensorten läßt man jedes Jahr eine neue Stimmung im Beet entstehen. Man kann die Lilien in Töpfen ziehen und diese einfach den Sommer über in das Beet einsenken.

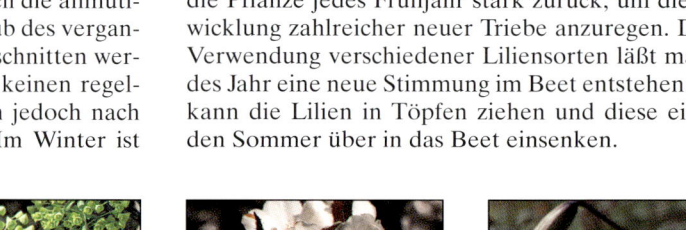

***Epimedium pubigerum* (Elfenblume)** *Immergrüne teppichbildende Staude. Wird wegen ihrer herzförmigen Blätter und cremeweißen oder rosa Frühlingsblüten gezogen. H und B 45 cm.*

***Euphorbia characias* ssp. *wulfenii* (Wolfsmilch)** *Immergrüner aufrechter Strauch mit graugrünen Blättern und dicken gelbgrünen Blütenständen. H bis 1,5 m, B 75 cm.*

***Prunus* ›Tai Haku‹ (Kirsche)** *Sommergrüner ausladender Baum, der Mitte des Frühjahrs große, einfache, weiße Blüten trägt. H bis 8 m, B bis 10 m.*

***Lilium* ›Black Beauty‹ (Lilie)** *Sommerblühendes Zwiebelgewächs, dessen tiefrote Blüten grüne Mitten und zurückgebogene Petalen haben. H 1,5–2 m, B 30–50 cm.*

***Cornus alba* ›Elegantissima‹ (Hartriegel)** *Kräftiger sommergrüner Strauch. Junge Triebe sind im Winter leuchtendrot. H und B 2 m.*

***Choisya ternata* (Orangenblume)** *Immergrüner Strauch mit duftenden weißen Spätfrühjahrsblüten. H 2,5 m, B 2,2 m.*

***Tellima grandiflora* ›Purpurea‹** *Halbimmergrüne Staude mit rötlich-purpurnen Blättern und cremerosa Spätfrühjahrsblüten. H und B 60 cm.*

Bergenia ciliata *Buschige Staude mit großen runden Blättern. Im Frühjahr trägt sie weiße Blüten, die später rosa werden. H 30 cm, B 50 cm.*

***Polystichum setiferum* ›Densum‹ (Schildfarn)** *Immergrüner Farn mit weichen Nadeln, die beim Entrollen mit weißen Schuppen bedeckt sind. H 60 cm, B 45 cm.*

***Cyclamen hederifolium* syn. *C. neapolitanum* (Alpenveilchen)** *Knollengewächs mit hell- bis dunkelrosa Herbstblüten und silbriggrünen efeuähnlichen Blättern. H bis 10 cm, B 10–15 cm.*

***Pennisetum villosum* (Federborstengras)** *Büscheliges, ausdauerndes Gras mit fedrigen zartrosa Blütenständen, die im Herbst blaßbraun werden. H bis 1 m, B 50 cm.*

***Polystichum setiferum* (Schildfarn)** *Immergrüner Farn mit feingeteilten, moosartigen Wedeln, die beim Entrollen mit weißen Schuppen bedeckt sind. H 60 cm, B 45 cm.*

Abwandlung des Pflanzplans

In Gegenden mit langen Wintern, starkem Frost und schneidendem Wind können verschiedene Pflanzen dieses Beetes erfrieren. Daher müssen Orangenblume, Wolfsmilch, Bergenien, Alpenveilchen und Federborstengras durch robustere Gewächse ersetzt werden.

Pflanzen für kalte Gegenden

Den größten Verlust stellt die Wolfsmilch dar, die aus dem milden Mittelmeerraum stammt. Die an ihrer Stelle verwendete Nieswurz ist härter, aber weniger spektakulär. Ihre tiefgeteilten Blätter bilden schließlich einen hübschen, aber nüchternen Busch. Als Ersatz für die Bergenien wurde eine andere, härtere Wolfsmilch verwendet. Ihr Laub ist nicht so reizvoll wie das der Bergenie, aber es wird von kräftig schwefelgelben Blüten gekrönt.

Der Feuerdorn öffnet etwas später als die Orangenblume weiße Blüten und trägt zudem im Winter leuchtendrote Beeren. Eine im Spätsommer blühende Clematis, die an ihm wächst, überbrückt die Zeit zwischen Blüte und Fruchtentwicklung.

Niedrige Matten in kühlen Farben bilden ein blauer Wacholder und die silbrigen Blätter einer kriechenden Taubnessel.

Pyracantha × wateri (Feuerdorn) Immergrüner Strauch mit glänzenden Blättern, weißen Sommerblüten und leuchtendroten Herbstbeeren.
H und B 2,5 m.

Euphorbia cyparissias (Wolfsmilch) Üppige Staude mit graugrünem Laub. Trägt im Spätfrühjahr gelbgrüne Blüten.
H und B 30 cm.

Clematis viticella ›Purpurea Plena Elegans‹ Kletterpflanze, die im Sommer und Herbst purpurrosa Blüten öffnet.
H bis 4 m, B 1,5 m.

Juniperus squamata ›Blue Star‹ (Wacholder) Buschige Zwergkonifere mit dichtem, graublauem Laub.
H 50 cm, B 60 cm.

Lamium maculatum ›White Nancy‹ (Taubnessel) Silberblättrige Staude mit weißen Frühjahrs- und Sommerblüten.
H 15 cm, B 1 m.

Helleborus foetidus (Stinkende Nieswurz) Immergrüne Staude, die im Spätwinter und Frühjahr blaßgrün blüht.
H und B 45 cm.

EIN SCHÖNER KRÄUTERGARTEN

Im Kräutergarten verspürt man unweigerlich den Drang, zu gruppieren, zu ordnen und zu arrangieren: alle Minzen hier, alle Salbeis dort, alle Küchenkräuter in diese Ecke, alle Arzneipflanzen in jene. Dies mag dem Ordnungsliebenden gefallen, führt aber nicht notwendigerweise zu einem hübschen Garten, sofern man nicht auch bereit ist, Regeln zu brechen.

Kräutergärten erfreuen sich großer Beliebtheit, da sie selbst auf kleinsten Flächen Platz finden können. Eine formale Gestaltung entspricht ihrem Wesen, doch sollte sie nicht zu kompliziert sein. Einige Kräuter haben einen recht lockeren Wuchs und fügen sich nicht in eine strenge Raumzuweisung.

Die Innenecken dieser Kräuterbeete markieren vier pyramidenförmige Lorbeerbäumchen, die gleichzeitig die Form der hohen Hopfenpyramiden an den äußeren Ecken nachahmen. Einfassungen aus Petersilie und Schnittlauch, für die Küche von unschätzbarem Wert, rahmen Flächen mit Salbei, filigran belaubter Süßdolde und Waldmeister ein, dessen getrocknete Blätter nach frischem Heu riechen. Gewöhnlich steht ein Kräutergarten im Hochsommer einen Monat lang auf dem Höhepunkt seiner Pracht.

Wenn Sie diesen Zeitraum ausdehnen möchten, setzen Sie zwischen die Kräuter Tulpen für den Frühling und beziehen einige farbenfrohe Pflanzen wie Kapuzinerkresse oder Heliotrop für den Spätsommer ein.

Pflanzenpyramiden für Höhe

Sofern man nicht mit Thymian, Majoran, Kerbel, Petersilie und Minze eine teppichartige Wirkung erreichen möchte, müssen auch einige höhere Pflanzen einbezogen werden. Der Goldhopfen *Humulus lupulus* ›Aureus‹ ist

STÄNDIGE SCHÖNHEIT
Der Lorbeer, *Laurus nobilis*, ist ein dauerhafter Bestandteil des Kräutergartens und grünt das ganze Jahr über. Möglicherweise muß er in Form geschnitten werden.

GESTALTERISCHE ASPEKTE

❧

Formale Linien
Geometrische Formen und eine klare, einfache Anordnung lassen eine überschaubare formale Wirkung entstehen.

❧

Farbkontraste
Blattpflanzen wie purpurner Salbei und Goldhopfen bilden charakteristische Farbgruppen.

❧

Stilvolle Stützen
Die Kletterpflanzen können an obeliskenförmigen Spalieren oder einem einfachen »Zelt« aus Stangen gezogen werden.

PFLANZENLISTE

1 *Tulipa* ›Orange Favourite‹ (Papageientulpe), 60 ×
2 *Laurus nobilis* (Lorbeer), 4 ×
3 *Eschscholzia californica* (Schlafmützchen), 60 ×
4 *Petroselinum crispum* (Petersilie), 48 ×
5 *Allium christophii* (Sternkugellauch), 60 ×
6 *Salvia officinalis* ›Purpurascens‹ (purpurner Salbei), 4 ×
7 *Galium odoratum* syn. Asperula odorata (Waldmeister), 12 ×
8 *Clematis* ›Jackmanii Superba‹, 4 ×
9 *Humulus lupulus* ›Aureus‹ (Goldhopfen), 4 ×
10 *Myrrhis odorata* (Süßdolde), 12 ×
11 *Tanacetum parthenium* ›Aureum‹ (goldenes Mutterkraut), 28 ×
12 *Allium schoenoprasum* (Schnittlauch), 48 ×

Goldhopfen
Der goldene *Humulus lupulus* ›Aureus‹ wächst nicht so stark wie der grüne Hopfen und kann leichter an Stützen gezogen werden.

PFLANZPLAN

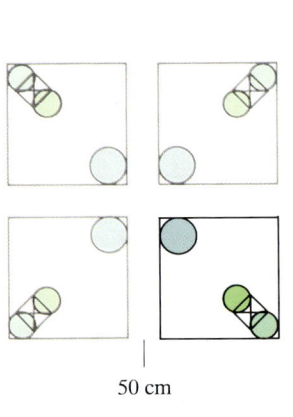

50 cm

4,5 m

2 m

2 m

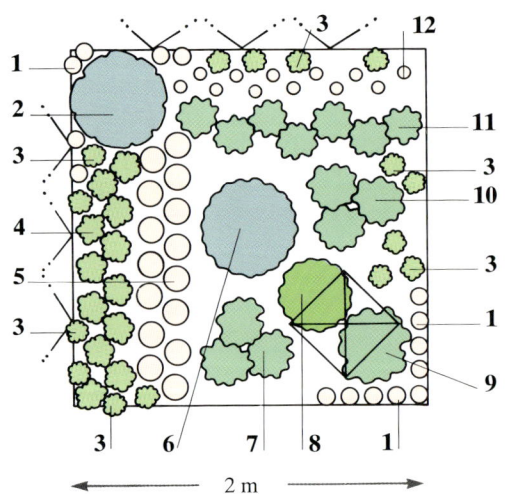

eine Kletterpflanze, die man an den Außenecken der Beete an hohen, pyramidenförmigen Stützen ziehen kann. Da ihm reizvolle Blüten fehlen, setzt man einige früh- und spätblühende Clematis dazu. Eine betont formale Wirkung wird erreicht, wenn man anstelle der Hopfenpyramiden Rosenbäumchen verwendet.

Farbliche Kontraste und Harmonien

Das Grüngelb des Hopfens wiederholt sich in den stark gefiederten Blättern des Mutterkrautes. Einen schönen Farbkontrast bietet dazu das mattpurpurne Laub des Salbeis, der niedrige Büsche bildet. Wenn Ihrer Ansicht nach das Orange der Papageientulpe *Tulipa* ›Orange Favourite‹ nicht mit diesen Farben harmoniert, verwenden Sie statt dessen eine dunkelpurpurne Sorte wie ›Queen of the Night‹. Für zusätzliche Sommerfarbe sät man an allen unbepflanzten Stellen einjährige Blumen wie Schlafmützchen.

Frühlingsfarben
Tulpen erwartet man vielleicht nicht im Kräutergarten, doch eignen sie sich wunderbar, um im Frühjahr freie Flächen zu füllen. Manche Kräuter treiben nur langsam aus, und die bunten Zwiebelblumen verhindern, daß das Beet kahl wirkt.

Papageientulpe
Tulipa ›Orange Favourite‹ ist eine prächtige orangerote Papageientulpe mit apfelgrüner Zeichnung.

Goldene Sommertage
An strahlenden Sommertagen scheint der Goldhopfen das Sonnenlicht auf Schlafmützchen und Mutterkraut zu seinen Füßen zu reflektieren. Die violettblaue Clematis, der blaue Salbei und die runden lilarosa Blütenstände des Schnittlauchs lassen kühle Farbkontraste entstehen.

Schlafmützchen
Eschscholzia californica trägt zarte Blüten in Orange, Rot, Gelb und Cremeweiß.

Lorbeer
Laurus nobilis, der hier eine dichte immergrüne Pyramide bildet, läßt sich gut in geometrische Formen schneiden.

Clematis
Wenige Clematis blühen so üppig wie ›Jackmanii Superba‹, eine alte Sorte aus der Mitte des 19. Jahrhunderts.

Süßdolde
Die reizende *Myrrhis odorata* samt sich aus und gedeiht sowohl in der Sonne wie im Schatten.

Goldenes Mutterkraut
Tanacetum parthenium ›Aureum‹ läßt mit seinem Laub früh im Jahr leuchtende Farbtupfer entstehen und samt sich selbst aus.

Schnittlauch
Die grasartigen Blätter von *Allium schoenoprasum* haben einen zarteren Geschmack als Zwiebeln. Mit den hübschen, eßbaren Blüten können Salate garniert werden.

Purpurner Salbei
Die gräulich-purpurnen Blätter von *Salvia officinalis* ›Purpurascens‹ harmonieren mit einer Vielzahl anderer Pflanzen.

Petersilie
Petroselinum crispum ist, egal ob kraus oder glattblättrig, das nützlichste aller Küchenkräuter.

Sternkugellauch
Allium christophii, eine große Verwandte des Schnittlauchs, trägt prächtige lila Blütenstände.

Waldmeister
In freier Natur findet man *Galium odoratum* in lichten Wäldern, im Garten gedeiht es jedoch an den meisten Plätzen.

Schmackhafte Einfassung für ein Kräuterbeet

Traditionelle Kräutergärten haben oft eine Einfassung aus Buchs. Vom Gestalterischen her ist dies vorteilhaft, denn es entstehen klare Linien. Für kleine Flächen ist Buchs jedoch zu unrentabel und zu hungrig.

Gute Alternativen sind Schnittlauch und Petersilie. In dieser Pflanzung folgen die Einfassungspflanzen den Linien der Wege, Schnittlauch in der einen Richtung, Petersilie in der anderen. Leider zieht sich der Schnittlauch über Winter in den Boden zurück, doch sollte man ihm das nachsehen. Seine runden altrosa Blüten auf den grasgrünen Stengeln machen dies im Sommer wett.

Petersilie ist zweijährig und muß daher alle zwei Jahre ersetzt werden. Als Einfassung sieht krause Petersilie am schönsten aus, glattblättrige hat jedoch das bessere Aroma.

Wege können im Kräutergarten sehr schmal sein, gerade breit genug, um zu ernten und zu jäten. Hochkant verlegte Ziegel haben eine interessantere Struktur als Betonplatten, und falls der Boden nicht zu klebrig ist, reichen auch gestampfte Wege.

KULTUR UND PFLEGE

Frühjahr
Hopfen pflanzen und jedes Jahr großzügig mulchen. Triebe, während sie wachsen, an Stützen hochziehen. Lorbeer, Waldmeister, Salbei und Schnittlauch pflanzen. Schnittlauch benötigt jedes Jahr eine Kopfdüngung. Clematis pflanzen und die sich entwickelnden Triebe erziehen; regelmäßig mulchen. Salbei zurückschneiden, damit er nicht hochbeinig wird. Petersilie säen. Lauch vor Schnecken schützen. Schlafmützchen säen und die Samen mit feingesiebter Erde bedecken.

Sommer
Lorbeer kann in Form geschnitten werden. Schnittlauch während Trockenperioden wässern. Abgeblühte Triebe der Süßdolde herausschneiden. Bei Tulpen welke Blüten entfernen.

Herbst
Süßdolde pflanzen. Tulpen mindestens 15 cm tief setzen, Lauchzwiebeln in der dreifachen Tiefe ihrer Höhe. Welke Blätter und Triebe entfernen. Petersilie zurückschneiden, damit sie neu austreibt.

Winter
Hopfen im Spätwinter oder zu Frühjahrsbeginn zurückschneiden. Clematis im Spätwinter auf etwa 50 cm zurücknehmen.

Humulus lupulus ›Aureus‹ (Goldhopfen) *Schlingpflanze mit grünlichgelben, geteilten Blättern. H bis 6 m.*

Galium odoratum syn. Asperula odorata (Waldmeister) *Duftende Staude mit kleinen weißen Blüten. H 15 cm, B 30 cm.*

Clematis ›Jackmanii Superba‹ *Kräftiger Kletterer mit einfachen, purpurlila Hochsommerblüten. H 3 m, B 1 m.*

Salvia officinalis ›Purpurascens‹ (purpurner Salbei) *Halbimmergrüner Strauch mit aromatischem Laub. H 60 cm, B 1 m.*

Myrrhis odorata (Süßdolde) *Staude, die im Frühsommer duftende weiße Blüten öffnet. H 1 m, B 60 cm.*

Eschscholzia californica (Schlafmützchen) *Sommerblume mit roten, orangefarbenen oder gelben Blüten. H 30 cm, B 15 cm.*

Allium christophii (Sternkugellauch) *Sommerblühendes Zwiebelgewächs mit runden, purpurvioletten Blüten. H 40 cm, B 20 cm.*

Petroselinum crispum (Petersilie) *Zweijährige Pflanze mit dekorativen, krausen, leuchtendgrünen Blättern. H und B 30 cm.*

Tulipa ›Orange Favourite‹ (Papageientulpe) *Frühjahrsblühendes Zwiebelgewächs mit orangeroten Blüten. H bis 60 cm, B bis 20 cm.*

Tanacetum parthenium ›Aureum‹ (goldenes Mutterkraut) *Staude mit grünlich-goldenem Laub. H und B 20–45 cm.*

Allium schoenoprasum (Schnittlauch) *Horstbildendes Zwiebelgewächs mit rosa oder lilarosa Sommerblüten. H 25 cm, B 10 cm.*

Laurus nobilis (Lorbeer) *Dichter immergrüner Baum mit glänzenden, harten, aromatischen Blättern. H bis 12 m, B bis 10 m.*

Abwandlung des Pflanzplans

Dieser Plan zeigt, wie Sie Kräuter Ihrer Wahl in das Beet integrieren können. Die hier vorgeschlagenen eignen sich gut für die Küche, Sie können sie aber durch Ihre Lieblingskräuter ersetzen. Ein großer dekorativer Tontopf, den man am Kreuzungspunkt der beiden Wege aufstellt, läßt sich mit Duftpelargonien bepflanzen, deren Duft an

Kräuter erinnert. Setzen Sie um die Pelargonien *Convolvulus sabatius*, eine Winde, die sich über die Seiten des Topfes rankt, oder Kapuzinerkresse, die leuchtende Gelb- und Orangetöne beiträgt. Sie sieht hübsch aus, und überdies sind ihre eßbaren Blüten und pfeffrigen Blätter eine reizvolle Ergänzung für Salate.

Coriandrum sativum (Koriander) Einjährige Pflanze mit aromatischen Blättern. Den Sommerblüten folgen eßbare Früchte. H 60 cm, B 30 cm.

Kräutergarten mit einem Mittelpunkt

Anstelle des Hopfens verwendet man bronzefarbenen Fenchel, um an den Beetecken für Höhe zu sorgen. Über seinem schönen, filigranen Laub stehen flache Blütenstände. Die Süßdolde ersetzt man durch Koriander, der sich leicht aus Samen ziehen läßt. Seine Blätter sind eine Grundzutat der Küchen Lateinamerikas und Südostasiens. Einige Sorten kommen allerdings zur Blüte, noch bevor sie ausreichend Laub entwickelt haben. Den Blüten folgen schließlich Früchte, die als Gewürz sehr vielseitig und beliebt sind. Wer aber Blätter ernten möchte, sollte die Sorte sorgfältig wählen.

Für zusätzliche Farbe sorgen Duftpelargonien in einem Kübel. In sehr milden Gegenden können sie vielleicht im Freien überwintern. In kühlen Regionen nimmt man Stecklinge oder bringt die Pflanzen ins Haus.

Pelargonium tomentosum Frostempfindliche immergrüne, buschige Staude, die stark nach Pfefferminze duftet. Sie trägt samtige graugrüne Blätter und Büschel aus kleinen, weißen Blüten. H 30–60 cm, B bis 1 m.

Convolvulus sabatius (Winde) Frostempfindliche kriechende Staude mit violettblauen, flachen Trichterblüten, die sich den ganzen Sommer lang öffnen. Im Glashaus überwintern. H 15–20 cm, B 30 cm.

Foeniculum vulgare ›Purpureum‹ (Fenchel) Hohe, aufrecht wachsende Staude mit goldgelben Blütenständen und feingeteilten, bronzefarbenen Blättern, die nach Anis duften. H 2 m, B 45 cm.

ROTE BACKEN
Die Früchte der Birne *Pyrus communis* ›Marguérite Marillat‹ sind von einem warmen Kupferrot überzogen.

GESTALTERISCHE ASPEKTE

Hoher Wuchs
Die aufrechte Wuchsform des Birnbaums erlaubt eine Unterpflanzung und gibt dem Arrangement Höhe und Struktur.

Musterwiederholung
Die wiederholte Verwendung einer Pflanze – hier ist es Steinbrech – gibt einer gemischten Pflanzung Zusammenhalt.

BLÜTEN UND FRÜCHTE

Ein einzelner Obstbaum macht keinen Obstgarten, doch für einen kleinen Garten, in dem jede Pflanze um ihren Platz kämpfen muß, ist schon ein einziger Baum eine Bereicherung. Im Frühjahr sieht ein Obstbaum ebenso schön aus wie ein reines Ziergehölz, und im Herbst ist er weit nützlicher, weil man dann seine Früchte ernten kann.

Eine Birne von anmutiger Gestalt

Diese Pflanzung wurde um einen Birnbaum gruppiert, sie kann jedoch auch um einen anderen Baum angelegt werden, der bereits im Garten steht. Wer einen neuen Baum kauft, wählt ein Halbstämmchen mit einem 1,2–1,5 m hohen, geraden Stamm. Es wächst zu einem weit anmutigeren und langlebigeren Baum heran als Zwergformen und verleiht zudem einem neuen und vielleicht recht kahlen Garten ein wohltuendes Gefühl von Dauerhaftigkeit.

Um Früchte anzusetzen, braucht ein Birnbaum einen Partner zur Bestäubung, der sich für Bienen in Reichweite befindet. Da Bienen aber erstaunlich große Entfernungen zurücklegen, muß er nicht in Ihrem eigenen Garten stehen. Erkundigen Sie sich jedoch vor dem Kauf eines Birnbaums bei einem Obstspezialisten, welche Sorten zusammenpassen.

Ein Beet im Blickfeld

Die Birne dient als Mittelpunkt eines freiliegenden Beetes, in dem während des Sommers ein Meerkohl die Hauptrolle übernimmt. Wenn der Birnbaum im Frühjahr blüht, ist der Meerkohl nichts als ein niedriger Hügel aus Blättern, im Frühsommer brechen dann jedoch gewaltige Stengel mit riesigen Wolken winziger weißer Blüten aus ihm hervor. Meerkohl hat große, schwere Blätter. Widerstehen Sie daher der Versuchung, andere Stauden zu dicht zu ihm zu setzen, auch wenn im Frühjahr noch reichlich Platz zu sein scheint. Füllen Sie die Lücken mit Zwiebelblumen, denn deren Auftritt ist beendet, bevor die Zeit des Meerkohls kommt.

Unter dem Birnbaum sorgt graublättriges Kreuzkraut für Fülle und winterlichen Reiz. In dieser Pflanzung, die von Rosa- und Lilatönen dominiert wird, sollte man seine unscheinbaren gelben Blüten beim Öffnen abschneiden. Wo immer man Platz findet, kann man einige Walderdbeeren dazwischensetzen. Sie haben dekorative Blätter, und ihre kleinen saftigen Früchte sind im Sommer eine willkommene Entschädigung für das Unkrautjäten.

PFLANZPLAN

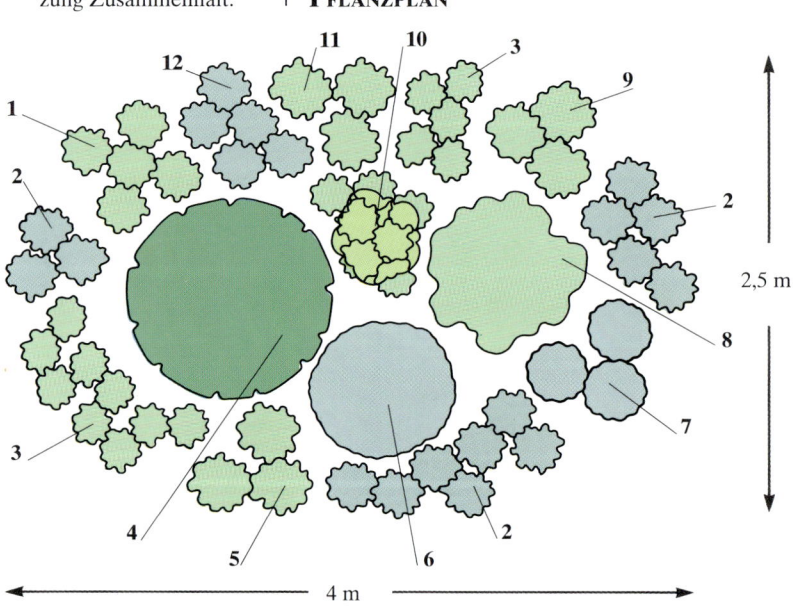

2,5 m

4 m

PFLANZENLISTE
1 *Fragaria vesca* (Walderdbeere), 5 ×
2 *Saxifraga × urbium* (Steinbrech), 15 ×
3 *Viola* ›Nellie Britton‹ und ›Primrose Dame‹, 14 ×
4 *Pyrus communis* ›Marguérite Marillat‹ (Birne), 1 ×
5 *Geranium* ›Johnson's Blue‹ (Storchschnabel), 3 ×
6 *Senecio* ›Sunshine‹, 1 ×
7 *Helianthemum* ›Wisley Pink‹ (Sonnenröschen), 3 ×
8 *Crambe cordifolia* (Meerkohl), 1 ×
9 *Geranium psilostemon* (Storchschnabel), 3 ×
10 *Digitalis purpurea* ›Suttons Apricot‹ (Fingerhut), 7 ×, und *Cleome hassleriana* ›Colour Fountain‹ (Spinnenpflanze), 7 ×
11 *Sedum spectabile* ›Brilliant‹ (Fetthenne), 3 ×
12 *Pulmonaria saccharata* (Lungenkraut), 5 ×

Walderdbeere
Neben köstlichen Früchten trägt *Fragaria vesca* reizvolle, runde Blätter.

Saxifraga × urbium

Gelbes Stiefmütterchen
Viola ›Primrose Dame‹ blüht von Frühjahrsmitte bis zum Frühherbst.

Blauer Storchschnabel
Anmutige geteilte Blätter bilden bei *Geranium* ›Johnson's Blue‹ einen dichten Teppich, über dem Stengel mit schönen kobaltblauen Blüten stehen.

Obstbaum als Mittelpunkt
Obstbäume stehen oft nur in Gras, können aber ebenso gut mit einer Mischung aus Stauden umgeben werden.

Birne
Für diese Pflanzung wählt man eine Birne mit vollkommen aufrechtem Wuchs wie *Pyrus communis* ›Marguérite Marillat‹, die zudem scharlachrotes Herbstlaub trägt.

Fetthenne
Die fleischigen, blaugrünen Blätter von *Sedum spectabile* ›Brilliant‹ bilden einen schönen Hintergrund für die auffälligen flachen Blütenstände.

Frühe Pracht
Im Spätfrühjahr steht der Birnbaum in voller Blüte. Unter ihm leuchten die Blüten des Lungenkrautes mal rosa, mal blau. Die Blüten öffnen sich nur im Frühjahr, das silbern panaschierte Laub hält sich jedoch bis zum Beginn des Winters.

Lungenkraut
Die langen Blätter von *Pulmonaria saccharata* sind kräftig silbern gefleckt und nach dem Welken der Blüten noch lange schön.

Steinbrech
Saxifraga × urbium wird wegen seiner großen Verbreitung gering geachtet, ist aber das ganze Jahr über dekorativ.

'monaria charata

Fingerhut
Wenn *Digitalis purpurea* ›Sutton's Apricot‹ verblüht ist, entfernt man die Pflanzen und setzt *Cleome hassleriana* ›Colour Fountain‹ an ihren Platz.

Meerkohl
Wo reichlich Platz vorhanden ist, bildet *Crambe cordifolia* mit seinen Wolken aus winzigen weißen Blüten an verzweigten Stengeln einen großartigen Blickfang.

Lilarosa Stiefmütterchen
Viola ›Nellie Britton‹ bürgert sich zwischen und unter höheren Pflanzen gut ein.

Storchschnabel
Die breiten Blätter von *Geranium psilostemon* sind tief geteilt. Seine zahllosen magentaroten Blüten haben dekorative schwarze Mitten.

Sonnenröschen
In voller Sonne und durchlässigem Boden haben Sonnenröschen wie *Helianthemum* ›Wisley Pink‹ eine lange Blühperiode.

Kreuzkraut
Senecio ›Sunshine‹ gehört zu den nützlichsten graublättrigen Sträuchern. Es ist immergrün und durch regelmäßigen Schnitt leicht zu kontrollieren.

79

Blüten für den Spätsommer

Damit diese Rabatte auch in der zweiten Sommerhälfte noch schön ist, muß man den Fingerhut durch später blühende Einjahresblumen ersetzen. Die Spinnenpflanze eignet sich gut, denn sie hat die notwendige Höhe und trägt bis zu den ersten Frösten große rosa oder weiße Blütenstände.

Der Fingerhut wird nach dem Welken ausgerissen – eine Pflanze läßt man jedoch zur Ausbildung von Samen stehen. Diese schüttelt man an der Stelle aus, an der wieder Pflanzen wachsen sollen, um sich die Aussaat in Schalen zu sparen. Oder man kauft zu Frühjahrsbeginn Pflanzen, die Anfang des Sommers blühen.

KULTUR UND PFLEGE

Frühjahr
Junge Meerkohltriebe vor Schnecken schützen. Abgestorbene Blätter und Triebe des Storchschnabels beseitigen. Welke Blütenstengel des Lungenkrauts entfernen und um die Pflanzen mulchen. Fetthenne, falls nötig, stützen.

Sommer
Fingerhut nach der Blüte durch Spinnenpflanzen ersetzen. Sich entwickelnde Blütenstände des Kreuzkrauts entfernen. Blütenstengel des Storchschnabels zurückschneiden, um eine zweite Blüte anzuregen, Sonnenröschen nach der Blüte stutzen. Bei allen Pflanzen welke Blüten entfernen. Im Spätsommer lange, dünne Triebe der Stiefmütterchen abschneiden.

Herbst
Den Birnbaum im Spätherbst oder Frühwinter pflanzen und gut stützen. Fetthennenblüten zum Trocknen schneiden.

Winter
Blütenstengel des Meerkohls entfernen und Fetthenne zurückschneiden.

***Sedum spectabile* ›Brilliant‹ (Fetthenne)** *Staude, die im Spätsommer/Herbst rosa Blüten trägt. H und B bis 45 cm.*

***Geranium psilostemon* (Storchschnabel)** *Sommerblühende Staude. Ihre magentaroten Blüten haben schwarze Mitten. H und B 75 cm.*

***Fragaria vesca* (Walderdbeere)** *Staude mit kleinen, süßen Früchten. H 20 cm, B 45 cm.*

***Pulmonaria saccharata* (Lungenkraut)** *Frühjahrsblühende Staude mit silbern gefleckten Blättern. H bis 30 cm, B 60 cm.*

***Digitalis purpurea* ›Suttons' Apricot‹ (Fingerhut)** *Zweijährig gezogene Staude. Alle Teile sind giftig! H bis 1,5 m, B 60 cm.*

***Cleome hassleriana* ›Colour Fountain‹ (Spinnenpflanze)** *Rosa oder weiß blühende Einjahresblume. H 1,2 m, B 45 cm.*

***Crambe cordifolia* (Meerkohl)** *Staude mit duftenden weißen Sommerblüten und großen gekrausten Blättern. H bis 2 m, B 1,2 m.*

***Viola* ›Nellie Britton‹ (Stiefmütterchen)** *Staude mit bräunlich-rosa Blüten, die sich im Frühjahr und Sommer öffnen. H und B 15 cm.*

***Pyrus communis* ›Marguérite Marillat‹ (Birne)** *Aufrecht wachsender sommergrüner Baum. H 4–5,5 m, B 3 m.*

***Geranium* ›Johnson's Blue‹ (Storchschnabel)** *Staude mit tief lavendelblauen Sommerblüten. H 30 cm, B 60 cm.*

***Senecio* ›Sunshine‹ (Kreuzkraut)** *Immergrüner, runder Strauch mit grauen Blättern und gelben Blütenbüscheln. H 75 cm, B 1,5 m.*

***Saxifraga × urbium* (Steinbrech)** *Immergrüne Staude mit kleinen Spätfrühjahrsblüten. H 30 cm, B unbegrenzt.*

***Helianthemum* ›Wisley Pink‹ (Sonnenröschen)** *Immergrüner Strauch mit blaßrosa Sommerblüten. H und B 30 cm und mehr.*

Abwandlung des Pflanzplans

Wenn zu Frühjahrsbeginn nur das Lungenkraut blüht, braucht man zum Beleben des Beetes Zwiebelblumen. Sie sind wie im Garten vergrabene Schätze, und häufig vergißt man, sie überhaupt gepflanzt zu haben. Aber dann sind sie im Frühjahr plötzlich da, strahlend und überreichlich.

Ein Patchwork aus Zwiebelblumen

Ein schönes Frühjahrsarrangement muß im Herbst geplant und gepflanzt werden. Blumenzwiebeln kommen nach den Stauden in die Erde, damit man sie nicht wieder ausgräbt, wenn man die Stauden pflanzt. Um den Birnbaum setzt man Narzissen, um den Meerkohl Krokusse. Die Krokusse sind schon verblüht, noch ehe der Meerkohl überhaupt aus dem Winterschlaf erwacht. Eine weitere Gruppe früher Krokusse kann man zwischen Stiefmütterchen und Storchschnabel setzen, die übrigen Plätze füllt man mit Anemonen. Auch gegen Ende der Wachstumsperiode kann man die Pflanzung durch Zwiebelblumen verschönern. Im Spätsommer und Herbst sorgen Riesenhyazinthen und Nerinen für zusätzliche Farbe.

Anemone coronaria ›De Caen‹ Frühjahrsblühende Staude mit weißen, blauen oder roten Blüten, die von ordentlichen grünen Kelchblättern umgeben sind.
H 15–30 cm, B 10–15 cm.

Crocus tommasinianus Knollengewächs, das zu Frühjahrsbeginn purpurlila Blüten trägt. H bis 10 cm, B 3–8 cm.

Galtonia candicans (Riesenhyazinthe) Im Spätsommer blühende Zwiebelblume mit riemenartigen Blättern und Trauben aus hängenden, weißen Blüten.
H bis 1,2 m, B 20 cm.

Narcissus ›Pheasant's Eye‹ (Narzisse) Zwiebelblume mit reinweißen Spätfrühjahrsblüten, die orangerote Kronen haben. H 45 cm, B bis 20 cm.

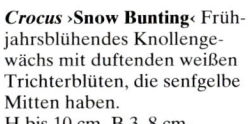

Crocus ›Snow Bunting‹ Frühjahrsblühendes Knollengewächs mit duftenden weißen Trichterblüten, die senfgelbe Mitten haben.
H bis 10 cm, B 3–8 cm.

Nerine bowdenii Herbstblühende Zwiebelblume mit schimmernden rosa Blüten, die gerüschte Petalen haben. Empfindliche Pflanze, die in strengen Wintern Schaden nehmen kann.
H 45–60 cm, B 12–15 cm.

EINE PFLEGELEICHTE PFLANZUNG

Sommergrüne Azaleen in sattem Gelb und Orange dominieren dieses für kalkfliehende Pflanzen geplante Beet. Ihre leuchtenden Farben stehen im Gegensatz zu den kühlen Tönen eines immergrünen Rhododendron und dem dezenten Laub einer Koreanischen Tanne. Die Tanne wirkt wie eine schlicht gekleidete Anstandsdame, die ein Auge hat auf eine Schar argloser Mädchen, die ihre neuen Frühjahrskleider ausführen.

FRÜHLINGSPRACHT
Die großartigen Blüten von *Rhododendron* ›Frome‹ bilden während des Frühlings flammende Farbtupfer im Beet.

GESTALTERISCHE ASPEKTE

Natürliche Wirkung
Eine zwanglose Pflanzung, die sich perfekt für einen natürlichen oder waldigen Bereich eignet.

Leichte Pflege
Da nur wenig Pflege erforderlich ist, eignet sich die Pflanzung auch für einen schwer zugänglichen Platz wie eine Böschung.

Hauptsächlich aus Sträuchern bestehende Pflanzungen wie diese brauchen erheblich weniger Pflege als ein gemischtes Staudenbeet. Diese Pflanzen müssen weder herausgenommen noch geteilt werden und erfordern auch keinen Zuschnitt. Sie sind winterhart und gedeihen sowohl in der Sonne als auch im Schatten, obwohl sie am liebsten an Plätzen stehen, wo sie von beidem etwas bekommen. In freier Natur wachsen Rhododendren häufig im Wald. Dieses zwanglose Beet sieht besonders hübsch aus, wenn man es am Rand des Gartens vor einer Kulisse aus Bäumen anlegt und so den natürlichen Lebensraum von Rhododendren nachempfindet.

Farbe für Frühjahr und Herbst

Die schönste Jahreszeit für dieses Beet ist der Frühling. Dann beginnen nacheinander gelbe, orangefarbene, grünweiße und blaue Azaleen zu blühen. Als erster öffnet der immergrüne *Rhododendron hippophaeoides* seine Blüten, die mitunter sechs Wochen vor den stark duftenden Blüten von *Rhododendron luteum* erscheinen.

Im Herbst präsentiert der Enzian aufregende Blü-

ten, deren Blau so intensiv ist, daß kein Maler wagen würde, es zu verwenden. Er steht zu Füßen der Tanne und läßt vor dem Ahorn, der in all seinen Herbstfarben erstrahlt, eine leuchtende Fläche entstehen. Die verwendeten gelben Azaleen sind durchweg sommergrün. Doch für ihre Nacktheit im Winter wird man im Herbst entschädigt, wenn sich ihre Blätter vor dem Abfallen in schimmernde Rot-, Orange- und Bronzetöne färben.

Kontinuität durch Immergrüne

Für ganzjähriges Grün sorgt die Tanne, die langsam zu einem konischen Baum heranwächst. Diese hübsche Konifere hat die angenehme Eigenschaft, schon in jungen Jahren Zapfen auszubilden. Sie erscheinen bereits an Bäumen von nur 1 m Höhe und stehen aufrecht wie dicke Kerzen an einem Weihnachtsbaum, meist an den obersten Zweigen. Die Zapfen haben ein verblüffendes Violettblau, das fast mit der Farbe der blauen Azalee identisch ist.

Auf Dauer gesehen wird der Erdbeerbaum zum beherrschenden Element der Pflanzung, sofern er auf einem vor trockenem Wind geschützten Platz wachsen kann und nur leichtem Frost ausgesetzt ist. Andernfalls sollte er in einen Topf gepflanzt und im Winter ins Kalthaus gebracht werden.

Leuchtendes Blütenmeer
Im Spätfrühjahr lassen die gelben und orangefarbenen Blüten der Azaleen das Beet erglühen. Für kühle Kontraste sorgen die Koreanische Tanne und die blaßgrünen Blätter des Ahorns.

PFLANZPLAN

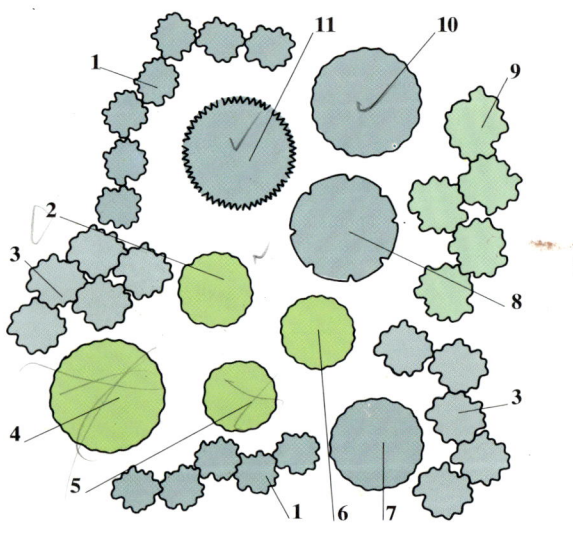

5 m

5 m

PFLANZENLISTE

1. *Gentiana sinoornata* (Enzian), 12 ×
2. *Rhododendron luteum* (Azalee), 1 ×
3. *Polypodium vulgare* (Engelsüß), 10 ×
4. *Acer palmatum* ›Dissectum‹ (Japanischer Ahorn), 1 ×
5. *Rhododendron* ›Frome‹ (Azalee), 1 ×
6. *Rhododendron* ›Narcissiflorum‹ (Azalee), 1 ×
7. *Rhododendron hippophaeoides*, 1 ×
8. *Arbutus unedo* (Erdbeerbaum), 1 ×
9. *Hosta* ›Royal Standard‹ (Funkie), 5 ×
10. *Rhododendron* ›Palestrina‹ (Azalee), 1 ×
11. *Abies koreana* (Koreanische Tanne), 1 ×

Engelsüß
Polypodium vulgare bildet dichte, dekorative Büsche aus tiefgeteilten Wedeln.

Japanischer Ahorn
Sorten wie *Acer palmatum* ›Dissectum‹ sind schwachwüchsig und formen allmählich niedrige Hügel, die breiter als hoch sind.

Herbstliche Töne

*Die leuchtenden Farben des Ahorns und die bronze-
nen Töne der sommergrünen Azaleen sorgen
im Herbst für eine zweite reizvolle
Periode.*

Erdbeerbaum
Arbutus unedo
trägt im Herbst
gleichzeitig
Blüten und
Früchte.

Enzian
Im Herbst ist
*Gentiana sinoor-
nata* mit azurblauen
Trichterblüten übersät.

Duftende Azalee
Die blaßgelben gefüllten Blüten von *Rhododendron*
›Narcissiflorum‹ duften süß. Sie sitzen an einem
kräftigen, geraden Busch.

Arbutus unedo

Weiße Azalee
Rhododendron ›Palestrina‹ ist eine
kompakte immergrüne Azalee mit
weißen Trichterblüten.

Funkie
Vor den breiten, herz-
förmigen Blättern der
schönen *Hosta* ›Royal
Standard‹ heben sich
die spät erscheinenden
Blüten gut ab.

Orangefarbene Azalee
Rhododendron ›Frome‹ ist
eine sommergrüne Azalee
mit strauchigem Wuchs
und orangegelben Blüten.

Gelbe Azalee
Rhododendron luteum ist
die einzige in Europa heimische Azalee. Ihre gel-
ben, süß duftenden Blü-
ten erscheinen vor den
Blättern.

Rhododendron
Rhododendron hippophaeoides,
einer der härtesten und unkom-
pliziertesten Zwergrhododen-
dren, trägt Blüten in kühlem
Lavendelblau.

Koreanische Tanne
Die spärlichen, dunkelgrünen Nadeln von *Abies
koreana* sind unterseits
leuchtend
silbrig.

Gentiana sinoornata

Kalkfliehende Pflanzen für durchbrochenen Schatten

Wenn Sie dieses Beet an einem Platz unter Bäumen anlegen, sollten Sie den Boden beim Pflanzen mit Lauberde und Knochenmehl anreichern. Ein Boden, in dem Bäume wachsen, ist oft nährstoffarm, und obwohl keine dieser Pflanzen besonders hungrig ist, gedeihen alle mit Sonderrationen besser.

Falls Ihre Erde sehr alkalisch ist, verzichten Sie lieber ganz auf Rhododendren, denn sie werden nicht gedeihen, sosehr Sie sich auch bemühen mögen. Die Blätter hängen herab und werden gelbfleckig. Blüten erscheinen nur wenige, und jedesmal, wenn Sie vor-

übergehen, werden die Pflanzen Sie vorwurfsvoll anblicken und Sie daran erinnern, daß sie für ein besseres Leben gemacht sind, als Sie ihnen jemals bieten können.

Wie die meisten seiner Verwandten fühlt sich auch das kleine Engelsüß abseits praller Sonne am wohlsten. Ihm können höhere Nachbarpflanzen den notwendigen Schatten spenden. Im Frühjahr schneidet man die alten, etwas unansehnlich gewordenen Wedel ab, damit die sich entrollenden neuen Blätter zur Geltung kommen.

KULTUR UND PFLEGE

Frühjahr

Die Tanne Mitte des Frühjahrs an einen leicht schattigen Platz pflanzen, wo sie vor Spätfrösten geschützt ist. Einen Baum mit einem einzelnen kräftigen Leittrieb wählen. Falls ein zweiter erscheint, diesen direkt am Stamm abschneiden. Im Spätfrühjahr Tanne und Rhododendren düngen, außerdem mulchen. Der Erdbeerbaum braucht zwar keinen regelmäßigen Schnitt, doch müssen lange, dünne Triebe am Hauptstamm Mitte des Frühjahrs abgeschnitten werden. Junge Funkientriebe vor Schnecken schützen. Zu dichte Pflanzen teilen. Farne pflanzen, dabei die Rhizome gerade mit Erde bedecken und nötigenfalls mit kleinen Steinen beschweren. Alte Farnwedel abschneiden.

Sommer

Verwelkte Rhododendronblüten abknipsen.

Herbst

Ahorn und Erdbeerbaum an windgeschützte Plätze pflanzen. Enzian und Funkien pflanzen, dabei den Boden mit Lauberde anreichern. Rhododendren pflanzen.

Winter

Junge Erdbeerbäume mit Adlerfarn oder Stroh schützen, bei starkem Frost im Kalthaus überwintern.

Gentiana sinoornata (Enzian) *Immergrüne Staude mit tiefblauen Herbstblüten. H 5 cm, B bis 30 cm.*

Arbutus unedo (Erdbeerbaum) *Immergrüner ausladender Baum oder Strauch. Im Herbst trägt er weiße Blüten, im Winter reifen die erdbeerähnlichen Früchte der vergangenen Saison. H bis 12 m, B bis 7 m.*

Rhododendron ›Palestrina‹ (Azalee) *Kompakter immergrüner Strauch mit weißen Blüten. H und B bis 1,2 m.*

Polypodium vulgare (Engelsüß) *Immergrüner Farn mit schmalen, fischgrätenartigen Wedeln. H und B 25–30 cm.*

Rhododendron luteum (Azalee) *Sommergrüner Strauch mit gelben Blüten und intensiv gefärbtem Herbstlaub. H und B 1,5–2,5 m.*

Abies koreana (Koreanische Tanne) *Schwachwüchsige Konifere mit violettblauen Zapfen. Ihre Nadeln sind unterseits silbrig. H bis 10 m, B 1,5 m.*

Hosta ›Royal Standard‹ *Buschige Staude mit ovalen, blaßgrünen Blättern. H 60 cm, B 1,2 m.*

Acer palmatum ›Dissectum‹ (Japanischer Ahorn) *Sommergrüner Strauch mit feingeteiltem Laub. H 1 m, B 1,5 m.*

Rhododendron ›Frome‹ (Azalee) *Frühjahrsblühender sommergrüner Strauch mit bunter Herbstfärbung. H und B bis 1,5 m.*

Rhododendron ›Narcissiflorum‹ (Azalee) *Sommergrüner Strauch mit duftenden Blüten. H und B 2 m.*

Rhododendron hippophaeoides *Immergrüner Strauch mit graugrünen Blättern und lavendelblauen Frühjahrsblüten. H und B 1,5 m.*

Abwandlung des Pflanzplans

In diesem Arrangement werden leuchtendes Gelb und Schieferblau der ursprünglichen Pflanzung durch kräftiges Karminrot, Magenta und Blaßrosa ersetzt. Die beiden Kurume-Azaleen sind kompakter als die gelben Formen, die sie ersetzen, und benötigen möglicherweise nur eine kleinere Fläche. Die Ersatzpflanzen verändern sowohl Charakter als auch Farben des Beetes.

Die Pflanzen sind niedriger und dichter und wirken nicht so natürlich. Hier liegt die Betonumg immer noch auf den Azaleen, man könnte jedoch eine Azalee durch eine Kamelie ersetzen, um die reizvolle Periode auszudehnen. Die Kamelie blüht zu Frühjahrsbeginn, zwei Monate vor den Azaleen. Eine gute Wahl ist eine robuste, wetterbeständige Sorte wie *Camellia × williamsii* ›Brigadoon‹.

Kompakte Pflanzen in Rosa und Weiß

Auch hier handelt es sich natürlich um kalkfliehende Sträucher, die saure Erde brauchen, um gut zu gedeihen. *Eucryphia* mag die gleichen Bedingungen wie der Erdbeerbaum, ist aber sommergrün und wächst sehr langsam.

Japanische oder Kurume-Azaleen blühen an warmen, sonnigen Plätzen üppig. In nassen Gegenden werden sie manchmal hochbeinig und müssen behutsam zurückgeschnitten werden. *Rhododendron yakushimanum* verträgt Regen gut, da er in den windigen, nassen Bergen der japanischen Insel Yakushima zu Hause ist. Seine Stärke ist das Laub. Die Blätter sind unterseits mit einem rostfarbenen Filz bedeckt. Neue Blätter haben einen silbrigen Belag.

Eucryphia glutinosa Sommergrüner Strauch mit duftenden, weißen Sommerblüten. Seine Blätter färben sich im Herbst orangerot. H bis 8 m, B 4 m.

Rhododendron ›**Strawberry Ice**‹ **(Azalee)** Sommergrüner buschiger Strauch. Im Frühjahr trägt er tiefrosa Knospen, die geöffneten Blüten sind lachsrosa mit gelbem Schlund. H und B 1,5–2,5 m.

Rhododendron ›**Hatsugiri**‹ **(Kurume-Azalee)** Kompakter immergrüner Strauch. Im Frühjahr öffnet er zahllose kleine, purpurkarminrote Blüten. H und B 60 cm.

Rhododendron ›**Hinodegiri**‹ **(Kurume-Azalee)** Kompakter immergrüner Strauch, der im Spätfrühjahr kleine karminrote Trichterblüten in Hülle und Fülle trägt. Er braucht Sonne oder lichten Schatten. H und B 1,5 m.

Rhododendron yakushimanum Schwachwüchsiger, kompakter, immergrüner Strauch. Seine ovalen Blätter sind zunächst silbrig, dann tiefgrün. Im Spätfrühjahr erscheinen blaßrosa Blüten, die später weiß werden. H 1 m, B 1,5 m.

ECKEN UND WINKEL

Im Garten bieten Ecken und Winkel ganz besondere Möglichkeiten, ob sie nun offen und sonnig, dunkel und geheimnisvoll oder auch schwer zugänglich und schmal sind. Mitunter finden etwas empfindliche Pflanzen in einer Ecke gerade den Schutz, den sie brauchen, um den Winter zu überstehen. Manche Gartenwinkel verlangen nach einem Blickfang, einer attraktiven Pflanze, die gut sichtbar plaziert ist und die Aufmerksamkeit auch auf eine etwas entlegene Stelle lenkt.

STRUKTUREN AM WASSER

Die Struktur eines Pflanzenblattes ist so erstaunlich und gleichzeitig selbstverständlich wie die Weichheit und Wärme von Wolle oder der seidige Glanz eines Katzenfells. Die Struktur fällt zwar nicht so rasch ins Auge wie Farbe und Form des Blattes, doch ist sie nicht weniger variantenreich. Blätter können wollig oder glatt, glänzend oder matt sein und borstige, seidenweiche, runzelige, wachsartige, klebrige oder schlüpfrige Oberflächen besitzen.

Wenn man über Blätter fährt, scheint es, als berühre man verschiedene Textilien: Seide, Satin, Leinen, Angora, Filz, Wolle. In dieser an einem Teich wachsenden Pflanzung trägt der Germer *Veratrum nigrum* große, feingefältelte Blätter zur Schau. Er steht dort zusammen mit buschigem Frauenmantel und immergrüner Strauchveronika, die sehr unterschiedliche Blattformen haben. Dies allein ist ein guter Grund, sie gemeinsam zu verwenden, doch ihre Wirkung wird durch kontrastierende Strukturen noch verstärkt – Germer wirkt wie gefältelte Seide, Frauenmantel wie gerauhte Baumwolle und Strauchveronika wie matter Satin.

Oft gibt der botanische Name einer Pflanze einen Hinweis auf deren wichtigste Eigenschaft. So verweist die Bezeichnung *nigrum* beim Germer auf seine violettschwarzen Blüten. Eine wollige Textur verrät die Artbezeichnung *lanata* bei dem Wollziest *Stachys lanata* (heute umbenannt in *Stachys byzantina*), der an der Ecke der Teichbepflanzung steht, und bei der Wollweide *Salix lanata,* die hier einen hübschen Kontrast zu der Iris und den wachsartigen Blättern einer großen Funkie bildet.

Kontrastierende Formen

Bei einer Teichrandpflanzung, die den Blick auf die Wasserfläche nicht verdecken soll, müssen die meisten Pflanzen niedrig sein. Die hohen, lanzenartigen oder riemenförmigen Blätter von Iris und Trichterschwertel sorgen dennoch für Höhenakzente und gliedern die Eckpflanzung wunderschön. Der Trichterschwertel erhebt sich grazil aus dem strukturierten grüngrauen Teppich und ist so zart, daß man durch ihn hindurchschauen kann. Seine drahtigen Stengel erinnern an Angelruten. Sie neigen sich von der Mitte nach außen. Die zahllosen rosa Glockenblüten hängen an so dünnen Stielen, daß sie in der Luft zu schweben scheinen.

TAKTILER GENUSS
Wer an den gefältelten, flaumigen Blättern von *Alchemilla mollis*, dem Frauenmantel, vorbeigeht, möchte sie unwillkürlich berühren. Nach einem Schauer haften Regentropfen wie Quecksilberperlen auf den Blättern.

GESTALTERISCHE ASPEKTE

Oberflächenkontraste
Die Wollweide steht im Kontrast zu der wachsartigen Wolfsmilch und den glänzenden Blättern der Strauchveronika.

Ausgewogene Formen
Pflanzen mit unterschiedlichen Wuchsformen sorgen zugleich für Ausgewogenheit und Vielfalt – die sanft gerundeten Büsche von Funkien und Frauenmantel bilden ein Gegengewicht zu den steifen Blättern von Iris und Germer sowie dem kaskadenartig fallenden Trichterschwertel.

Wasserbilder
Die Stengel des rosablühenden Trichterschwertel neigen sich über das Wasser und lassen faszinierende Spiegelungen entstehen.

PFLANZENLISTE

1 *Salvia argentea* (Silberblattsalbei), 2 ×
2 *Dierama pulcherrimum* (Trichterschwertel), 2 ×
3 *Hosta sieboldiana* var. *elegans* (Funkie), 2 ×
4 *Salix lanata* (Wollweide), 1 ×
5 *Alchemilla mollis* (Frauenmantel), 2 ×
6 *Iris ensata* ›Alba‹ (Schwertlilie), 5 ×
7 *Hebe albicans* (Strauchveronika), 2 ×
8 *Euphorbia seguieriana* (Wolfsmilch), 4 ×
9 *Veratrum nigrum* (Germer), 6 ×
10 *Stachys byzantina* syn. *S. lanata* (Wollziest), 1 ×

PFLANZPLAN

2,5 m

2,5 m

Trichterschwertel
Die hohen Stengel von *Dierama pulcherrimum* neigen sich anmutig herab, um sich im Wasser zu spiegeln.

Sommerattraktion
Wenn sich im Spätsommer die unge-wöhnlichen, dunklen Blüten des Germer und die grazilen Stengel des Trichter-schwertel über einen Teppich aus kon-trastierendem Laub erheben, entfaltet diese Pflanzung ihren besonderen Reiz.

Wollweide
Im Frühjahr sitzen die gelben Kätzchen von *Salix lanata* wie haarige Raupen an den Zweigen. Sie heben sich hübsch von dem wolligen jungen Laub ab.

Kühle Töne
Im Frühsommer wirkt die Pflan-zung mit Blüten in grünlich-gelben und weißen Tönen sowie silbergrauem und grünem Laub kühl und friedvoll.

Schwertlilie
Iris ensata hat kleine Blüten, die violett, blau oder – wie hier bei der Sorte ›Alba‹ – weiß sind.

Strauchveronika
Hebe albicans bildet einen kompakten Busch aus blaugrünen Blättern, die im Früh-sommer mit kurzen, weißen Blüten-ständen be-deckt sind.

Wolfsmilch
An den schmalen Stengeln von *Euphorbia seguieriana* sitzen Wirtel aus ebenso schmalen, graugrünen Blättern, über denen im Spätfrühjahr gelbgrüne Blüten stehen.

Funkie
Hosta sieboldiana var. *elegans* wirkt mit ihren breiten, blaugrünen Blättern noch üppiger als andere Funkien.

Wollziest
Stachys byzantina ist mit seinen dichten Matten aus filziggrauen Blättern ein schöner Bodendecker, aber leider anfällig für Mehltau.

Frauenmantel
Die gerundeten Blätter von *Alchemilla mollis* er-scheinen leider recht spät, doch sowohl das Laub als auch die gelblich-grünen Blüten passen wunderbar in Pflan-zungen mit weißen und purpur-nen Blüten.

Iris ensata
›Alba‹

Silberblattsalbei
In voller Sonne und durchlässigem Boden wächst *Salvia argentea* zu einer statuenartigen Pflanze heran, deren Blü-tenstengel sich über die dicken, wolligen Blätter erheben.

Germer
Veratrum nigrum ist seit dem 16. Jahr-hundert eine beliebte Gartenpflanze, die schon damals wegen ihrer gefältelten fächerförmigen Blätter und dunklen Blüten geschätzt wurde.

Euphorbia sequieriana

Hebe albicans

Pflanzen mit effektvollem Laub

Die vielfältigen Blattexturen, die sich so schön anfühlen, erfüllen auch eine wichtige Aufgabe. Sie helfen den Pflanzen bei der Anpassung an besondere Umweltbedingungen. So schützen etwa Haare, die wolligen Pflanzen ihr typisches Aussehen verleihen, diese vor dem intensiven Licht großer Höhen und extremer Temperaturen.

Viele wollig behaarte Pflanzen wachsen in Wüsten oder eisigen Hochlandsteppen. Die in dieser Pflanzung verwendeten Arten bevorzugen allerdings weniger extreme Bedingungen und einen Boden, der nie ganz austrocknet.

Der Salbei benötigt gute Drainage. Er wird am besten zweijährig gezogen und muß dann möglicherweise ersetzt werden. Die Blätter des ersten Jahres – silbrige, pelzige Rosetten – sind schöner als die Blüten der zweiten Saison.

Die Rhizome des Germer fühlen sich in leichtem, feuchtem Boden und Halbschatten am wohlsten. Eine im Spätfrühjahr ausgebrachte dicke Mulchdecke hilft, die richtigen Wachstumsbedingungen zu schaffen. Leider ist Germer – ebenso wie Funkien – bei Schnecken recht beliebt und muß gut geschützt werden.

KULTUR UND PFLEGE

Frühjahr
Trichterschwertel, Salbei und Ziest pflanzen. Beschädigte Blätter von Pflanzen entfernen, bevor diese neu austreiben. Funkien vor Schnecken schützen. Iris, Wolfsmilch und Strauchveronika pflanzen. Strauchveronika braucht keinen regelmäßigen Schnitt, frostgeschädigte Zweige werden jetzt jedoch zurückgeschnitten. Den Boden, in dem der Germer wächst, nicht austrocknen lassen, falls nötig im Spätfrühjahr mulchen. Zu dichte Iris müssen gelegentlich geteilt werden.

Sommer
Welke Blüten der Strauchveronika entfernen. Abgeblühte Triebe der Wolfsmilch herausschneiden. Beim Frauenmantel welkende Blütenstände entfernen und die Blätter stutzen, damit er neu austreibt.

Herbst
Funkien in mit Kompost oder Lauberde angereicherten Boden setzen. Germer an einen feuchten, leicht schattigen Platz pflanzen. Frauenmantel pflanzen. Trichterschwertel abschneiden, wenn die Blüten welken. In sehr kalten Gegenden die Knollen herausheben und frostfrei überwintern.

Winter
Stengel des Germers abschneiden.

Salvia argentea (Silberblattsalbei) *Rosettenbildende Staude mit wollig-silbrigen Blättern und weißen Sommerblüten. H bis 1 m, B 45 cm.*

Euphorbia seguieriana (Wolfsmilch) *Staude mit schmalen Blättern und gelblich-grünen Blütenbüscheln. H und B 45 cm.*

Hosta sieboldiana var. elegans (Funkie) *Büschelige Staude mit bläulichgrauen, gerippten Blättern. H 1 m, B 1,5 m.*

Stachys byzantina syn. S. lanata (Wollziest) *Staude mit wollig-grauem Laub und rosa Sommerblüten. H bis 40 cm, B 60 cm.*

Salix lanata (Wollweide) *Schwachwüchsiger Strauch mit filzig-grauen Blättern. H und B bis 1,2 m.*

Hebe albicans (Strauchveronika) *Dichter immergrüner Strauch mit blaugrauem Laub und kleinen weißen Frühsommerblüten. H und B 1,5 m.*

Dierama pulcherrimum (Trichterschwertel) *Immergrüne Staude mit riemenförmigen Blättern und tiefrosa Sommerblüten. H 1,5 m, B 30 cm.*

Alchemilla mollis (Frauenmantel) *Büschelige Staude mit flaumigen Blättern und zarten grünlich-gelben Blüten. H und B 50 cm.*

Iris ensata ›Alba‹ *Rhizombildende Staude mit großen weißen Blüten. Die Blätter haben eine auffällige Mittelrippe. H bis 1 m, B unbegrenzt.*

Veratrum nigrum (Germer) *Aufrecht wachsende Staude mit ovalen Blättern und dunkelpurpurnen Spätsommerblüten. H 2 m, B 60 cm.*

Abwandlung des Pflanzplans

Viele immergrüne Sträucher wie Stechpalme, Orangenblume, Zimmeraralie und Kamelie haben glänzendes Laub, das einen großartigen Hintergrund für graublättrige Pflanzen bildet. Einige von ihnen könnten aber vielleicht für diesen Platz zu groß werden. An ihrer Stelle kann man mit einer Hirschzunge, deren Blätter wie poliert wirken, die Pflanzung im Winter reizvoller machen. Im Frühjahr sorgt man mit Teppichen aus niedrigen Wildtulpen für zusätzliche Farbe.

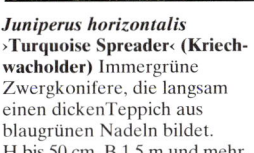

Reizvolles für den Winter

Immergrüne Hirschzunge, Kriechwacholder und Alpenveilchen verleihen dieser Uferbepflanzung im Winter größeren Reiz. Anders als der Ziest, den er ersetzt, ist der Wacholder mitten im Winter ebenso hübsch wie im Sommer.

Die Alpenveilchen sorgen mit ihren Spätsommer- und Herbstblüten für einen Hauch von Frische. In ihrem Laub wiederholt sich die Farbe des Wacholders. Beide sind bläulich-grün, aber die Blätter des Alpenveilchens tragen kunstvolle Marmorierungen – so verschieden voneinander wie Fingerabdrücke.

Juniperus horizontalis ›**Turquoise Spreader**‹ **(Kriechwacholder)** Immergrüne Zwergkonifere, die langsam einen dickenTeppich aus blaugrünen Nadeln bildet. H bis 50 cm, B 1,5 m und mehr.

Phyllitis scolopendrium **(Hirschzunge)** Immergrüner Farn mit hellgrünen, ledrigen, zungenartigen Wedeln. H 45–75 cm, B bis 45 cm.

Cyclamen hederifolium **(Alpenveilchen)** Herbstblühendes Knollengewächs. Mit oder nach den rosa Blüten erscheinen silbern gemusterte Blätter, die bis zum Frühjahr halten. H bis 10 cm, B 10–15 cm.

Girlanden aus Tulpen

Wenn es im Frühjahr – abgesehen von den aufrechten Kätzchen der Weide – wenig zu sehen gibt, kann man das Beet verschönern, indem man an die freien Stellen zwischen den anderen Pflanzen Wildtulpen setzt. Auch wenn sie vielleicht nicht so groß und prächtig sind wie übliche Gartentulpen, handelt es sich doch um die ursprünglichen Formen, aus denen alle Gartensorten hervorgingen. Sie blühen früher als größere Tulpen, und zwischen niedrigen Pflanzen sehen ihre kleinen Blüten besser aus.

Tulipa turkestanica **(Wildtulpe)** Blüht zu Frühjahrsbeginn und trägt weiße Sternblüten mit dottergelben Mitten. H 10–30 cm, B bis 20 cm.

Tulipa tarda **(Wildtulpe)** Öffnet im Frühjahr gelbe Blüten mit schmalen Petalen, die weiße Spitzen haben. H bis 15 cm, B bis 10 cm.

Tulipa saxatilis **(Wildtulpe)** Zwiebelblume mit glänzenden blaßgrünen Blättern. Zu Frühjahrsbeginn erscheinen duftende lilarosa Blüten mit gelben Mitten. H 15–45 cm, B bis 20 cm.

FARBENPRÄCHTIGES LAUB

Goldenes Laub kann einen hoffnungslos düsteren Winkel im Garten augenblicklich in eine Oase verwandeln. Diese Strauchgruppe, die in einer vernachlässigten Ecke gepflanzt werden könnte, wird durch eine goldblättrige Robinie aufgeheitert. Auch wenn besonders heikle Gärtner Gelb um jeden Preis meiden, läßt es eine fröhliche Atmosphäre entstehen. Purpurnes Laub sorgt für Tiefe und Fülle, während Grau einen kühlen Akzent setzt.

Funkelndes Gold und Gelb

Innerhalb dieses Arrangements sorgen vor allem Blätter für Farbe. Die goldene Robinie ist ein außergewöhnlicher Laubbaum mit klarer, leuchtender Färbung. Ihre Blätter sehen wie kurze Ketten aus flachen, gelben Perlen aus. Wenn man sie vor einen dunklen Hintergrund setzen kann, um so besser: Ideal eignen sich schlichter Efeu oder Feuerdorn. Da die Zweige der Robinie leicht brechen, sollte man diesen Baum nirgends pflanzen, wo er stürmischen Winden ausgesetzt ist.

Goldenes und gelbes Laub ist nicht so beständig wie purpurnes. Die Robinie legt im Frühjahr ein frischgoldenes Kleid an, das im Herbst vor dem Laubfall stark an Leuchtkraft verloren hat. Auch der goldblättrige Pfeifenstrauch verblaßt im Laufe der Wachstumsperiode. Dennoch ist er ein nützlicher, unkomplizierter Strauch, dessen cremefarbene Blüten den betörendsten Duft haben, den man sich wünschen kann.

Flecken in Purpur und Grau

Purpurnes Laub ist im Garten weit schwerer zu plazieren als goldenes. Im Frühjahr sieht es hinreißend aus, doch mit Fortschreiten des Sommers kann es manchmal düster wirken. Allerdings ist dies bei großflächigen Blättern eher ein Problem als bei der hier verwendeten Berberitze, einem gleichmäßig wachsenden, kleinblättrigen Strauch. Ihre Blätter haben die tiefe Farbe guten Portweins, und im Herbst vor dem Laubfall färben sie sich flammendrot.

Die bei weitem ruhigste Farbe der drei verwendeten Laubtypen ist Grau. Um allein verwendet zu werden, ist es zu ruhig und zu matt. Eine eintönige Fläche aus grauem Laub hat keine Ausstrahlung. Hier aber mildert Grau den Übergang vom Goldton der Robinie und des Pfeifenstrauchs zu den satten weinroten Tönen der Berberitze.

Sowohl Kreuzkraut als auch Brandkraut tragen im Frühsommer gelbe Blüten, doch die Blätter sind bei beiden wichtiger als die Blüten – beim Kreuzkraut sind sie unterseits in zartestem Silber gefärbt, beim Brandkraut graugrün und stark strukturiert. Zudem sind beide Pflanzen immergrün und sorgen auch dann noch für Reiz, wenn die anderen Sträucher »pausieren«. Und auch die Wolfsmilch entwickelt ständig neue Triebe und läßt nie eine Lücke in der Pflanzung entstehen.

WECHSELNDE FARBEN
Die jungen goldenen Blätter von *Robinia pseudoacacia* ›Frisia‹ sind im Sommer grün überhaucht und färben sich im Herbst tief orangegelb.

GESTALTERISCHE ASPEKTE

Herrliches Laub
Goldene, purpurne und graue Blätter lassen zusammen kräftige Farbkontraste entstehen.

Winterpracht
Im Winter sorgen Wolfsmilch, Brandkraut und Kreuzkraut für Reiz.

Einfache Pflege
Diese Pflanzen brauchen ein Minimum an Pflege und eignen sich daher besonders gut für eine schwer zugängliche Ecke.

PFLANZENLISTE

1 *Robinia pseudoacacia* ›Frisia‹, 1 ×
2 *Berberis thunbergii* ›Atropurpurea‹ (Berberitze), 1 ×
3 *Senecio* ›Sunshine‹ (Kreuzkraut), 1 ×
4 *Origanum vulgare* ›Aureum‹ (Dost), 3 ×
5 *Nepeta* ›Six Hills Giant‹ (Katzenminze), 2 ×
6 *Sedum spectabile* (Fetthenne), 1 ×
7 *Geranium cinereum* ›Ballerina‹ (Storchschnabel), 1 ×
8 *Philadelphus coronarius* ›Aureus‹ (Pfeifenstrauch), 1 ×
9 *Alchemilla mollis* (Frauenmantel), 3 ×
10 *Euphorbia characias* ssp. *wulfenii* (Wolfsmilch), 1 ×
11 *Phlomis fruticosa* (Brandkraut), 1 ×

PFLANZPLAN

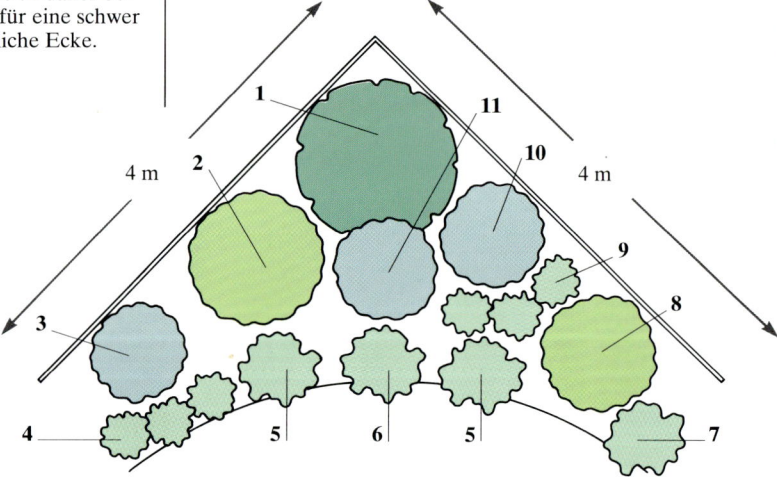

Kreuzkraut
Senecio ›Sunshine‹ ist ein ausladender Strauch und breiter als hoch. Im Frühsommer trägt er verzweigte Köpfe aus leuchtendgelben Korbblüten.

Goldblättriger Dost
Die aromatischen Blätter von *Origanum vulgare* ›Aureum‹ sind in der Küche ebenso nützlich wie die der grünen Form und lassen im Vordergrund des Beets dicke Farbflecke entstehen.

Farbliche Kontraste und Wiederholungen
Das Gold von Dost und Pfeifenstrauch wiederholt sich in der Robinie. Es belebt die dunkle Berberitze und das kühle Kreuzkraut und läßt ein fröhliches Hochsommerarrangement entstehen.

Katzenminze
Nepeta ›Six Hills Giant‹ ist eine große Form der Katzenminze, doppelt so groß wie die übliche *Nepeta × faassenii.*

Berberitze
Berberis thunbergii ›Atropurpurea‹ hat purpurne Blätter, die sich im Herbst leuchtendrot färben.

Robinie
Die raschwüchsige *Robinia pseudoacacia* ›Frisia‹ trägt unter den goldblättrigen Bäumen das leuchtendste Laub.

Brandkraut
Die Stengel von *Phlomis fruticosa* sind steif und wie die Blätter mit graugrünem Filz bedeckt.

Wolfsmilch
All die verschiedenen Formen von *Euphorbia characias* und auch die hier verwendete *E. c.* ssp. *wulfenii* bilden äußerst attraktive Büsche mit aufrechten Trieben, die mit immergrünen Blattwirteln besetzt sind.

Pfeifenstrauch
Das Laub von *Philadelphus coronarius* ›Aureus‹ entwickelt sich am besten in leichtem Schatten, wo die gelbgrünen Blätter nicht verbrennen.

Frauenmantel
Verbreitet, aber immer angenehm ist *Alchemilla mollis* mit ihren seltsam gelbgrünen Blättern, die einen großartigen Hintergrund für purpurnes Laub entstehen lassen.

Fetthenne
Das sukkulente Laub von *Sedum spectabile* bildet einen schönen Hintergrund für seine flachen Blütenstände, die zunächst grün, später rosa und endlich rostrot sind.

Storchschnabel
Geranium cinereum ist eine alpine Pflanze und auf dem Balkan heimisch. Die Sorte ›Ballerina‹ hat purpurrosa Blüten mit tiefpurpurnen Adern.

93

Pflanzen für ein pflegeleichtes Beet

Einmal angewachsen, brauchen die Sträucher in dieser Pflanzung nur noch wenig Aufmerksamkeit. Obwohl sie recht gut mit dünnem, magerem Boden zurechtkommen, gedeihen sie natürlich besser, wenn man sie düngt. Da die Robinie Sonne braucht, eignet sich diese Pflanzung nicht für einen Platz, der von höheren Bäumen überschattet wird oder aus anderen Gründen die meiste Zeit des Tages im Schatten liegt.

Die vorderen Stauden sind fast alle niedrig und brauchen vermutlich keine Stütze. Nur die Fetthenne benötigt, während sie in die Breite geht, vielleicht ein diskretes Korsett aus Zweigen und Schnur, um im Herbst die schweren Blütenköpfe aufrecht zu halten. Diese läßt man auch den Winter über an der Pflanze, denn sie sehen mit Rauhreif bedeckt ganz besonders schön aus.

KULTUR UND PFLEGE

Frühjahr
Dost, Katzenminze, Frauenmantel, Storchschnabel und Fetthenne pflanzen. Abgestorbene Blütenstengel der Fetthenne abschneiden, bevor sie neu austreibt.

Sommer
Bei Brandkraut und Kreuzkraut welke Blüten entfernen und überlange Triebe kürzen. Beim Pfeifenstrauch nach der Blüte einen Teil des alten Holzes herausnehmen. Abgeblühte Stengel der Wolfsmilch abschneiden. Welkende Blüten des Frauenmantels entfernen, damit er sich nicht aussamt. Frauenmantel und Storchschnabel im Spätsommer stutzen, dann können sie neue Blätter entwickeln.

Herbst
Die Robinie pflanzen und stützen, bis sie gut angewurzelt ist. Berberitze, Brandkraut, Pfeifenstrauch und Kreuzkraut pflanzen. Eine kleine Wolfsmilch pflanzen – große Exemplare wachsen nur schwer an. Dost um zwei Drittel zurückschneiden, bevor die Pflanzen absterben. Katzenminze abschneiden.

Winter
Im Spätwinter lange, dünne Triebe der Berberitze zurückschneiden. Alte Sträucher verjüngen, indem einige alte Stämme bis auf Bodenhöhe zurückgenommen werden.

Senecio ›Sunshine‹ (Kreuzkraut) *Sommerblühender buschiger Strauch mit immergrünem Laub, das unterseits silbrig ist. Junge Blätter sind silbrig-grün. H und B 1 m.*

Berberis thunbergii ›Atropurpurea‹ (Berberitze) *Sommergrüner ausladender Strauch. Wird wegen des rötlich-purpurnen Laubs und der Herbstbeeren gezogen. H und B bis 2 m.*

Robinia pseudoacacia ›Frisia‹ *Rasch wachsender sommergrüner Baum mit schönem, goldenem Laub, das sich im Herbst orangegelb färbt. H bis 15 m, B bis 7,5 m.*

Philadelphus coronarius ›Aureus‹ (Pfeifenstrauch) *Sommergrüner Strauch, der im Spätfrühjahr und Frühsommer duftende Blüten öffnet. H 2,5 m, B 1,5 m.*

Nepeta ›Six Hills Giant‹ (Katzenminze) *Staude mit graugrünen Blättern und lavendelblauen Sommerblüten. H und B 60 cm.*

Euphorbia characias ssp. wulfenii (Wolfsmilch) *Immergrüner Strauch, der im Frühjahr große, gelbgrüne Blütenköpfe trägt. H und B 1,5 m.*

Alchemilla mollis (Frauenmantel) *Staude mit samtigen Blättern und grünlich-gelben Sommerblüten. H und B bis 50 cm.*

Origanum vulgare ›Aureum‹ (Dost) *Staude mit aromatischen, goldgelben Blättern und winzigen lilarosa Sommerblüten. Beliebtes Küchenkraut. H 10–50 cm, B unbegrenzt.*

Phlomis fruticosa (Brandkraut) *Immergrüner Strauch mit gelben Sommerblüten, die zwischen salbeiähnlichen, graugrünen Blättern stehen. H und B 1 m.*

Sedum spectabile (Fetthenne) *Büschelige Staude mit fleischigen Blättern. Trägt im Spätsommer und Herbst flache rosa Blütenstände. H und B 45 cm.*

Geranium cinereum ›Ballerina‹ (Storchschnabel) *Ausladende, niedrige Staude, die im Spätfrühjahr und Sommer rosa Blüten mit violetten Adern öffnet. H 10 cm, B 30 cm.*

Abwandlung des Pflanzplans

Purpur und Gelb bilden einen kräftigen Kontrast. Wer dies nicht mag, kann anstelle der Berberitze einen Strauch in sanfteren Farben wählen, der schönes Laub haben sollte – Blüten kann man ergänzen, indem man in den Sträuchern Clematis ranken läßt. Feiern Sie die Ankunft des Frühlings mit einigen niedrigen Zwiebelblumen, die im Vordergrund zwischen Frauenmantel, Katzenminze und Storchschnabel wachsen.

Lockere Wirkung durch panaschiertes Laub

Um die Gesamtwirkung aufzulockern, verwenden Sie statt der Berberitze einen hell panaschierten Strauch wie *Cornus alba* ›Elegantissima‹. Im Winter werden seine kahlen Stämme wie rote Neonröhren leuchten und einen großartigen Kontrast zu dem weichen Grau von Brandkraut und Kreuzkraut bilden.

Die Panaschierung wiederholt man im Vordergrund der Pflanzung durch eine Sterndolde mit gelbgrünem Laub, die den rosa Storchschnabel ersetzt. Statt der Fetthenne pflanzt man einen anderen Storchschnabel wie das blaublühende *Geranium himalayense*. Wollte man die Fetthenne gegen die Sterndolde austauschen, stünden die beiden panaschierten Pflanzen auf der gleichen Seite, und die Pflanzung würde unausgewogen wirken.

Schmückende Frühlingsblumen

Kleine Zwiebelblumen wie Krokusse, Scilla, Schneestolz und Puschkinien eignen sich ideal, um im Frühjahr kahle Stellen zu füllen, die später von den Stauden bedeckt werden. Zwiebelblumen setzen sich in Szene, wenn für andere Pflanzen noch lange nicht die richtige Zeit zum Wachsen gekommen ist. Und dann verschwinden sie zuvorkommenderweise wieder im Boden und langweilen uns nicht den Rest des Jahres mit ihrem reizlosen Laub.

Es gibt kaum einen kleinen Krokus, der nicht entzückend aussieht. Zudem vermehren sich Krokusse üppig, wenn sie einen sonnigen Platz erhalten, an dem ihre Knollen reifen können.

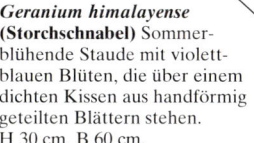

Astrantia major ›Sunningdale Variegated‹ (Sterndolde) Büschelige Staude mit tiefgeteilten, panaschierten Blättern. Im Sommer trägt sie grünlich-weiße Blüten mit rosa Hauch. H 60 cm, B 45 cm.

Cornus alba ›Elegantissima‹ (Hartriegel) Kräftiger sommergrüner Strauch mit weißgeränderten Blättern. Seine Triebe sind im Winter leuchtendrot. H und B bis 2 m.

Geranium himalayense (Storchschnabel) Sommerblühende Staude mit violettblauen Blüten, die über einem dichten Kissen aus handförmig geteilten Blättern stehen. H 30 cm, B 60 cm.

Scilla siberica ›Atrocoerulea‹ Zwiebelblume, die zu Frühjahrsbeginn glockige Blüten in reinstem Blau öffnet. Die Blätter sind riemenförmig und glänzend. H 10–15 cm, B 5 cm.

Crocus ›E. A. Bowles‹ Knollengewächs mit duftenden, tiefgelben Frühjahrsblüten. Außen sind die Petalen an der Basis bronzefarben. H 10 cm, B 5–8 cm.

EINE DUFTENDE GARTENECKE

Diese bepflanzte Ecke wird von aromatischem Thymian gesäumt, den man im Vorbeigehen streift, wobei er jedesmal seinen unverwechselbaren, würzigen Duft verströmt. Duft im Garten ist ein vergänglicher, aber eindrucksvoller Genuß. Dieses Arrangement besteht aus einer Vielzahl von Pflanzen, die für ihren Duft bekannt sind.

SÜSSER DUFT
Die Madonnenlilie *Lilium candidum* trägt anmutige reinweiße Trichterblüten, die einen schweren Duft verströmen.

GESTALTERISCHE ASPEKTE

Düfte für die Sonne
Ein intensiv duftendes Medley aus Pflanzen für einen sonnigen Eckplatz.

Wohlriechendes Laub
Der Duft von Blättern kann ebenso reizvoll sein wie der von Blüten – etwa bei Duftpelargonien, Thymian und Rosmarin.

Einige Pflanzen, wie etwa Jonquillen und Madonnenlilien, verströmen ihren Duft so freigebig und so intensiv, als wollten sie ihre Umgebung betäuben. Andere Pflanzen sind da zurückhaltender. Damit Rosmarin oder Pelargonien ihre ätherischen Öle preisgeben, muß man sie anfassen und ihre Blätter zerdrücken.

Der Seidelbast verbreitet schon früh im Jahr Wohlgeruch, und der Duft seiner kleinen wachsartigen Blüten ist so intensiv, daß man unwillkürlich angezogen wird. Suchen Sie nach der immergrünen Art *Daphne odora*, insbesondere nach der Sorte ›Aureomarginata‹, deren ledrige Blätter einen dünnen cremefarbenen Rand haben.

Frühjahrs- und sommerblühende Zwiebelblumen ergänzen diese Pflanzung nicht nur durch Farbe, sondern duften auch stark. Jonquillen gehören zu den letzten Narzissen, die blühen. Sie öffnen leuchtendgelbe Blüten zwischen grasartigen Blättern. Was ihnen an Statur fehlt, machen sie durch Duft wett. Madonnenlilien duften am stärksten, wenn im Sommer die Nacht hereinbricht, und dann locken ihre breiten, weißen Trichterblüten wie mit Sirenengesang die Falter an.

Aromatische Kräuter

Den Mittelpunkt der Pflanzung bildet ein säulenförmiger Rosmarin. Wählen Sie eine von Natur aus aufrecht wachsende Art, die Sie während des Wachsens zu einer Säule zusammenbinden.

Lavendel zieht man seit dem späten Mittelalter im Garten, und seine essentiellen Öle werden für Parfüm verwendet. Lavendelöl ist ein starkes natürliches Antiseptikum. Vielleicht verwendeten die Römer es auch deshalb als Badezusatz. Sein Name leitet sich vom lateinischen Verb *lavare* ab, was waschen bedeutet. ›Hidcote‹ ist eine kompakte, silberblättrige Sorte mit dunkelpurpurnen Blüten.

Wählen Sie einen aufrecht wachsenden Thymian wie *Thymus × citriodorus,* der seinen zitronenartigen Duft verströmt, wenn man ihn streift. An die Ränder wird ein niedriger Thymian wie *Thymus serpyllum* gepflanzt, der sich über die Wege legt und duftende Teppiche bildet. Wenn er blüht, summen Hummeln von einer Blüte zur anderen.

PFLANZPLAN

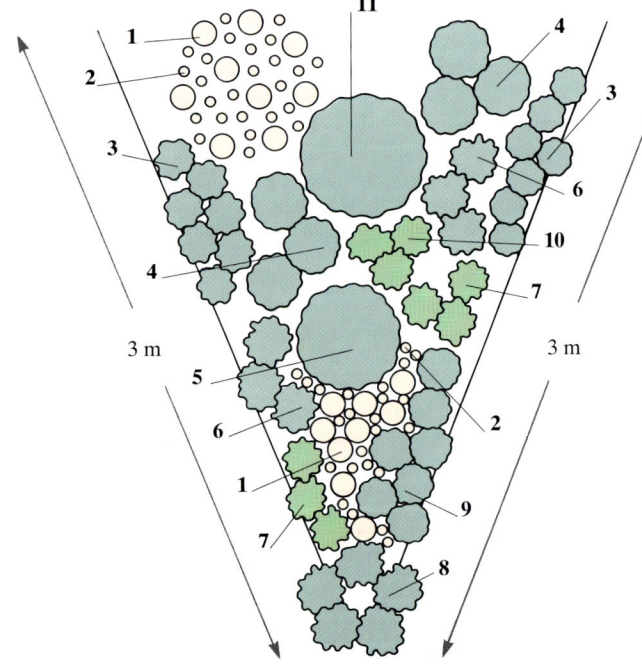

PFLANZENLISTE
1. *Lilium candidum* (Madonnenlilie), 18 ×
2. *Narcissus jonquilla* (Jonquille), 50 ×
3. *Thymus × citriodorus* ›Silver Queen‹ (Zitronenthymian), 14 ×
4. *Lavandula angustifolia* ›Hidcote‹ (Lavendel), 6 ×
5. *Rosmarinus officinalis* ›Miss Jessopp's Upright‹ (Rosmarin), 1 ×
6. *Pelargonium* ›Mabel Grey‹, 6 ×
7. *Iris graminea* syn. *I. colchica*, 6 ×
8. *Dianthus* ›Prudence‹ (Nelke), 5 ×
9. *Thymus serpyllum* (Feldthymian), 7 ×
10. *Hemerocallis citrina* (Taglilie), 3 ×
11. *Daphne odora* ›Aureomarginata‹, 1 ×

Harmonisch abgestimmte Farben
Geschwungene Teppiche aus Nelken, Iris, Pelargonien und Thymian verschmelzen ineinander, um ein sommerliches Farbenmeer in zartlila, rosa und violettblauen Tönen entstehen zu lassen. Akzente setzen die Madonnenlilien mit ihren weißen Blüten.

Zitronenthymian
Der anmutige panaschierte *Thymus × citriodorus* ›Silver Queen‹ ist empfindlicher als die grüne Art, hat jedoch den gleichen würzigen Duft.

Pelargonie
Die duftenden Blätter von Pelargonien wie ›Mabel Grey‹ ergänzen den Duftgarten durch einen unverwechselbaren Wohlgeruch.

Seidelbast
An einem geschützten Fleck verbreiten die Blüten von *Daphne odora* ›Aureomarginata‹ betörende Duftwolken.

Frühe Pracht
Mit Blüten in weichem Pastellrosa und -blau sorgen Seidelbast und Rosmarin schon Mitte des Frühjahrs für Farbe. Hier stehen die zarten, aber leuchtend gefärbten Jonquillen im Mittelpunkt.

Jonquille
Während ihre größeren Verwandten oft grobe Blätter haben, erhebt sich diese gelbe *Narcissus jonquilla* im Frühjahr aus einem Büschel frischer, grasartiger Blätter.

Lavendel
Lavendel wie *Lavandula angustifolia* ›Hidcote‹ gedeiht am besten in voller Sonne und durchlässiger Erde, vor allem auf kalkreichen Böden.

Madonnenlilie
Die Madonnenlilie *Lilium candidum* breitet sich langsam aus und bildet eindrucksvolle Büsche mit reinweißen, duftenden Blüten.

Schwertlilie
Iris graminea hat wunderschöne Blüten in Violett und Purpur und einen unverwechselbaren, an Pflaumen erinnernden Duft.

Rosmarin
›Miss Jessopp's Upright‹ ist eine besonders widerstandsfähige Form von *Rosmarinus officinalis* mit schlankem, aufrechtem Wuchs.

Taglilie
Die Blüten der Taglilie *Hemerocallis citrina* sind abends am schönsten, wenn sie sich weit öffnen, um ihren Duft zu verströmen.

Feldthymian
Ein sonniger Platz und durchlässige Erde sind dem Feldthymian *Thymus serpyllum* am liebsten.

Nelke
Die altmodische Nelke *Dianthus* ›Prudence‹ bildet ein sich ausbreitendes Kissen aus grauem Laub, über dem halbgefüllte Blüten stehen.

Pflanzen für eine gutdrainierte Ecke

Alle aromatischen Kräuter dieser Pflanzung brauchen durchlässigen Boden und reichlich Sonne. Für mediterrane Pflanzen ist Winterfeuchte fast ein größeres Problem als Winterkälte. Um bei schwerem Boden die Drainage zu verbessern, arbeitet man groben Sand ein. Nelken und kriechenden Thymian setzt man dicht an den Rand des Beetes, damit sie die Wegränder verbergen.

Lavendel ist von Natur aus keine sehr langlebige Pflanze und muß ersetzt werden, wenn er holzig und dünn wird. Damit er möglichst viele neue Triebe entwickelt, schneidet man ihn jedes Frühjahr kräftig zurück. Ausgefallene zweifarbige Blüten trägt der Schopflavendel *Lavandula stoechas,* doch bedenken Sie, daß er nicht so widerstandsfähig ist wie *L. angustifolia* ›Hidcote‹.

KULTUR UND PFLEGE

Frühjahr
Seidelbast, Rosmarin, Thymian und Lavendel pflanzen. Pelargonien pflanzen, wenn keine Frostgefahr mehr besteht. Lange, dünne Triebe des Seidelbasts zu Frühjahrsbeginn zurückschneiden. Nelken pflanzen, dabei die Triebe möglichst wenig mit Erde bedecken. Lilien mit Kompost oder Lauberde mulchen. Welke Blüten der Jonquillen entfernen, Stengel und Blätter aber natürlich absterben lassen.

Sommer
Rosmarin zu einer Säule zusammenbinden, beschädigte Triebe abschneiden. Welke Blüten von Thymian und Lavendel entfernen.

Herbst
Lilien pflanzen – die Zwiebeln gerade mit Erde bedecken. Blütenstengel erst entfernen, wenn sie ganz trocken sind. Jonquillen, Taglilien und Iris pflanzen. Pelargonien vor dem ersten Frost herausnehmen, zurückschneiden und an einem frostfreien Platz überwintern oder Stecklinge für das kommende Jahr nehmen.

Winter
Abgestorbene Blätter und andere Überreste von Nelken und Thymian entfernen.

Thymus × citriodorus ›**Silver Queen**‹ **(Zitronenthymian)** *Immergrüner Strauch mit aromatischem, silbern gezeichnetem Laub. H und B 10–25 cm.*

Pelargonium ›**Mabel Grey**‹ *Frostempfindliche immergrüne Staude mit rhombenförmigen, nach Zitrone duftenden Blättern und kleinen lilarosa Blüten. H bis 60 cm, B 30–45 cm.*

Dianthus ›**Prudence**‹ **(Nelke)** *Sich ausbreitende Staude mit purpurrosa und weiß marmorierten Blüten, die sich im Hochsommer öffnen. H 30–45 cm, B 30 cm.*

Rosmarinus officinalis ›**Miss Jessopp's Upright**‹ *Immergrüner Strauch mit aromatischen, nadelartigen Blättern und kleinen blauen Blüten. H und B 2 m.*

Lilium candidum **(Madonnenlilie)** *Sommerblühende Zwiebelblume, deren weiße, duftende Trichterblüten an aufrechten, anmutigen Stengeln sitzen. H 1–2 m, B 30 cm.*

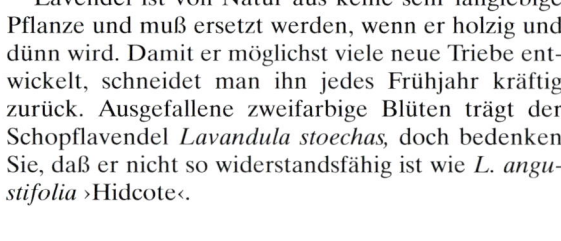

Daphne odora ›**Aureomarginata**‹ *Panaschierter immergrüner Strauch mit rosa und weißen Blüten, die sich von Wintermitte bis Frühjahr öffnen. H und B 1,5 m.*

Lavandula angustifolia ›**Hidcote**‹ *Immergrüner Strauch mit dunkelpurpurnen Blütenständen und aromatischem, silbrig-grauem Laub. H und B 60 cm.*

Hemerocallis citrina **(Taglilie)** *Kräftige Staude mit tief zitronengelben Hochsommerblüten, die nur eine Nacht halten. H und B 75 cm.*

Iris graminea *Rhizomiris mit nach Pflaumen duftenden purpurnen Blüten, die stark geädert sind. H 20–40 cm, B unbegrenzt.*

Thymus serpyllum **(Feldthymian)** *Niedriger, kriechender, immergrüner Strauch mit kleinen, duftenden Blättern und lilarosa Blüten. H 8 cm, B unbegrenzt.*

Narcissus jonquilla **(Jonquille)** *Zwiebelblume mit dunklen, glänzenden Blättern und anmutigen, gelben Frühjahrsblüten, die zart duften. H 30 cm, B bis 20 cm.*

Abwandlung des Pflanzplans

Es gibt mehrere reizvolle Möglichkeiten, weitere Blüten in diese Pflanzung einzubeziehen, ohne Duft zu opfern. Als Ersatz für Rosmarin und Seidelbast sind Rosen eine naheliegende Wahl, obwohl sie im Winter wenig zu bieten haben. Auch duftende ein- und zweijährige Blumen sorgen für mehr Farbe. Man könnte beispielsweise eine Kombination aus Bartnelken, Ziertabak, Heliotrop, Duftwicken, Levkojen, Verbenen, Flockenblumen und Goldlack verwenden.

Rosa ›**The Fairy**‹ Kleine Strauchrose, hier als Bäumchen erzogen. Im Spätsommer und Herbst trägt sie gefüllte blaßrosa Blüten. H 1,2–2 m, B 60 cm.

Blüten für Farbe und Duft

Gestalten Sie diese Pflanzung ein wenig formaler, indem Sie den niedrigen Seidelbast durch ein Rosen-Hochstämmchen ersetzen. Rosenbäumchen bilden eine blütengeschmückte runde Krone, die auf einem hohen Stamm sitzt, und machen stets den Eindruck, als seien sie aus einem Kinderbilderbuch in den Garten eingedrungen. Eine ausgezeichnete Wahl wäre hier ›The Fairy‹. Sie hat nicht den intensivsten Duft, gehört aber zu den hübschesten Rosen. Ihre breite Krone besteht aus dicken Büscheln kleiner Blüten.

Kleine Rosen mit Blütenbüscheln passen gut zu Pelargonien und Thymian. Da nicht alle neuen Zwergrosen duften, sollte man vor dem Kauf an ihnen riechen. Wählen Sie eine Farbe, die mit den diffusen Tönen der Nachbarpflanzen harmoniert.

Obwohl meist einjährig gezogen, ist Goldlack eine mehrjährige Staude, die viel Charakter entwickelt, wenn sie länger als ein Jahr wächst. Am besten sollte sie sich über den Weg neigen.

Flockenblumen blühen lange in Rosa, Weiß, Purpur und einem verblüffenden Zitronengelb, das der Farbe der Taglilien entspricht. Ihre Samen streut man auf die Erde und geht mit dem Rechen darüber. Zu dicht stehende Sämlinge werden ausgedünnt.

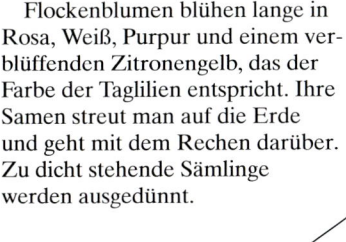

Centaurea moschata (**Flockenblume**) Einjahresblume mit graugrünen Blättern und duftenden, fedrigen Blüten in Rosa, Weiß, Purpur oder Gelb. Sie öffnen sich im Sommer und Frühherbst. H 45 cm, B 20 cm.

Cheiranthus ›**Bredon**‹ (**Goldlack**) Kurzlebige halbimmergrüne Staude, die im Spätfrühjahr leuchtend senfgelbe Blüten trägt. H 30–45 cm, B 45 cm.

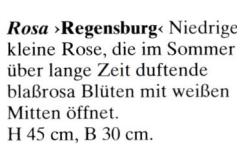

Rosa ›**Regensburg**‹ Niedrige kleine Rose, die im Sommer über lange Zeit duftende blaßrosa Blüten mit weißen Mitten öffnet. H 45 cm, B 30 cm.

GÄRTEN AM MEER

Für Gärten in Meeresnähe sind Wind und Salz ein großes Problem, doch haben solche Lagen auch Vorteile. Das Meer wirkt wie eine riesige Daunendecke, durch die die Temperaturen in den Küstenregionen höher bleiben als im Inland. Fröste treten nur selten auf. Das Frühjahr kommt zeitig, der Winter spät. Wählen Sie Pflanzen, die für diese Bedingungen geschaffen sind. Sie werden dort überleben, wo viele andere kämpfen müßten – beispielsweise an den exponierten Ecken eines Küstengartens.

BLÜTEN UND BEEREN

Der Weißdorn *Crataegus laciniata* öffnet im Frühjahr ein Meer aus weißen Blüten. Im Winter trägt er leuchtende Beeren.

GESTALTERISCHE ASPEKTE

Ganzjähriger Reiz
Immergrüne Escallonien und skulpturaler Neuseeländer Flachs sorgen auch im Winter für Reiz.

Ein Blütenfest
Für eine lange Blühperiode sorgen Rosen, Zistrosen und Ziertabak.

Herbstfrüchte
Im Herbst trägt eine der Rosen tomatenrote Hagebutten und der Weißdorn gelb überlaufene Beeren.

Schutz

Die wichtigste Aufgabe ist, an vorderster Front einen Schutz zu schaffen – durch Bäume und Sträucher, die den schlimmsten Wind brechen und die sich hinter sie kauernden Pflanzen schützen. In großen Küstengärten eignen sich dazu Montereykiefer und Kalifornische Zypresse gut. Pflanzen mit hartem, ledrigem Laub wie Griselinia oder schmalen Blättern wie Tamarisken sind den Launen des Küstenwetters ebenfalls gut angepaßt. Hier wurde ein Weißdorn verwendet, um die übrigen Pflanzen in der Gruppe zu schützen. Während er heranwächst, wird er wahrscheinlich die skulpturhafte Form eines übergroßen Bonsais annehmen und durch den Wind eine gebogene Gestalt erhalten. Robuste Escallonien, winterharte Fuchsien und Rugosa-Rosen können dem Weißdorn zur Seite stehen. Verwenden Sie verschiedene Rugosa-Rosen, so daß Sie sich an den schönsten Blüten (›Roseraie de L'Haÿ‹) und an herrlichsten Hagebutten (›Frau Dagmar Hartopp‹) freuen können.

Ein Flechtzaun oder eine andere Einfassung rund um die Ecke ist ebenfalls eine große Hilfe, um die Pflanzen während der Anwachsphase zu schützen. Dabei sind solide Einfassungen weniger wirkungsvoll als durchbrochene: Wenn sich der Wind seine Nase an einer soliden Wand stößt, wirbelt er wütend über sie hinweg und verursacht auf der anderen Seite Zer-störung. Lattenzäune brechen dagegen seine Kraft und verhindern, daß er zu toben beginnt.

Pflanzen für einen geschützten Platz

Wenn sich die natürliche oder künstliche Barriere an ihrem Platz befindet, kann man mit der Bepflanzung der im Innern liegenden Fläche beginnen. Niedrige Sträucher wie Zistrosen haben weniger unter dem Wind zu leiden als hohe. Zudem besitzen Zistrosen, die in trockenen, heißen Gegenden rund ums Mittelmeer heimisch sind, hartes Laub, um den Wasserverlust über ihre Blätter zu verringern. Die papierartigen Blüten halten nicht lang, doch öffnen sie sich während des Frühsommers in großer Zahl.

Verwenden Sie zwei Sorten des Neuseeländer Flachs: Ein großes Exemplar kommt hinten in die Rabatte und ein niedrigeres nach vorn, wo man die farbigen Streifen auf seinen Blättern bewundern kann.

Am Ende des Sommers entwickeln die Hakenlilien kräftige Stengel mit zarten, nickenden Trichterblüten, die wie Lilien riechen. Sie öffnen sich nacheinander und zeigen ein Büschel bunter Staubfäden in ihrer Mitte.

PFLANZPLAN

PFLANZENLISTE

1. *Crataegus laciniata* (Weißdorn), 1 ×
2. *Phormium tenax* ›Dazzler‹ (Neuseeländer Flachs), 3 ×
3. *Rosa rugosa* ›Roseraie de l'Haÿ‹, 1 ×
4. *Rosa rugosa* ›Frau Dagmar Hartopp‹, 2 ×
5. *Crinum × powellii‹ (Hakenlilie), 3 ×
6. *Escallonia* ›Iveyi‹, 2 ×
7. *Nicotiana langsdorfii* (Tabak), 14 ×
8. *Cistus × corbariensis* (Zistrose), 3 ×
9. *Polygonum campanulatum* (Knöterich), 3 ×
10. *Phormium tenax* ›Maori Sunrise‹ (Neuseeländer Flachs), 3 ×
11. *Phlomis russeliana* (Brandkraut), 1 ×
12. *Fuchsia magellanica* ›Versicolor‹, 1 ×

3 m

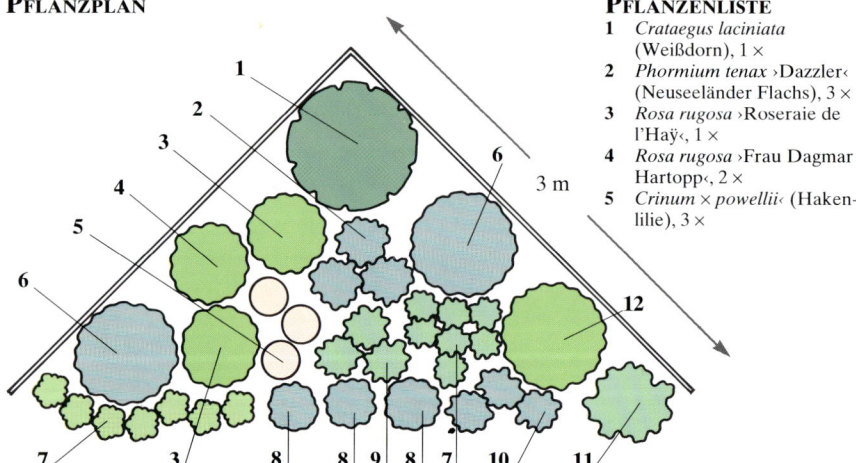

Escallonie
Die dunklen, glänzenden Blätter von *Escallonia* ›Iveyi‹ bilden einen idealen Hintergrund für ihre großen weißen Blütenstände.

Blüten und Blätter

Im Hochsommer rücken die Rosen in den Mittelpunkt. Ergänzt werden sie durch die buntgestreiften riemenförmigen Blätter des Neuseeländer Flachs. Der Tabak blüht vom Frühsommer an bis in den Herbst hinein. Über seinen Köpfen öffnet die Escallonie ihre weißen Blüten.

Herbstliche Fülle

Im Frühherbst stehen am Weißdorn und an einer der Rosen Früchte, während der hohe Neuseeländer Flachs, die Fuchsie und die Hakenlilien großartige Blüten tragen.

Hakenlilie
Die auffälligen Trichterblüten von *Crinum × powellii* sind weiß oder rosa.

Rosafarbene Rose
Die silbrig-rosafarbenen Blüten von *Rosa rugosa* ›Frau Dagmar Hartopp‹ erscheinen an einem Busch, der meist breiter als hoch ist.

Fuchsie
Die karminroten und purpurnen Blüten von *Fuchsia magellanica* ›Versicolor‹ heben sich wunderschön von den grauen, grünen und rosa Tönen des Laubes ab.

Weißdorn
Die stark gelappten Blätter von *Crataegus laciniata* sind an der Spitze oft gezähnt und bilden einen schönen Hintergrund für die weißen Frühjahrsblüten und die roten Herbstfrüchte.

Karminrote Rose
Rosa rugosa ›Roseraie de l'›Haÿ‹ hat stark duftende, halbgefüllte, tief purpurrote Blüten, entwickelt aber selten Hagebutten.

Neuseeländer Flachs
Phormium tenax ›Dazzler‹ ist der Neuseeländer Flachs mit der schönsten Blattfärbung.

Knöterich
Die winzigen rosa Glockenblüten von *Polygonum campanulatum* stehen an anmutigen verzweigten Blütenähren.

Tabak
Nicotiana langsdorfii hat kleinere Blüten als andere Tabakpflanzen, doch ihre gelbgrüne Farbe zieht die Blicke auf sich.

Fuchsia magellanica ›Versicolor‹

Zistrose
Cistus × corbariensis gehört zu den härtesten Zistrosen und öffnet im Sommer über lange Zeit weiße Blüten.

Brandkraut
Die kräftigen Blätter von *Phlomis russeliana* bilden auch dann einen großartigen Teppich, wenn ihre gelben Blütenquirle nicht zu sehen sind.

Neuseeländer Flachs
Phormium tenax ›Maori Sunrise‹ hat gestreifte, schwertförmige Blätter, die langsam zu einem imposanten Busch heranwachsen.

101

KULTUR UND PFLEGE

Frühjahr

Um die Sträucher herum mulchen. Neuseeländer Flachs und Fuchsie pflanzen. In kalten Gegenden muß die Fuchsie eventuell jedes Jahr auf Bodenhöhe zurückgeschnitten werden, im Frühjahr treibt sie aber aus der Basis neu aus. Zistrosen in volle Sonne pflanzen. Hakenlilienzwiebeln 30 cm tief setzen. Tabak säen und im Spätfrühjahr auspflanzen.

Sommer

Weißdorn braucht keinen regelmäßigen Schnitt, muß nach der Blüte aber vielleicht in Form gestutzt werden. Welkende Blütentriebe der Escallonien entfernen.

Herbst

Weißdorn, Brandkraut, Rosen und Escallonien im Spätherbst oder Frühwinter pflanzen. Knöterich in leichten Schatten setzen. Das zum Wuchern neigende Brandkraut gegebenenfalls stark zurückschneiden. Welke Blütentriebe des Neuseeländer Flachs entfernen.

Winter

Rugosa-Rosen brauchen keinen regelmäßigen Schnitt, müssen aber gelegentlich ausgelichtet werden. Alte Stämme in Bodenhöhe herausschneiden. Knöterich und Brandkraut zurückschneiden.

Pflanzenpflege am Meer

Winde und Gischt können in Küstennähe selbst den robustesten Pflanzen das Leben schwermachen. Haben Sie daher Geduld mit ihnen. Sie werden ein wenig Zeit brauchen, um sich an die unwirtlichen Bedingungen zu gewöhnen. Nehmen Sie kleine Pflanzen, denn sie lassen sich leichter umsetzen als große Exemplare. Werden sie im Herbst gepflanzt, haben Weißdorn, Rosen und Escallonien Zeit zum Anwachsen, bevor sie Blüten ansetzen. Stabile Stützen, für den Weißdorn und vermutlich auch für die Escallonien unerläßlich, tragen dazu bei, daß die Pflanzen dem Wind trotzen können. Eine Mulchdecke um Bäume und Sträucher hilft, die Bodenfeuchtigkeit im Wurzelbereich zu bewahren. In kalten Gegenden müssen junge Triebe von Neuseeländer Flachs und Hakenlilien möglicherweise vor Frost geschützt werden.

Crataegus laciniata (Weißdorn) *Sommergrüner Baum mit dunkelgrünen, gefiederten Blättern und weißen Frühjahrs- oder Frühsommerblüten. H und B 6 m.*

***Rosa rugosa* ›Roseraie de l'Haÿ‹** *Dichte, wuchsfreudige Rose mit stark duftenden, magentaroten Blüten, die im Sommer und Herbst erscheinen. H 2 m, B 1,5 m.*

***Rosa rugosa* ›Frau Dagmar Hartopp‹** *Robuste Strauchrose mit einfachen, duftenden, rosa Blüten und großen roten Herbsthagebutten. H 1,5 m, B 1,2 m.*

***Escallonia* ›Iveyi‹** *Immergrüner Strauch mit dunkelgrünen, glänzenden Blättern. Seine duftenden, weißen Blüten erscheinen im Hoch- und Spätsommer. H und B bis 3,5 m.*

Nicotiana langsdorfii (Tabak) *Einjährig gezogene, aufrecht wachsende Staude mit hängenden blaßgrünen bis gelbgrünen Sommerblüten. H bis 1,5 m, B 30 cm.*

Crinum* × *powellii (Hakenlilie) *Im Spätsommer oder Herbst blühende Zwiebelblume mit duftenden, rosa Trichterblüten. H bis 1 m, B 60 cm.*

Cistus* × *corbariensis (Zistrose) *Immergrüner buschiger Strauch, der im Spätfrühjahr und Sommer zahllose weiße Blüten trägt. H 75 cm, B 1,2 m.*

Polygonum campanulatum (Knöterich) *Mattenbildende Staude mit ovalen Blättern und rosa oder weißen glockigen Sommerblüten an langen Stengeln. H und B 1 m.*

***Phormium tenax* ›Dazzler‹ (Neuseeländer Flachs)** *Immergrüne Staude mit schmalen Blättern in Orangerot und Bronze. Im Sommer trägt sie rötliche Blütenbüschel an violetten Stengeln. H bis 2 m, B 1 m.*

***Phormium tenax* ›Maori Sunrise‹ (Neuseeländer Flachs)** *Immergrüne, aufrecht wachsende Staude mit schmalen, steifen, cremeweiß geränderten Blättern. H bis 3 m, B bis 2 m.*

Phlomis russeliana (Brandkraut) *Immergrüne Staude mit großen, herzförmigen Blättern. Im Sommer erscheinen an kräftigen Stengeln butterblumengelbe Blüten. H 1 m, B 60 cm.*

***Fuchsia magellanica* ›Versicolor‹** *Sommergrüner Strauch mit großartig panaschiertem Laub, über dem im Spätsommer schlanke rote und purpurne Blüten stehen. H 3 m, B 2 m.*

Abwandlung des Pflanzplans

Es gibt viele Möglichkeiten, innerhalb dieser Pflanzengruppe mit verschiedenen Farbkombinationen zu jonglieren. Weißdorn, Rosen, Escallonien, Fuchsie, Zistrosen und Hakenlilien haben Blüten in Weiß und einer Palette von Rosatönen zu bieten. Der folgende Vorschlag zeigt nun, wie man anstelle von Rosa Gelb, Grau und Gelbgrün verwenden kann. Diese Farbkombination wirkt zurückhaltender und subtiler. Die weißblühende Zistrose der ursprünglichen Pflanzung ist erhalten geblieben, auch der Tabak paßt mit seinem blassen Gelbgrün hervorragend in die neue Farbskala.

Helle Farben für einen Küstengarten

Anstelle von Escallonien und Fuchsie stehen nun Rugosa-Rosen an den Rändern und bilden eine natürliche Hecke. Verwenden Sie nur weißblühende Sorten wie ›Alba‹ und ›Blanc Double de Coubert‹.

Der schlichte Weißdorn wurde durch einen Eukalyptus ersetzt, der den gesamten Charakter der Pflanzung verändert. Sowohl seine Rinde als auch seine Blätter schimmern in silbrigen Grautönen.

Anstelle des hohen Neuseeländer Flachs wurde eine Duftblüte verwendet, während das niedrige Exemplar vorn gegen eine schwachwüchsige Kiefer ausgetauscht wurde. Die Baumlupine ist den ganzen Sommer mit gelben Blüten bedeckt, die die gesamte Ecke mit Duft erfüllen.

Rosa rugosa ›Alba‹ Wüchsige Rose mit duftenden, weißen Sommer- und Herbstblüten, denen große runde Hagebutten folgen. H und B 1–2 m.

Eucalyptus coccifera Immergrüner Baum mit aromatischen, graugrünen Blättern und blaugrauer und weißer Rinde. H bis 18 m, B bis 6 m.

Lupinus arboreus (Baumlupine) Halbimmergrüner Strauch mit duftenden, gelben Blüten und behaarten blaßgrünen Blättern. H 1 m, B 75 cm.

Bupleurum fruticosum (Hasenohr) Immergrüner Strauch, der im Sommer und Frühherbst Dolden aus kleinen gelben Blüten trägt. H und B 2 m.

Olearia × haastii (Duftblüte) Buschiger, immergrüner Strauch mit kleinen, ovalen, glänzenden Blättern. Im Hoch- und Spätsommer trägt er duftende, weiße Blüten. Durch seinen dichten Wuchs eignet er sich gut für Hecken. H und B 2 m.

Pinus mugo ›Humpy‹ (Zwergkiefer) Niedrige, ausladende Konifere mit dicken Nadeln und eiförmigen Zapfen. H 45 cm, B 60 cm.

SONNIGES GELB UND BLAU

Rosen müssen nicht auf besondere Beete verbannt werden, als könnten sie sich nur unter ihresgleichen wohl fühlen. Insbesondere Strauchrosen bilden, umgeben von passenden Sträuchern, Stauden und Zwiebelblumen, einen anmutigen Mittelpunkt in jeder sonnigen Ecke. Hier hält eine hellgoldene Rose ein Arrangement in Gelb und Blau zusammen, in dem Brandkraut einen Hügel aus filzigem, grauem Laub bildet. Blaue und weiße Hyazinthen stehen steif zwischen Büschen aus blaublühenden Kaukasusvergißmeinnicht. Ihre winzigen regelmäßigen Blüten erinnern an blaues Blütendekor auf Chinaporzellan.

SOMMERLICHE TAGLILIEN

Die hier verwendete Taglilie *Hemerocallis* ›Marion Vaughn‹ hat aufrechte Stengel mit zahlreichen duftenden, zitronengelben Trichterblüten, die nur einen Tag halten.

Eine herrliche goldene Rose

Diese Pflanzung eignet sich für eine Ecke, die vor einer Mauer oder einem Zaun liegt, so daß die Pflanzen nur von einer Seite zu sehen sind. Als Blickfang wird eine Rose wie ›Frühlingsgold‹ verwendet, die einen guten Stand hat. Großblumige Teerosen sind hier ungeeignet, da sie zu steif und sperrig wirken. ›Frühlingsgold‹ hat große, fast ungefüllte Blüten in reinem Gelb, die später verblassen. Besonders schön sind ihre Staubblätter, die die Blüten mit goldenen und braunen Tupfen schmücken. Die Rose hat einen kräftigen, aufrechten Wuchs, ist ein freundlicher Nachbar und kann gut unterpflanzt werden.

Eine Menge hübscher Begleiter

Rosen haben allgemein kein attraktives Laub, doch kann man diesen Mangel durch die Pflanzen ihrer Umgebung kompensieren. Das Brandkraut bildet einen runden Busch aus immergrünen Blättern und verdeckt die kahlen Triebe an der Basis der Rose. Taglilien und Iris setzen Höhenakzente zwischen den weichen Kissen der anderen Pflanzen. Die Blätter der Iris haben eine leuchtende, frische Farbe. Auch die Frühlingsblätter der Taglilien sind schön und saftig. Oft gehören sie zu den ersten Stauden, deren Blätter noch während der kalten Wintertage, an denen man begierig auf Lebenszeichen wartet, erscheinen. Für diese Pflanzung verwendet man statt orange- oder rotbraunen Sorten besser eine gelbe Form wie ›Marion Vaughn‹, ›Cartwheels‹ oder ›Hypericon‹.

Die Horn-Bleiwurz steht im Spätsommer auf dem Höhepunkt ihrer Pracht und ist dann mit leuchtendblauen Blüten bedeckt. Im Herbst färbt sich ihr Laub in tiefes, leuchtendes Rot.

GESTALTERISCHE ASPEKTE

Duftender Blickfang
Eine duftende Rose bildet den Mittelpunkt dieses Eckbeets.

Frische Farben
Eine begrenzte Farbkomposition in komplementären Tönen von Gelb bis Orange und Violett bis Blau.

Frühjahr und Sommer
Hyazinthen und Tulpen sorgen im Frühjahr, bevor die Stauden und Sträucher des Sommers erscheinen, für Farbe.

PFLANZPLAN

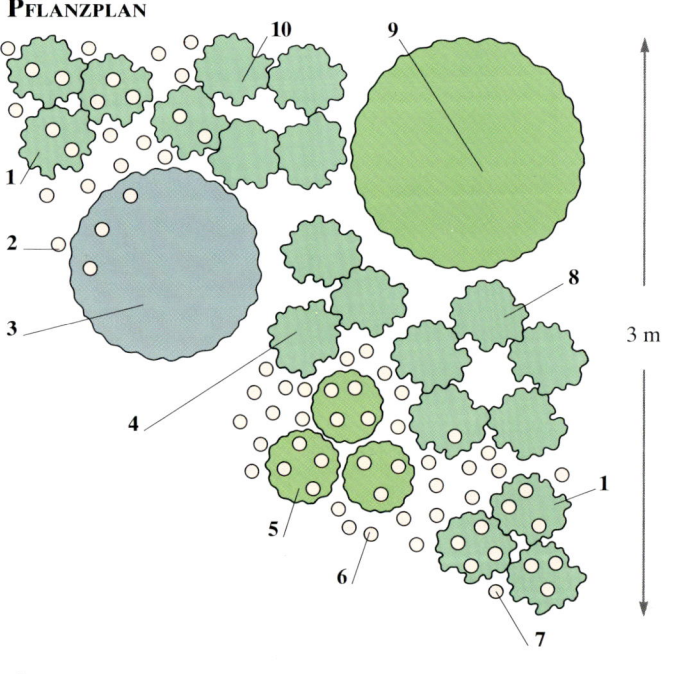

3 m

3 m

PFLANZENLISTE

1 *Brunnera macrophylla* ›Hadspen Cream‹ (Kaukasusvergißmeinnicht), 6 ×

2 *Hyacinthus orientalis* ›Delft Blue‹ und ›L'Innocence‹ (Hyazinthen), 25 ×

3 *Phlomis fruticosa* (Brandkraut), 1 ×

4 *Hemerocallis* ›Marion Vaughn‹ (Taglilie), 3 ×

5 *Ceratostigma willmottianum* (Horn-Bleiwurz), 3 ×

6 *Tulipa* ›Candela‹ (Fosteriana-Tulpe), 25 ×

7 *Tulipa* ›Bellona‹ (einfache frühe Tulpe), 25 ×

8 *Campanula lactiflora* ›Prichard's Variety‹ (Glockenblume), 5 ×

9 *Rosa* ›Frühlingsgold‹, 1 ×

10 *Iris sibirica*, 5 ×

Summertime Blues

*Diese Rabatte ist im Frühsommer am schönsten, wenn die
Rose in voller Blüte steht. Sie wird ergänzt durch* Iris sibirica, *doch man kann auch eine andere blaublühende Iris
verwenden. Blau sind auch die Vergißmeinnichtblüten
von* Brunnera macrophylla ›Hadspen Cream‹ *mit ihrem
schönen panaschierten Laub.*

Brandkraut
Sowohl Stengel als auch
Blätter von *Phlomis fruticosa* sind mit graugrü-
nem Filz bedeckt. Im
Sommer werden sie
durch gelbe Blü-
tenquirle belebt.

Frühlingspflanzung

*Blau und Gelb zeigen sich schon im Frühjahr, wenn
die Tulpen die Hauptrolle übernehmen und mit blau-
en und weißen Hyazinthen konkurrieren. Die Taglilien haben bereits 30 cm hohe Blätter, die dem
auffälligen, lanzenförmigen Laub der Iris ähneln.*

Hyazinthen
Hyacinthus orientalis
›Delft Blue‹ hat kobalt-
blaue Blüten, die sich früh
öffnen. ›L'Innocence‹
trägt wachsartige weiße
Blüten, die locker am Stiel
sitzen. Getriebene Zwie-
beln, die man nach der
Blüte im Haus ins Freie
pflanzt, brauchen viel-
leicht ein oder zwei
Wachstumsperioden, um
sich zu erholen, blühen
dann aber gut.

Tulpen
Tulipa ›Bellona‹ ist eine ungefüllte, frühe Sorte, die gewöhnlich Mitte des Frühjahrs tief-
goldgelbe Blüten trägt. ›Candela‹ kann noch früher blühen.
Sie ist etwas höher und hat eine ebenso schöne Farbe – ein
weiches, klares Goldgelb.

Rose
Rosa ›Frühlingsgold‹ trägt nur einmal pro Jahr Blüten,
aber sie öffnen sich früh und duften herrlich.

Iris
Obwohl *Iris sibirica* am besten in feuchter
Erde und voller Sonne gedeiht, ist sie anpassungsfähig und toleriert vielfältige Wachstumsbedingungen.

Glockenblume
Campanula lactiflora ›Prichard's
Variety‹ ist für die meisten Strauch-
rosen ein idealer Partner. An windigen
Plätzen muß sie gestützt werden.

Taglilie
Taglilien sind nicht nur wegen ihrer Blüten,
sondern auch wegen ihres früh erscheinenden
Laubes nützlich. Die wüchsige *Hemerocallis*
›Marion Vaughn‹ blüht in reinem Zitronengelb.

Horn-Bleiwurz
Im Winter muß *Ceratostigma willmottianum* vielleicht bis auf Bodenhöhe zurückgeschnitten werden,
doch im Spätsommer trägt sie prächtige blaue Blüten.

Kaukasusvergißmeinnicht
Vergißmeinnichtartige Blüten
stehen in großer Zahl an langen
Stielen über den panaschierten
Blättern von *Brunnera macro-
phylla* ›Hadspen Cream‹. Die
Pflanze wächst am besten in
feuchter Erde und etwas
Schatten.

Frühjahr

Brandkraut und Horn-Bleiwurz pflanzen. Welke Blüten der Tulpen entfernen, die Blätter natürlich absterben lassen. Gesiebten Kompost um die Iris verteilen. Die Rose mulchen und zur Prophylaxe gegen Pilzkrankheiten mit Schachtelhalmbrühe oder einem biologischen Stärkungsmittel spritzen.

Sommer

Die Rose – auch vorbeugend – mit Brennesselbrühe gegen Blattläuse gießen und spritzen. Beim Brandkraut lange, dünne Triebe nach der Blüte zurückschneiden. Abgeblühte Blütentriebe von Taglilien und Kaukasusvergißmeinnicht herausnehmen. Blätter der Iris natürlich welken lassen.

Herbst

Glockenblumen, Kaukasusvergißmeinnicht und Taglilien pflanzen. Alte Pflanzen teilen. Iris pflanzen, dabei die Rhizome nicht tiefer als 2,5 cm setzen. Hyazinthen und Tulpen pflanzen. Glockenblumen nach der Blüte abschneiden.

Winter

Die Rose pflanzen, dabei reichlich Humus einarbeiten. In den folgenden Jahren die Rose leicht schneiden und ein oder zwei alte Stämme an der Basis herausnehmen.

Partner für eine Strauchrose

Frühjahrsblühende Zwiebelblumen wie Hyazinthen und Tulpen eignen sich hervorragend für Pflanzungen, die sich um eine Rose oder einen anderen sommerblühenden Strauch gruppieren. Sie sorgen für Reiz, bevor Stauden und Sträucher vollkommen erwacht sind, und bieten Abwechslung, denn die Verwendung neuer Sorten verändert die Pflanzung jedes Jahr ein wenig.

Tulpen halten sich im Boden nicht immer gut und müssen möglicherweise alle zwei bis drei Jahre ersetzt werden. Aber dies ist nicht unbedingt ein Nachteil, sondern eröffnet immer wieder neue Kombinationsmöglichkeiten. So kann man mit verschiedenen Formen und Farben experimentieren und beispielsweise einer frühblühenden einfachen Tulpe wie ›Bellona‹ eine noch frühere Fosteriana-Tulpe wie ›Candela‹ vorausgehen lassen.

Achten Sie darauf, daß Sie die Zwiebeln tief genug pflanzen, damit Sie sie beim Unkrautjäten nicht versehentlich aufspießen.

Wenn Sie möchten, daß Ihre Tulpen Jahr für Jahr wieder blühen, nehmen Sie sie am besten am Ende jeder Blühperiode heraus und lassen sie abtrocknen, um sie anschließend bis zur nächsten Saison an einem mäusesicheren, trockenen Platz einzulagern. Einfacher ist es aber, Tulpen einjährig zu behandeln und jeden Herbst neue zu pflanzen.

Rosa ›**Frühlingsgold**‹ *Strauchrose mit duftenden, reingelben Frühsommerblüten.*
H 2 m, B 1,5 m.

Hyacinthus orientalis ›**L'Innocence**‹ *Zwiebelblume mit elfenbeinfarbenen Blüten.*
H bis 20 cm, B 10 cm.

Phlomis fruticosa (**Brandkraut**) *Immergrüner, jedoch nicht sehr frostresistenter Strauch mit wolligen, grauen Blättern.*
H und B 75 cm.

Hemerocallis ›**Marion Vaughn**‹ (**Taglilie**) *Staude mit gelben Hochsommerblüten.*
H 1 m, B 60 cm.

Tulipa ›**Candela**‹ (**Fosteriana-Tulpe**) *Zwiebelblume, die Mitte des Frühjahrs gelb blüht.*
H 40 cm, B 20 cm.

Ceratostigma willmottianum (**Horn-Bleiwurz**) *Sommergrüner Strauch mit leuchtendblauen Herbstblüten. Braucht Frostschutz. H und B 1 m.*

Iris sibirica *Rhizombildende Staude mit purpurblauen Spätfrühjahrsblüten. H 1–1,2 m, B unbegrenzt.*

Hyacinthus orientalis ›**Delft Blue**‹ *Zwiebelblume mit tiefblauen Winter- oder Frühjahrsblüten.*
H bis 20 cm, B 10 cm.

Tulipa ›**Bellona**‹ (**einfache frühe Tulpe**) *Zu Frühjahrsbeginn blühende Zwiebelblume mit goldenen Blüten.*
H 40 cm, B bis 20 cm.

Campanula lactiflora »**Prichard's Variety**‹ *Staude, die im Sommer Glockenblüten trägt.*
H 1,2 m, B 60 cm.

Brunnera macrophylla ›**Hadspen Cream**‹ *Staude mit blauen Vergißmeinnichtblüten.*
H 45 cm, B 60 cm.

Abwandlung des Pflanzplans

Wer eine Ecke hat, die wirklich warm, trocken und geschützt ist, zu warm und trocken für eine Rose, kann einige der ursprünglichen Pflanzen durch diese Auswahl empfindlicherer Arten ersetzen. Alle hier verwendeten Pflanzen vertragen im Sommer Trockenheit, aber keine harten Winterfröste. Mehrere haben das für trockenheitsresistente Pflanzen typische graue Laub.

Pflanzen für einen trockenen geschützten Platz

Die Cootamundra-Akazie wird wegen ihres stark gefiederten Laubs verwendet, das eher an blaue Federbüsche als an Blätter erinnert. Sie wird größer als die Rose, doch in ihrer duftigen Leichtigkeit wirkt sie nie dominant. Die Blauraute, die aus Afghanistan und Tibet kommt, ist robuster und hat mit ihren tiefgeteilten Blättern, die unterseits grauweiß sind, ein mediterranes Aussehen.

Die hohen stattlichen Blütenstände der Königskerze erheben sich aus filzigen, weißen Blattrosetten. Die Alpendistel stammt aus einer Gattung, deren Mitglieder durchweg reizvoll sind. Ihre kräftigen blauen Stengel sind mit ungewöhnlichen Blütenköpfen besetzt, die von kunstvollen Krausen in dem gleichen Stahlblau umgeben sind. Mit dem Welken verblassen sie, verlieren aber kaum an Reiz.

Perovskia atriplicifolia ›**Blue Spire‹ (Blauraute)** Sommergrüner Halbstrauch mit Trieben in fahlem Graugrün und zahlreichen violettblauen Blütenständen, die vom Spätsommer bis Herbstmitte erscheinen. H 1,2 m, B 75 cm.

Acacia baileyana **(Cootamundra-Akazie)** Anmutiger immergrüner Baum mit überhängenden Zweigen, die mit blaugrauen Blättern bedeckt sind und im Winter und Frühjahr kleine, flaumige, goldene Blüten tragen. H 6 m, B 5 m.

Verbascum olympicum **(Königskerze)** Zweijährige Pflanze mit großen, grauen, filzigen Blättern und hohen, flaumigen Stengeln, an denen im Hoch- und Spätsommer gelbe Blüten stehen. H 2 m, B bis 1 m.

Eryngium alpinum **(Alpendistel)** Aufrecht wachsende Staude mit tiefgezähnten, glänzenden Blättern, über die sich während des Sommers konische, von weichen Hüllblättern umgebene Blütenköpfe erheben. H 1 m, B 60 cm.

Argyranthemum frutescens syn. *Chrysanthemum frutescens* ›**Jamaica Primrose‹ (Strauchmargerite)** Buschige immergrüne Staude mit filigranen Blättern und hellgelben Sommerblüten. H und B bis 1 m.

MAUERN UND PERGOLEN

———— ❧ ————

Wenn alle horizontalen Flächen begrünt sind, können Sie Pflanzen an Spalieren, Kletter-gerüsten, Mauern oder den Bogen einer Pergola in den Himmel wachsen lassen. Diese senkrechten Grünflächen müssen in ihren Proportionen mit den übrigen Pflanzungen harmonieren und sich gut in die Gesamt-gestaltung des Gartens einfügen. So sollte ein schön angelegter Weg unter einer üppig bepflanzten Pergola zu einem reizvollen Ort führen und nicht gerade zum Komposthaufen.

GROSSARTIGER ZIERWEIN
Die Blätter von *Vitis coignetiae* können die Größe von Eßtellern erreichen. Im Herbst färben sie sich leuchtend karminrot.

GESTALTERISCHE ASPEKTE

Himmlischer Duft
Rosen und Glyzinen erfüllen die Luft mit Wohlgeruch und machen es zu einem noch größeren Vergnügen, unter der Pergola zu sitzen oder spazierenzugehen.

Üppiges Laub
Laubreiche Pflanzen wie Weinreben lassen den Eindruck üppiger Fülle entstehen.

Blütenreicher Sommer
Clematis, Glyzinen und Rosen sorgen im Spätfrühjahr und Sommer für großartige Blütenpracht.

PFLANZEN FÜR EINE PERGOLA

Fresken in Pompeji, jener römischen Stadt, die durch einen Vesuvausbruch verschüttet wurde, zeigen, daß schon vor dem Jahr 79 n. Chr. Pergolen im Garten beliebt waren. Mit Kletterpflanzen begrünt, kann aus einer Pergola ein lebender Wandelgang werden. Hüllen Sie sie mit Clematis, Rosen und Wein ein, und verwenden Sie sie als Überdachung für einen Weg oder als Verbindung zwischen zwei Gartenbereichen.

In Pompeji wuchs vermutlich Wein an den Pergolen. Er lieferte Trauben und spendete zudem noch Schatten. In warmen Ländern ist letzteres noch heute die wichtigste Aufgabe von Pergolen, auf denen die Pflanzen ein lebendes Dach aus Grün bilden.

Standort und Materialien

Eine Pergola sollte einen Platz erhalten, an dem sie nicht sinnlos steht. Sie muß irgendwo hinführen und darf nicht aussehen, als sei sie zufällig an dieser Stelle vom Himmel gefallen. Wer seine Pergola selbst baut, sollte auf Stabilität achten. Rankender Wein hat in belaubtem Zustand ein erstaunliches Gewicht und der sich windende Stamm einer Glyzine verblüffende Kraft. Auch wenn er langsamer sein mag als eine *Boa constrictor,* ist sein Würgegriff doch ebenso fest. Zum Bau von Pergolen eignen sich Holz, Ziegel, Stein und Eisen, der Stil wird gewöhnlich von den verwendeten

Materialien mitbestimmt. Die solideste Konstruktion besteht aus Stein- oder Ziegelpfeilern, auf die Holzbalken gelegt werden. Besonders hübsch und leicht wirken Pergolen, die aus Spalieren gebaut wurden, und sie haben zudem den Vorteil, daß sich Pflanzen an ihnen gut festhalten oder Triebe bequem aufgebunden werden können. Man sollte aber ein möglichst stabiles Spalier verwenden.

Begrünung

Beliebte Pflanzen für Pergolen sind Clematis, die allein gepflanzt aber dürftig wirken können. Wählen Sie daher zunächst einige hübsche laubreiche Pflanzen, die das nackte Skelett begrünen, und fügen Sie anschließend Clema-

PFLANZENLISTE

1 *Wisteria sinensis* (Glyzine), 1 ×
2 *Clematis viticella* ›Mme Julia Correvon‹, 1 ×
3 *Rosa* ›Félicité Perpétuée‹, 1 ×
4 *Solanum jasminoides* ›Album‹ (Nachtschatten), 1 ×
5 *Vitis coignetiae* (Zierwein), 1 ×
6 *Clematis* ›The President‹, 1 ×
7 *Rosa* ›Rambling Rector‹, 1 ×
8 *Clematis macropetala*, 1 ×
9 *Clematis* ›Elsa Spath‹, 1 ×
10 *Vitis vinifera* ›Purpurea‹ (Weinrebe), 1 ×
11 *Wisteria floribunda* ›Alba‹ (Glyzine), 1 x
12 *Clematis viticella* ›Étoile Violette‹, 1 x

PFLANZPLAN

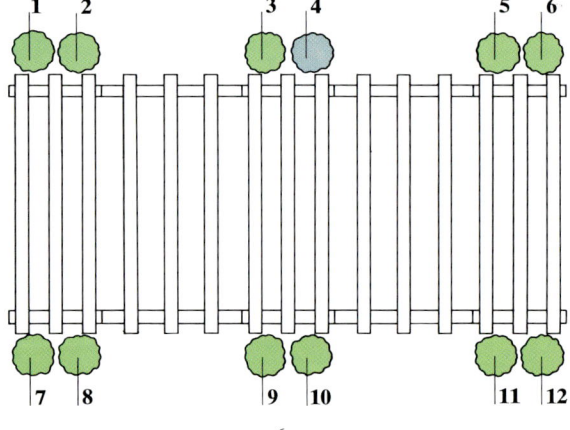

Ein Baldachin aus Farben
Im Spätfrühjahr und Frühsommer tragen die Glyzinen schwere Blütentrauben in Fliederfarben und Weiß. Auch einige der Clematis recken ihre Blüten schon durch den Vorhang aus Laub.

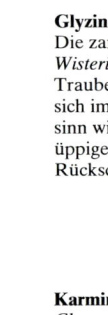

Glyzine
Die zartlila Blüten von *Wisteria sinensis* hängen in Trauben von Trieben, die sich im Gegenuhrzeigersinn winden. Für eine üppige Blüte ist starker Rückschnitt erforderlich.

Karminrote Clematis
Clematis viticella ›Mme Julia Correvon‹ gehört zu der großen Gruppe der Viticella-Cultivare, die im Spätsommer blühen und im Spätwinter kräftig zurückgeschnitten werden können.

tis hinzu, so als würden Sie einen Kuchen dekorieren. Ideal eignen sich Weinreben, von denen es grün- oder purpurblättrige Formen gibt. Versuchen Sie es mit *Vitis* ›Brant‹, *V. vinifera* ›Purpurea‹ oder der süßen Sorte *V.* ›Concord‹.

Ebenfalls gut geeignet für Pergolen sind Glyzinen, deren lange Blütenstände wie die Trauben einer Rebe herabhängen. Bei den Rosen wählt man vielblüti-

ge Kletterrosen wie ›Rambling Rector‹. Einige insbesondere aus großblumigen Typen hervorgegangene Formen haben für diesen Verwendungszweck einen zu steifen Wuchs.

Für eine lange Pergola nimmt man mehrere Exemplare der gleichen Pflanzen, kombiniert sie aber unterschiedlich. Dies trägt dazu bei, der Pflanzung einen einheitlichen und geschlossenen Eindruck zu verleihen.

Violette Clematis
Formen von *C. viticella* wie die dunkelviolette Sorte ›Étoile Violette‹ sind winterhart und leiden selten unter Welke.

Blaßrosa Rose
Die langen, schlanken Triebe von *Rosa* ›Félicité Perpétuée‹ sind an einer Pergola recht leicht zu kontrollieren. Ihre gefüllten Blüten duften süß.

Nachtschatten
Die weißen Blüten von *Solanum jasminoides* ›Album‹ öffnen sich im Sommer und Herbst über lange Zeit.

Weiße Glyzine
Die Triebe von *Wisteria floribunda* ›Alba‹ ranken in Linkswindungen empor. Sie müssen erzogen und gut aufgebunden werden.

Zierwein
Vitis coignetiae ist eine hübsche, außerordentlich wuchsfreudige Rebe, deren Blätter 30 cm Durchmesser erreichen können.

Purpurne Clematis
Clematis ›The President‹ blüht im Frühsommer und trägt zahlreiche einzelne purpurlila Blüten mit silbrigen Unterseiten.

Cremefarbene Rose
Die einzelnen Blüten von *Rosa* ›Rambling Rector‹ sind zwar winzig, aber da sie in großen Büscheln stehen, ist die Gesamtwirkung üppig.

Zierwein
Vitis vinifera ›Purpurea‹ ist einer der schönsten Weine für Pergolen mit herrlichem dunkelpurpurnem Laub, das sich im Herbst flammend karminrot färbt.

Blaue Clematis
Die frühblühende *Clematis macropetala* hat helles, farnartiges Laub und schöne gefüllte, blaulila Blüten.

Lavendelfarbene Clematis
Clematis ›Elsa Spath‹ blüht oft zweimal im Jahr. In der Mitte ihrer tief lavendelblauen Blüten stehen rötliche Staubbeutel.

Kletterpflanzen für eine Pergola

Das Erfolgsgeheimnis einer schön bepflanzten Pergola liegt in geduldigem Erziehen. Wenig, aber oft sollte hier das Motto lauten. Diese Arbeit können Sie an Sommerabenden durchführen, während das Abendessen auf dem Herd steht. Die notwendigen Arbeitsutensilien – Gartenschere, weiche, braune Schnur oder Bast, Pflanzenbinder – bewahren Sie in einem kleinen Korb auf, den Sie auf Ihren abendlichen Spaziergang mitnehmen. Während die Clematistriebe wachsen, lenken Sie jeden in eine andere Richtung, damit die Blüten später eine möglichst große Fläche bedecken. Glyzinen sollten Sie zweimal im Jahr schneiden, nur dann blühen sie üppig.

KULTUR UND PFLEGE

Frühjahr
Glyzinen, Wein, Rosen und Clematis mulchen. Neue Triebe von Glyzinen, Wein und Rosen aufbinden. Nachtschatten pflanzen und sorgfältig festbinden. In den folgenden Jahren schwache Triebe herausnehmen und frostgeschädigte Triebe zurückschneiden. Clematis pflanzen. ›Elsa Spath‹ und ›The President‹ können einen leichten Schnitt erhalten, indem man alte, abgestorbene Triebe herausnimmt. *C. macropetala* braucht keinen regelmäßigen Schnitt.

Sommer
Glyzinentriebe erziehen und aufbinden. Triebe, die für das Grundgerüst nicht gebraucht werden, um die Hälfte kürzen.

Herbst
Glyzinen und Weinreben pflanzen und gut an ihre Stützen binden. Die Rosen nach der Blüte losbinden und einige der alten Blütentriebe herausschneiden. Neue, biegsame Triebe aufbinden.

Winter
Glyzinen im Spätwinter kräftig zurückschneiden. Rosen pflanzen und stark zurückschneiden, damit sie kräftige junge Triebe entwickeln. Im Spätwinter *Clematis-viticella*-Sorten auf 45 cm über dem Boden zurücknehmen.

Wisteria floribunda ›Alba‹ (Glyzine) *Sommergrüner, schlingender Strauch mit duftenden, weißen Frühsommerblüten. H bis 9 m.*

Clematis viticella ›Mme Julia Correvon‹ *Sommergrüne Kletterpflanze mit roten Sommerblüten. H 2,5–3,5 m, B 1 m.*

Rosa ›Rambling Rector‹ *Wuchsfreudige Schlingrose mit Büscheln aus duftenden, cremefarbenen Sommerblüten. H bis 6 m.*

Solanum jasminoides ›Album‹ (Nachtschatten) *Halbimmergrüne mit weißen Sternblüten. Benötigt Frostschutz. H bis 6 m.*

Rosa Félicité Perpétuée‹ *Kletterrose mit Büscheln aus zartrosa Hochsommerblüten. H 5 m, B 4 m.*

Clematis macropetala *Sommergrüne Kletterpflanze mit blauvioletten Blüten, die sich im Spätfrühjahr und Sommer öffnen. H 3 m, B 1,5 m.*

Vitis vinifera ›Purpurea‹ (Weinrebe) *Sommergrüne, holzige Rankpflanze mit gezähnten, tiefgelappten, purpurnen Blättern. Im Spätsommer erscheinen winzige purpurne Trauben. H bis 7 m.*

Clematis ›The President‹ *Sommergrüne Kletterpflanze mit purpurnen Frühsommerblüten. H 2–3 m, B 1 m.*

Vitis coignetiae (Zierwein) *Sommergrüne Kletterpflanze mit großen, matten Blättern, die eine schöne Herbstfärbung haben. H bis 15 m.*

Clematis ›Elsa Spath‹ *Sommergrüne, großblumige Kletterpflanze mit lavendelblauen Sommerblüten. H 2–3 m, B 1 m.*

Wisteria sinensis (Glyzine) *Sommergrüne Kletterpflanze mit fliederfarbenen Frühsommerblüten. H bis 30 m.*

Clematis viticella ›Étoile Violette‹ *Sommergrüne Kletterpflanze mit dunkelvioletten Blüten. H 3–4 m, B 1,5 m.*

Abwandlung des Pflanzplans

Beim Begrünen einer Pergola sollte stets Laub die wichtigste Rolle spielen. Doch es dauert seine Zeit, bis Weinreben und Glyzinen den für sie vorgesehenen Raum einnehmen. Gärtner, die es eilig haben, können mit schnell wachsenden Pflanzen in kurzer Zeit schöne Resultate erzielen. Wenn Sie den zarten Farben der Pflanzung etwas Pfiff verleihen wollen, beziehen Sie Kletterpflanzen wie Schönranke und Trompetenblume ein, die in fröhlichen Orange- und Rottönen blühen.

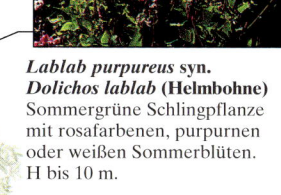

***Lablab purpureus* syn. *Dolichos lablab* (Helmbohne)** Sommergrüne Schlingpflanze mit rosafarbenen, purpurnen oder weißen Sommerblüten. H bis 10 m.

Wuchsfreudige Kletterpflanzen

Verwenden Sie anstelle der Weinreben rasch wachsende, frostempfindliche Kletterpflanzen, die die Pergola bald begrünen. Zudem werden Sie die Clematis opfern müssen, da sich ihre Triebe mit den nicht winterharten Kletterpflanzen verschlingen würden und diese am Ende der Wachstumsperiode nicht mehr entfernt werden könnten.

Glockenrebe und Helmbohne sind beides wuchsfreudige Pflanzen. Die Winde ist etwas zahmer und kann anstelle des Nachtschattens durch die Rose hindurchwachsen. Ihre himmelblauen Blüten sind schön, aber kurzlebig. Sie öffnen sich am Morgen und welken am Nachmittag.

***Convolvulus tricolor* ›Heavenly Blue‹ (Prachtwinde)** Rasch wachsende einjährige Schlingpflanze, die im Sommer und Frühherbst mit atemberaubenden Blüten in reinstem Blau bedeckt ist. H bis 3 m.

***Cobaea scandens* (Glockenrebe)** Frostempfindliche Kletterpflanze, die häufig einjährig gezogen wird. Ihre gelbgrünen Blüten färben sich nach dem Öffnen violett. H 4–5 m.

***Tropaeolum speciosum* (Kapuzinerkresse)** Sommergrüne Kletterpflanze mit scharlachroten Blüten, denen leuchtendblaue Früchte folgen. H bis 3 m.

Flammende Farben

Diese Pflanzen lassen Ihre Pergola im Sommer und Herbst in feurigen Farben erglühen. Zwischen einem Teppich aus handförmigen Blättern stehen wie züngelnde Flammen die Blüten der Kapuzinerkresse. Sie dienen dazu, die Weinrebe aufzuheitern, während die Schönranke in dem Laub der Glyzine flackert. Die Pflanzung der Trompetenblume lohnt nur in milden Gegenden, da sie einen langen Sommer braucht, um sich schön zu entwickeln. Als Ersatz für eine Rose gepflanzt, verändert sie die Stimmung der Pergola und verleiht ihr eine ungewöhnliche, tropische Wirkung.

***Campsis* × *tagliabuana* ›Mme Galen‹ (Trompetenblume)** Sommergrüne Kletterpflanze mit leuchtendorangefarbenen Blüten, die im Hoch- und Spätsommer erscheinen. H bis 10 m.

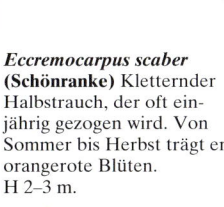

***Eccremocarpus scaber* (Schönranke)** Kletternder Halbstrauch, der oft einjährig gezogen wird. Von Sommer bis Herbst trägt er orangerote Blüten. H 2–3 m.

FARBE FÜR HERBST UND WINTER

Mauern werden oft dann ihrer Kleider beraubt, wenn sie sie am nötigsten brauchen. Hier wurden daher nur Kletterpflanzen und Sträucher verwendet, die Mauern auch im Herbst und Winter einhüllen. Für herbstliche Farben sorgen die flammenden Töne einer Jungfernrebe. Der Feuerdorn trägt im Winter leuchtende Früchte, und der Winterjasmin bietet auch dem schlimmsten Winterwetter mit leuchtendgelben Blüten die Stirn.

LEBENDE KLEINODE
Wie Perlen stehen, dicht an dicht, die Beeren von *Pyracantha* ›Golden Charmer‹ an den Zweigen und bilden einen schönen Kontrast zu den immergrünen Blättern.

KULTUR UND PFLEGE

Frühjahr
Jasminum humile, *Garrya* und Clematis pflanzen. Alle Sträucher gut mulchen.

Sommer
Den Feuerdorn, falls notwendig, erziehen. Clematistriebe durch die *Garrya* lenken.

Herbst
Feuerdorn, Jungfernrebe und *J. nudiflorum* pflanzen. Jungfernrebe gegebenenfalls zurückschneiden.

Winter
Feuerdorn, falls notwendig, schneiden. Im Spätwinter die Clematis auf 45 cm über dem Boden zurücknehmen.

PFLANZPLAN

Warme Farben für eine kühle Wand

Sie könnten diese Pflanzen vor eine Hauswand setzen, da gerade Häuser besonders traurig und nackt wirken, wenn der einsetzende Frost sie all ihres Sommerschmucks beraubt hat. Vergeuden Sie aber nicht eine geschützte, sonnige Wand an unempfindliche Sträucher wie einen Feuerdorn.

Mit Ausnahme besonders exponierter, kalter Plätze eignet sich diese Pflanzung ideal für eine Mauer oder einen Zaun an einem kühlen oder teilweise beschatteten Platz. Ihr fröhliches Gelb, Orange und Rot läßt im Halbschatten zumindest die Illusion von Wärme entstehen.

Nur *Jasminum humile* und *Garrya* werden sich an sehr exponierten Stellen nicht wohl fühlen und kränkeln. Die anderen Pflanzen sind aus härterem Holz geschnitzt. In kalten Gegenden kann man diese beiden nicht ganz so winterharten Sträucher durch eine Zier-

Lebende Wand
Ein formal gezogener Feuerdorn bildet einen hübschen Kontrast zu dem üppigen Laub der anderen Sträucher und Kletterpflanzen. Die leuchtenden Farben der Blüten, Blätter und Beeren heitern selbst die düsterste Wand auf.

PFLANZENLISTE
1 *Parthenocissus tricuspidata* ›Lowii‹ (Jungfernrebe), 1 ×
2 *Pyracantha* ›Golden Charmer‹ (Feuerdorn), 1 ×
3 *Clematis tangutica*, 1 ×
4 *Garrya elliptica*, 1 ×
5 *Jasminum humile*, 1 ×
6 *Jasminum nudiflorum* (Winterjasmin), 1 ×

quitte, einen *Cotoneaster horizontalis* oder eine Forsythie ersetzen.

Feuerdorn sieht interessanter aus, wenn man ihn sorgfältig erzieht. Seine langen, geraden Zweige lassen sich leicht zu Quadraten und Rhomben formen oder strahlenförmig auseinanderziehen. Hier führt man einen Zweig horizontal unter einem Fenster entlang oder lenkt den Hauptstamm neben einem Fenster empor und bindet die Triebe so auf, daß ein Spiegelbild des Fensters entsteht – ein grünes, wachsendes Fenster, das durch Sprossen unterteilt ist.

Jungfernrebe
Die flammendgefärbten Blätter von *Parthenocissus tricuspidata* ›Lowii‹ sind auffällig gezähnt.

Feuerdorn
Pyracantha ›Golden Charmer‹ ist eine schnellwachsende Sorte mit relativ aufrechtem Wuchs und leuchtenden Herbstbeeren.

10 m

   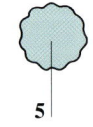 

1   2   3   4   5   6

Blickfänge in endloser Folge

Im Herbst werden die feurigen Beeren des Feuerdorn – je nach Typ gelb, orange oder rot – durch die karminroten Blätter der Jungfernrebe und die Fruchtstände der Clematis ergänzt. *Garrya* trägt im Spätwinter zarte, hängende Kätzchen in hellem Graugrün; doch nach dieser spektakulären Vorstellung ruht sie sich während des übrigen Jahres still aus. Ihr Laub ist immergrün, was für sie spricht, und man kann ihr Sommerkleid fröhlicher machen, indem man eine Clematis wie *C. tangutica* in ihr wachsen läßt. Die Kätzchen der weiblichen Pflanzen sind weniger auffällig als die männlicher. ›James Roof‹ ist eine der schönsten Sorten mit besonders langen Kätzchen und purpurn überlaufenen Blütenkelchen.

Auch das Frühjahr ist nicht ohne Attraktionen: Der immergrüne gelbblühende Jasmin, *Jasminum humile,* setzt nun nach seinem Verwandten, dem Winterjasmin, den Blütenreigen fort. Einen kräftigeren Kontrast könnte man mit dem aufrechter wachsenden *Piptanthus nepalensis* entstehen lassen, der im Frühjahr und Frühsommer mit leuchtendgelben Schmetterlingsblüten bedeckt ist.

Parthenocissus tricuspidata ›Lowii‹ (Jungfernrebe) *Wuchsfreudige sommergrüne Kletterpflanze mit tiefgeteilten, gezähnten Blättern, die sich im Herbst leuchtend karminrot färben. H bis 20 m.*

Clematis tangutica *Spätblühende sommergrüne Kletterpflanze, die im Sommer und Frühherbst gelbe Laternenblüten trägt. Ihnen folgen seidige, silbrige Fruchtstände. H bis 6 m, B 3 m.*

Jasminum humile *Immergrüner Strauch mit leuchtendgelben Blüten, die vom Frühjahr bis zum Herbst an seinen langen, schlanken Zweigen erscheinen. H 2,5 m, B 2,2 m.*

Pyracantha ›Golden Charmer‹ (Feuerdorn) *Immergrüner Strauch mit glänzenden Blättern. Seinen weißen Sommerblüten folgen im Frühherbst orangefarbene Beeren. H und B 3 m.*

Garrya elliptica *Immergrüner buschiger Strauch mit ledrigen Blättern. Von Wintermitte bis Frühjahrsbeginn trägt er lange, graugrüne Kätzchen. H 4 m, B 3 m.*

Jasminum nudiflorum (Winterjasmin) *Sommergrüner Strauch mit dunkelgrünen Blättern und gelben Blüten, die im Winter und zu Frühjahrsbeginn an den kahlen Trieben stehen. H und B 3 m.*

Clematis
Die seidigen Fruchtstände von *Clematis tangutica* sind ein ebenso schöner Schmuck wie ihre nickenden Blüten.

Garrya
Da *Garrya elliptica* nicht vollkommen winterhart ist, tut ihr im Winter der Schutz einer Mauer gut.

Jasmin
Der buschige immergrüne *Jasminum humile* geht leicht in die Breite und sieht daher, wie hier, an einer Stütze gezogen schöner aus.

Winterjasmin
Jasminum nudiflorum ist einer der verbreitetsten winterblühenden Sträucher und während der kältesten Wintermonate ein besonders erfreulicher Anblick.

ZARTE PERFEKTION
Die Blüten von *Rosa* ›Mme Alfred Carrière‹ duften schwer und haben einen exquisiten Cremeton mit schwachem rosa Hauch.

GESTALTERISCHE ASPEKTE

Dekorative Unterteilung
Durch mit Kletterpflanzen begrünte Trennelemente kann ein langer, schmaler Garten in leichter handhabbare und schöner proportionierte Bereiche unterteilt werden.

Kostbares Gold
Goldhopfen läßt einen leuchtenden Hintergrund für die Blüten von Rosen, Geißblatt und Clematis entstehen.

Duftschwaden
Im Sommer verströmen altmodische Kletterrosen, weißer Jasmin und Girlanden aus aprikosenfarbenem Geißblatt Wohlgeruch.

Bunter Teppich
Kletterpflanzen verschmelzen zu einem lebenden Wandteppich aus Gelb, Blau und Weiß.

TRENNWÄNDE IM GARTEN

Immer hat es etwas Faszinierendes und erregt die Neugier, wenn man den Garten nicht auf einmal überschauen kann. Die Unterteilung von zwei Gartenbereichen durch ein trennendes Element läßt die Illusion entstehen, daß man hinter der Trennwand eine andere Welt betritt. Eine Welt jedoch, die nicht völlig losgelöst ist von der ersten, denn die Trennwand ist natürlich und durchlässig.

Eine Trennwand ist ein nützliches Mittel, einen langen, schmalen Garten zu unterteilen. Sie läßt Räume entstehen, die leichter zu gestalten sind, und schafft zudem abgetrennte Bereiche für unterschiedliche Nutzungen, wie etwa den Anbau von Obst und Kräutern. Eine Trennwand kann im Garten dazu dienen, eine Änderung des Gestaltungsstils anzuzeigen, indem sie etwa eine formal bepflanzte Fläche von einem natürlicheren Bereich mit Obstbäumen und hohem Gras abtrennt. Zudem könnte sie den Beginn einer neuen Farbgestaltung markieren, wie den Übergang von kühlen zu warmen Farbtönen.

Stil und Eignung

Der Stil der Trennwand sollte von der Gesamtgestaltung des Gartens bestimmt werden. Eine zwanglose Wirkung entsteht durch ein schlichtes Element wie eine einseitige Pergola mit Horizontalen, Vertikalen und diagonalen Streben aus Lärchenholz. Ein solches Trennelement ist relativ preiswert und leicht mit Pflanzen zu begrünen, kann in Stadtgärten aber etwas zu rustikal wirken. Hier ist, insbesondere in Gärten mit befestigten Bodenflächen, ein Element mit architektonischem Charakter erforderlich. Für

Flower-Power
Im Frühsommer stehen Clematis, Rosen und Geißblatt auf dem Höhepunkt ihrer Pracht und hüllen das Spalier mit Farbe und Duft ein. Der Hopfen mit seinen hübschen goldgelben Blättern bildet einen kräftigen Kontrast zu dem dunkelblättrigen Jasmin.

Prächtige Clematis
In den meisten Jahren wird *Clematis* ›Lasurstern‹ zweimal blühen – einmal zu Beginn und einmal am Ende des Sommers.

Jasmin
Der seit langem im Garten gezogene *Jasminum officinale* braucht Platz, um sich ausbreiten zu können, und etwas Sonne, damit sein Holz reift und üppig Blüten trägt.

Goldhopfen
Humulus lupulus ›Aureus‹ blüht nicht so reich wie grüner Hopfen, hat aber eine schönere Blattfärbung.

Alte Rose
Die zartfarbene, süß duftende *Rosa* ›Gloire de Dijon‹ ist eine wunderschöne alte Kletterrose.

diesen Vorschlag wurde ein formal wirkendes Spalier mit kunstvollen Bogen verwendet. Beizen – sofern sie für Insekten und Pflanzen unschädlich sind – eignen sich für eine Verwendung im Freien besser als Farbe, und ein schöner Hintergrund für die Pflanzen wäre ein dunkelgrüner oder graublauer Ton.

Ein formales Trennelement, das sogar Ernten bringt, kann durch die Pflanzung von Obstkordons geschaffen werden, die an kräftigen Drähten und Pfosten, in zwei Richtungen gezogen, ein Rhombenmuster entstehen lassen.

Bepflanzung

Das Verhältnis von Pflanzen zu Konstruktion will sorgfältig überlegt sein. Wo ein kunstvoll gearbeitetes Spalier verwendet wird, sollten die Pflanzen nur als Schmuck dienen und die Konstruktion nicht vollkommen verdecken. Ist diese aber keine Zierde, sondern erfüllt eine rein funktionelle Aufgabe, sind üppigere Pflanzen erforderlich, die sie vollkommen begrünen.

PFLANZPLAN

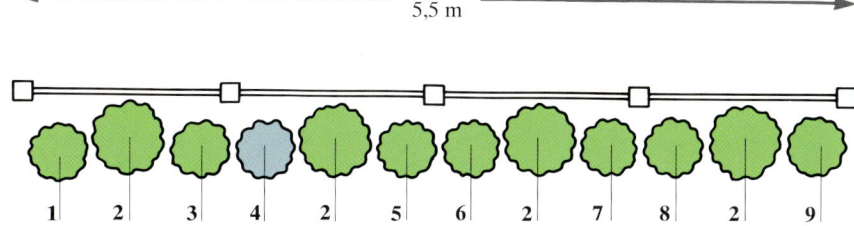

5,5 m

1 2 3 4 2 5 6 2 7 8 2 9

Hier wurde als Grundpflanze für die vier Abschnitte eines dekorativen Spaliers der Goldhopfen *Humulus lupulus* ›Aureus‹ verwendet. Seine gelben Blätter bestimmen die Auswahl der übrigen Pflanzen – cremefarbene Rosen wie ›Gloire de Dijon‹ und ›Mme Alfred Carrière‹, süß duftendes Geißblatt und Clematis in verschiedenen Blau-, Gelb- und Weißtönen.

PFLANZENLISTE
1 *Rosa* ›Gloire de Dijon‹, 1 ×
2 *Humulus lupulus* ›Aureus‹ (Goldhopfen), 4 ×
3 *Clematis* ›Lasurstern‹, 1 ×
4 *Jasminum officinale*, 1 ×
5 *Clematis orientalis* ›Bill Mackenzie‹, 1 ×
6 *Rosa* ›Mme Alfred Carrière‹, 1 ×
7 *Clematis* ›Perle d'Azur‹, 1 ×
8 *Lonicera* × *americana* (Geißblatt), 1 ×
9 *Clematis* ›Henryi‹, 1 ×

Gelbe Clematis
Die wuchsfreudige *Clematis orientalis* ›Bill Mackenzie‹ hat nickende Blüten mit dicken, tiefgelben Petalen.

Langblühende Rose
Rosa ›Mme Alfred Carrière‹ toleriert nicht nur Schatten, sondern blüht nahezu den ganzen Sommer über. Ihre weißen Blüten haben einen zartrosa Hauch.

Blaue Clematis
Die nützliche spätblühende *Clematis* ›Perle d'Azur‹ hat kobaltblaue Blüten mit grün überhauchten Staubblättern.

Geißblatt
Bei den bizarren Blüten von *Lonicera* × *americana* wurde glücklicherweise der Duft nicht zugunsten der Größe geopfert.

Weiße Clematis
Besonders hübsch sehen Clematisarten aus, bei denen Petalen und Staubblätter auffällige Farbkontraste aufweisen. *Clematis* ›Henryi‹ hat weiße Blüten mit schokoladenbraunen Staubblättern.

Pflanzen an einer Trennwand erziehen

Relativ wenige Kletterpflanzen sind selbstklimmend, und alle hier abgebildeten müssen während des Wachstums gewissenhaft an Stützen aufgebunden werden. Wie alle Kletterpflanzen muß man Hopfen, Clematis, Geißblatt, Jasmin und Kletterrosen anfangs mit Sorgfalt erziehen. Später genügen dann meist kleine Korrekturen.

Der Hopfen stirbt im Winter ab, und seine Triebe sollten zurückgeschnitten werden. Wenn er im Frühjahr mit großem Tempo wieder zu wachsen beginnt, muß man die Triebe fächerförmig aufbinden. Seine Blätter bilden einen schönen Hintergrund für Clematis, die in den seltensten Fällen besonders reizvolles Laub hat.

Kletterrosen blühen häufig besser, wenn man ihre langen Triebe herabbiegt, so daß ein langer, sanfter Bogen entsteht. Die Spannung an der Oberseite der Zweige bewirkt, daß sich hier mehr blühende Seitentriebe entwickeln als an senkrecht hochwachsenden Zweigen.

Abgesehen von der dekorativen Wirkung des Trennelements selbst hat diese Pflanzung im Winter nichts zu bieten, was in vieler Hinsicht aber ein Vorteil ist. Es erlaubt eine gute Pflege der Kletterkonstruktion, und man kann sie auch neu beizen oder streichen, ohne einen ganzen Teppich aus Grün entfernen zu müssen.

Clematis ›Lasurstern‹
Wüchsige, sommergrüne Kletterpflanze mit großen, einfachen, blauen Sommerblüten. H 2–3 m, B 1 m.

Rosa ›Gloire de Dijon‹
Kletternde Teerose mit duftenden cremerosa Blüten. Sie erscheinen im Sommer und Herbst. H 4 m, B 2,5 m.

Humulus lupulus ›Aureus‹ (Goldhopfen) *Sommergrüne Schlingpflanze mit kräftigen, behaarten Trieben und goldgelben Blättern. Im Herbst trägt sie hängende, grünliche Fruchtzapfen. H bis 6 m.*

Jasminum officinale (Echter Jasmin) *Halbimmergrüne Kletterpflanze mit duftenden, weißen Sommerblüten. H bis 12 m.*

Rosa ›Mme Alfred Carrière‹ *Kletterrose mit duftenden, cremefarbenen Sommer- und Herbstblüten. H bis 5,5 m, B 3 m.*

Clematis orientalis ›Bill Mackenzie‹ *Wüchsige Kletterpflanze mit gelben Spätsommerblüten. H 7 m, B 3–4 m.*

Lonicera × americana (Geißblatt) *Holzige, sommergrüne Kletterpflanze mit duftenden, gelben Sommerblüten. H bis 7 m.*

Clematis ›Perle d'Azur‹ *Schlingpflanze mit großen, azurblauen Spätsommerblüten. H 3 m, B 1 m.*

Clematis ›Henryi‹ *Kletterpflanze, die im Sommer große, weiße Blüten mit braunen Staubblättern trägt. H 3 m, B 1 m.*

Abwandlung des Pflanzplans

Wenn Sie Ersatzpflanzen für ein filigranes Spalier suchen, sollten Sie stark wachsende Kletterpflanzen wie Knöterich oder Passionsblume meiden, die die gesamte Konstruktion überwuchern. Auch auf selbstklimmende Pflanzen wie die Kletterhortensie und Efeu sollte man hier verzichten, da sie sich nur schwer entfernen lassen und Holzverbindungen beschädigen können.

Farben für den Sommer

Um für üppige Farbenpracht zu sorgen, ersetzt man alle vier Hopfenpflanzen durch Exemplare der Rosensorte ›Veilchenblau‹ und pflanzt anstelle der ursprünglichen Rosen zwei laubreiche Reben, die grün oder purpurn sein können. Am besten eignet sich hier die hübsche Weinrebe *Vitis vinifera* ›Ciotat‹. Wechseln Sie zudem die gelbe Clematis gegen eine rote Form wie ›Ville de Lyon‹ aus, die mit dem neuen Arrangement besser harmoniert.

Vitis vinifera ›**Purpurea**‹ **(Weinrebe)** Sommergrüne, holzige Kletterpflanze mit purpurbronzenem Laub. Im Sommer erscheinen winzige hellgrüne Blüten, denen grüne oder rote Trauben folgen. H bis 7 m.

Clematis ›**Ville de Lyon**‹ Sommergrüne Kletterpflanze, die im Hochsommer einfache, leuchtendkarminrote Blüten mit dunkleren Rändern und gelben Staubbeuteln trägt. H bis 3 m, B 1 m.

Rosa ›**Veilchenblau**‹ Wüchsige sommergrüne Schlingrose. Ihre rosavioletten Blüten sind weiß gestreift und duften fruchtig. H 4 m, B 2,2 m.

Helle Farben mit kühler Wirkung

Durch die Verwendung einer anderen Hintergrundpflanze als Ersatz für den Hopfen kann man die Farbkomposition verändern und sie kräftiger oder zarter werden lassen. Vertikal gezogener, weißpanaschierter Spindelstrauch und verschiedene ein- oder mehrjährige Wicken lassen ein weiches, kühles Arrangement ohne Gelb entstehen.

Euonymus fortunei ›**Silver Queen**‹ **(Spindelstrauch)** Immergrüner Strauch mit dunkelgrünen Blättern, die einen breiten, unregelmäßigen, weißen Rand haben. H 2,5 m, B 1,5 m.

Lathyrus odoratus ›**Lady Diana**‹ **(Duftwicke)** Einjährige Kletterpflanze mit duftenden blaßvioletten Blüten, die im Sommer und Frühherbst erscheinen. H bis 2 m.

Lathyrus odoratus ›**Selana**‹ **(Duftwicke)** Kräftige, einjährige Kletterpflanze mit großen, duftenden Blüten, die rosa überlaufen sind. H bis 2 m.

EIN PLATZ AN DER SONNE

Vergeuden Sie nie eine geschützte, sonnige Mauer an unempfindliche Sträucher wie Feuerdorn oder Zwergmispel. Nutzen Sie die wärmste Mauer in Ihrem Garten, um mit Pflanzen zu experimentieren, die an der Grenze zur Frostempfindlichkeit stehen. In sehr kalten Jahren mag es zu Katastrophen kommen, doch das herrliche Schauspiel in den dazwischenliegenden Zeiten wird Sie dafür mehr als entschädigen.

REIZVOLLE STRUKTUREN

Bei *Acacia dealbata* haben sowohl Blüten als auch Blätter eine reizvolle Struktur – die Blätter sind filigran und farnartig, die Blüten stehen in Büscheln aus winzigen, weichen Kugeln.

KULTUR UND PFLEGE

Frühjahr
Im Spätfrühjahr die Akazie pflanzen und ihr dicht zu Füßen die Schönranke setzen. Trompetenblume pflanzen und zurückschneiden, damit sie an der Basis neu austreibt.

Sommer
Schönranke in Trockenperioden gut wässern und sich entwickelnde Fruchtstände entfernen. Neue Triebe der Säckelblume aufbinden.

Herbst
Die Säckelblume pflanzen und flach an der Mauer hochziehen. Die Clematis mit etwas Abstand ihr zu Füßen setzen.

Winter
Im Spätwinter die Schönranke zurücknehmen und die Clematis schneiden. Ältere Trompetenblumen stark zurückschneiden.

Kletterpflanzen in flammenden Farben

Warme Plätze verlangen nach warmen Farben, und dieses Arrangement besteht vorwiegend aus Orange und Gelb. Nur im Spätfrühjahr blüht in sanftem Blau eine Säckelblume, die später als Kulisse für die gelbblühende *Clematis tangutica* dient.

Im Hochsommer erreicht das Arrangement den Höhepunkt seiner Pracht, wenn die Zeit der kletternden Trompetenblume *Campsis × tagliabuana* ›Mme Galen‹ gekommen ist. »Blüte« ist für dieses Ereignis ein unzulängliches Wort. Wundervolle Trompeten öffnen sich in einem intensiv leuchtenden, aber nicht grellen Orangerot und heben sich deutlich von dem schön geteilten Laub ab. Die Knospen stehen in Büscheln und erblühen über einen langen Zeitraum hin-

weg eine nach der anderen, bis sie schließlich dem Frost zum Opfer fallen. Die Trompetenblume ist selbstklimmend, tut dies aber nicht in jener hartnäckigen Weise wie Efeu. Der kluge Gärtner bindet ihre Triebe in regelmäßigen Abständen an Ringschrauben oder Nägeln in der Mauer auf, damit sie im Winter nicht vom Wind herabgerissen werden.

Zur gleichen Zeit blüht die reingelbe Clematis, die Sie in der Säckelblume wachsen lassen können. Im Spätwinter schneiden Sie dann alle Triebe der Clematis fast bis auf Bodenhöhe zurück – dadurch bleibt sie in gutem Zustand, und zudem hat die Säckelblume so den Platz eine Zeitlang für sich allein.

Die Schönranke, *Eccremocarpus scaber*, eine andere kletternde Pflanze, läßt mit ihren leuchtenden orangeroten Blüten die winterblühende Silberakazie

Flammende Farben
Im Spätsommer ist die Trompetenblume der unangefochtene Star, und ihre flammenden Farben wiederholen sich in der Schönranke. Einen Kontrast bildet die gelbe Clematis.

PFLANZENLISTE
1 *Acacia dealbata* (Silberakazie), 1 ×
2 *Eccremocarpus scaber* (Schönranke), 1 ×
3 *Ceanothus impressus* (Säckelblume), 1 ×
4 *Clematis tangutica*, 1 ×
5 *Campsis × tagliabuana* (Trompetenblume), 1 ×

Silberakazie
Wenn in einem harten Winter die oberen Zweige von *Acacia dealbata* zurückgeschnitten werden, treibt sie dort aus der Basis neu aus.

Schönranke
Diese ungewöhnliche Form von *Eccremocarpus scaber* ist orange, es gibt jedoch auch gelbe und rote Typen, die alle das gleiche feingeteilte Laub haben.

PFLANZPLAN

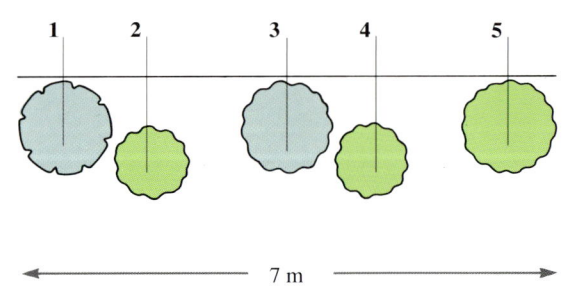

1   2   3   4   5

7 m

während des Sommers in Flammen aufgehen. Im Winter stirbt sie oft ab, aber im Frühjahr treibt sie aus der holzigen Basis neu aus. Stirbt sie nicht ab, schneidet man sie zurück, bevor die Akazie zur Blüte kommt, denn dieses Spektakel sollte durch nichts gestört werden.

Empfindliche Pflanzen für einen warmen Platz

Akazien sind nicht alle gleich frostempfindlich. Hier wurde die relativ harte Silberakazie, *Acacia dealbata*, verwendet, doch kann man es auch mit empfindlicheren Arten versuchen wie der Cootamundra-Akazie, *A. baileyana*, oder *Acacia pravissima*.

Bei allen drei Akazienarten decken sich die wichtigsten Eigenschaften: Ihre Blüten haben die Farbe der Sonne, sie blühen im Winter und zu Frühjahrsbeginn, wenn fast alle anderen Pflanzen noch ruhen, sie sind immergrün, und alle tragen stark gefiedertes, graugrünes Laub.

Wer keine sonnige Mauer, aber einen Wintergarten besitzt, kann diese Pflanzen auch im Haus halten. Gewiß ist man versucht, hier mit noch empfindlicheren Pflanzen zu experimentieren und die Säckelblume durch eine eisblaue Bleiwurz zu ersetzen oder die winterharte Clematis durch die empfindliche *Allemanda cathartica*, die herrliche butterblumengelbe Blüten hat.

Acacia dealbata (Silberakazie) *Rasch wachsender immergrüner Baum mit gefiederten Blättern und duftenden, gelben Winter- und Frühjahrsblüten. H 8 m, B 2 m.*

Eccremocarpus scaber (Schönranke) *Kletternder Halbstrauch, oft einjährig gezogen, mit orangefarbenen Sommerblüten. H 3 m, B 2 m.*

Campsis × tagliabuana ›Mme Galen‹ (Trompetenblume) *Sommergrüne Kletterpflanze mit orangefarbenen Spätsommerblüten. H bis 10 m.*

Clematis tangutica *Kletterpflanze, die im Sommer und Frühjahr gelb blüht. H 5 m, B 2,5 m.*

Ceanothus impressus (Säckelblume) *Immergrüner Strauch mit zahllosen blauen Blüten, die sich von Frühjahrsmitte bis Frühsommer öffnen. H und B 3 m.*

Clematis
Die seidigen Fruchtstände von *Clematis tangutica* sind ebenso reizvoll wie ihre nickenden, gelben Blüten.

Säckelblume
Ceanothus impressus ist eine der härtesten Arten ihrer Gattung. Sie hat dunkelgrüne Blätter und Blüten in einem besonders tiefen Blau.

Trompetenblume
Die Blütenstände von *Campsis × tagliabuana* ›Mme Galen‹ hängen an selbstklimmenden Trieben. Die Pflanze braucht möglichst viel Wärme.

KULTUR UND PFLEGE

Frühjahr
Grasnelke, Berufkraut,
Hauswurz und Glockenblume pflanzen. Angewachsenes Berufkraut im
Frühjahr zurechtstutzen,
bevor das neue Wachstum
beginnt.

Sommer
Welke Blüten von Grasnelke und Fetthenne entfernen. Hängende Triebe
des Blaukissens um die
Hälfte zurückschneiden.
Absterbende Blüten und
Rosetten der Hauswurz
herauszupfen.

Herbst
Blaukissen und Fetthenne
pflanzen. Glockenblume
stutzen, um welke Blüten
zu entfernen.

Winter
Vögel zupfen Pflanzen wie
Fetthenne auf der Suche
nach Insekten manchmal
heraus. Zum Schutz kann
man Baumwollzwirn über
die Pflanzen spannen.

EINE STÜTZMAUER

Nur Bergsteiger können ermessen, wie es ist, an einer senkrechten Felswand zu hängen. Unter den Pflanzen sind dennoch einige bereit, sich dauerhaft an eine solche Lebensweise anzupassen. Blaukissen, Glockenblume, Grasnelke, Fetthenne, Felsenblümchen, Gänsekresse und Bitterwurz – sie alle geben gern ihren horizontalen Wuchs zugunsten eines hängenden auf. Und der Felsenteller will es gar nicht anders.

Verwenden Sie eine Auswahl dieser anpassungsfähigen Pflanzen, um eine Stützmauer aufzulockern. Auch für eine Grenzmauer oder eine niedrige Mauer neben einer Auffahrt sind sie geeignet. Dieses Arrangement könnte zudem die *Rabatte mit Miniaturen* (Seite 52–55) – ein Hochbeet mit alpinen Pflanzen – ergänzen.

Die Mauer muß so konstruiert sein, daß man die Pflanzen zwischen die Steine oder die Ziegel setzen kann. Wer sie selbst baut, läßt Lücken zum Bepflanzen. Im Falle einer Trockenmauer können die Pflanzen schon beim Aufsetzen einbezogen werden. Bei einer bereits existierenden Mauer meißelt oder kratzt man etwas Mörtel oder Erde weg, um Platz für einzelne Pflanzen zu schaffen.

Man verwendet für die Begrünung einer Mauer nur junge Pflänzchen, die sich leichter in kleine Aussparungen zwängen lassen und besser anwachsen als große, ältere Exemplare. Beim Pflanzen verteilt man um die Wurzeln etwas sandiges Substrat.

Natürliche alpine Pflanzung

Bevor man mit dem Pflanzen beginnt, studiert man vergleichbare Standorte in der Natur. Natürliche Felsaufschlüsse aus Kalkstein beheimaten selbst in 3000 m Höhe noch eine erstaunliche Vielfalt an alpinen Wildpflanzen, die aus senkrechten Spalten herabhängen oder auf Felsvorsprüngen entlangkriechen. Diese Wuchsgewohnheiten sollten Ihnen bei der Mauerbepflanzung als Vorbild dienen.

Die meisten der hier vorgeschlagenen Pflanzen breiten sich langsam zu großen, natürlichen Polstern aus. Bei ihrer Plazierung sollte man eine schablonenhafte Wirkung vermeiden, indem man sie in unterschiedlichen Abständen pflanzt.

Das Berufkraut *Erigeron karvinskianus* blüht über einen langen Zeitraum hinweg, anders als andere alpine Pflanzen, die im Frühjahr auf dem Höhepunkt ihrer Pracht stehen. Seine Blüten verändern langsam ihre Farbe. Zunächst sind sie reinweiß, doch bis zum Abfallen nehmen sie ein immer tieferes Rosa an. Wenn Sie Glück haben, samt das Berufkraut sich aus und zwängt sich in schmalste Spalten.

PFLANZENLISTE
1 *Erigeron karvinskianus*
(Berufkraut), 5 ×
2 *Sedum spathulifolium*
›Cape Blanco‹ (Fetthenne),
1 ×
3 *Aubretia deltoidea*
›Argenteo-variegata‹
(Blaukissen), 1 ×
4 *Sempervivum arachnoideum* (Spinnweben-Hauswurz), 3 ×
5 *Armeria maritima* ›Vindictive‹ (Grasnelke), 1 ×
6 *Campanula cochleariifolia*
(Zwerg-Glockenblume),
1 ×

Vertikales Arrangement
Diese Art von Pflanzung eignet sich besonders für kleine Gärten, wo horizontale Flächen knapp sind. Zudem bietet sie eine schöne Möglichkeit, unangenehm neu wirkende Mauern weicher und natürlicher erscheinen zu lassen. Die ausgewählten Pflanzen brauchen einen sonnigen Platz.

Berufkraut
Erigeron karvinskianus sieht dem gewöhnlichen Gänseblümchen ähnlich und ist eine entzückende Mauerpflanze.

Immergrüne für den Winter

Fetthenne, Hauswurz, Blaukissen und Grasnelke sind immergrün, so daß die Mauer auch im Winter nicht vollkommen kahl ist. Sie alle gedeihen bei der exzellenten Drainage, die ein senkrechter Standort bietet, perfekt. Die Grasnelke bildet dichte Kissen aus nadelschmalen Blättern, über denen im Sommer an dünnen Stielen langlebige, papierartige, rosa Blüten stehen.

Bei der Hauswurz sind Blüten nicht so erwünscht, denn wenn eine Rosette blüht, stirbt sie ab. Aber ihr Platz wird dann von einer der jungen Rosetten eingenommen, die sich um die Mutterpflanze drängen. Die hier empfohlene Art *Sempervivum arachnoideum* trägt an den Blättern feine Haargespinste, als sei hier eine fleißige Spinne am Werk gewesen.

Blaukissen gehören zu den am häufigsten verwendeten Pflanzen für Gartenmauern, und dies aus gutem Grund, denn sie sind anpassungsfähig und unkompliziert. Ihre Farbpalette erschöpft sich nicht in reinen Blautönen, sie umfaßt auch rötliche Nuancen von Rosa bis Tiefpurpur. Die hier vorgeschlagene Art hat panaschierte Blätter und violette Blüten.

***Erigeron karvinskianus* (Berufkraut)** *Sich ausbreitende Staude mit lanzettlichen Blättern und weißen Blüten, die sich später rosa färben.*
H 10–15 cm, B unbegrenzt.

***Sedum spathulifolium* ›Cape Blanco‹ (Fetthenne)** *Immergrüne Staude mit silbrig-grünen, fleischigen Blattrosetten und kleinen Büscheln aus winzigen, gelben Sommerblüten.*
H 5 cm, B unbegrenzt.

***Aubretia deltoidea* ›Argenteo-variegata‹ (Blaukissen)** *Kompakte, immergrüne Staude mit hängenden, panaschierten Blättern und violetten Frühlingsblüten.*
H 5 cm, B 15 cm.

***Sempervivum arachnoideum* (Spinnweben-Hauswurz)** *Immergrüne mattenbildende Staude, die mit weißen Haaren bedeckt ist.*
H 5–12 cm, B bis 10 cm.

***Armeria maritima* ›Vindictive‹ (Grasnelke)** *Immergrüne büschelige Staude mit grasartigen Blättern und rosa Sommerblüten.*
H 10–15 cm, B 20 cm.

***Campanula cochleariifolia* (Zwerg-Glockenblume)** *Sich ausbreitende Staude mit Büscheln aus weißen, lavendelfarbenen oder blaßblauen Sommerblüten.*
H 8 cm, B unbegrenzt.

Fetthenne
Das wachsartige Laub von *Sedum spathulifolium* ›Cape Blanco‹ sieht das ganze Jahr hübsch aus und bildet mit der Zeit eine dichte Matte.

Blaukissen
Die Blätter von *Aubretia deltoidea* ›Argenteo-variegata‹ haben eine kräftige cremefarbene Zeichnung.

Grasnelke
Armeria maritima ›Vindictive‹ braucht volle Sonne und gute Drainge, um zu gedeihen.

Zwerg-Glockenblume
Campanula cochleariifolia breitet sich durch unterirdische Ausläufer aus und bildet niedrige Laubmatten, auf denen winzige Blüten sitzen.

Spinnweben-Hauswurz
Alle Hauswurze sind gute Mauerpflanzen, besonders hübsch ist jedoch *Sempervivum arachnoideum*, an deren Blättern feine Wollhaare sitzen.

KLETTERGERÜSTE

Ein Klettergerüst mit drei oder vier Füßen, freistehend, in eine Rasenfläche oder in ein Beet integriert, hat im Garten die Wirkung einer Statue. Es bildet einen Blickfang und lockert als vertikales Element eine lange, gerade Rabatte angenehm auf. Zwischen den weichen, runden Hügeln dichtbelaubter Stauden ragt ein ringsum schön bepflanzter Dreifuß wie ein Leuchtturm aus einem grünen Meer.

ZARTES GOLD

Rosa ›Golden Showers‹ trägt bis in den Spätherbst duftende, gelbe Blüten, die beim Welken cremefarben werden. Sie kann im Halbschatten wachsen.

KULTUR UND PFLEGE

Frühjahr

Alle Pflanzen großzügig mulchen. Neue Triebe von Rosen und Geißblatt aufbinden. Clematis pflanzen und Triebe fächerförmig auseinanderziehen. Kapuzinerkresse säen, in Töpfen anziehen und später auspflanzen oder direkt ins Freie säen.

Sommer

Bei Rosen welke Blüten entfernen und neue Triebe aufbinden. Das Geißblatt nach der Blüte auslichten. Gegen Blattläuse mit Brennesselbrühe spritzen.

Herbst

Geißblatt pflanzen. Rosen nach der Blüte schneiden, losbinden und einige der alten, abgeblühten Triebe herausschneiden. Neue Triebe aufbinden.

Winter

Rosen pflanzen und stark zurückschneiden, damit sie neu austreiben. Im Spätwinter *Clematis ›Ascotiensis‹* auf 45 cm über dem Boden zurücknehmen.

Diese Art der Konstruktion zieht die Blicke auf sich und kann auch als Sichtschutz genutzt werden. In einem kleinen Garten bietet sie zusätzlichen Pflanzen Platz. Horizontale Flächen sind rasch übervoll, doch die senkrechte Dimension wird oft wenig genutzt.

Der Stil eines Klettergerüstes wird, wie bei Pergolen und Trennelementen, durch die Gestaltung des Gartens bestimmt. In einer rustikalen Umgebung bindet man drei oder vier stabile Haselstangen zusammen und zieht an den Stangen Pflanzen hoch. In einem formaleren Garten verwendet man vorgefertigte Konstruktionen, die aus Gußeisen oder auch dekorierten Spalieren bestehen können. Ungeeignet sind Bambusstäbe. Sie wirken wie ein Provisorium mit zu wenig Stabilität.

Holzkonstruktionen kann man streichen oder mit einem umweltverträglichen Produkt beizen oder

Rosa ›Golden Showers‹ *Aufrecht wachsende Kletterrose mit duftenden gelben Sommer- und Herbstblüten. H 2 m, B 2,2 m.*

Pflanzen für ein Klettergerüst

Im Sommer werden warme Farben zu einem fröhlichen Arrangement kombiniert. Das weiche Buttergelb der Rose wird ergänzt durch die kräftigeren Töne der Kapuzinerkresse zu ihren Füßen.

PFLANZENLISTE

1 *Rosa ›Golden Showers‹*, 1 ×
2 *Clematis macropetala ›Markham's Pink‹*, 1 ×
3 *Tropaeolum majus* (Kapuzinerkresse, rankende Mischung), 11 ×

Tropaeolum majus (Kapuzinerkresse, rankende Mischung) *Einjahresblume, deren rote, gelbe oder orangefarbene Blüten sich vom Frühsommer an öffnen. H 2 m, B 1,2 m.*

Clematis macropetala ›Markham's Pink‹ *Frühblühende Clematis mit zarten, nickenden, rosa Blüten, die im Spätfrühjahr und Frühsommer erscheinen. H 3 m, B 1,5 m.*

Kletterrose
Das Laub der Rosensorte ›Golden Showers‹ ist üppig und glänzt. Es bildet einen schönen Hintergrund für die sich von Sommer bis Herbst öffnenden cremegelben Blüten.

Kapuzinerkresse
Die flammendgefärbten Blüten von *Tropaeolum majus* (rankende Mischung) stehen vor Blättern in kühlem Grün.

Frühblühende Clematis
Bei der frühjahrsblühenden *Clematis macropetala* ›Markham's Pink‹ wirken die rosa Blüten wie hängende Glocken.

auch nur mit einer Schutzlasur überziehen, so daß die Holzmaserung sichtbar bleibt. Häufig sind Klettergerüste schwarz oder weiß gestrichen, doch kann dies zu hart wirken. Wählen Sie vielleicht lieber einen weicheren Ton wie Grau, Blaßgrün oder Dunkelblau.

Herausragende Funktion

Dreifüße und ähnliche Konstruktionen sollten mit Zurückhaltung verwendet werden. Wie Ausrufezeichen verlieren sie rasch ihre Wirkung, wenn man sie überstrapaziert. Sorgen Sie dafür, daß sie ihre herausragende Funktion wirklich erfüllen. Wählen Sie Standort und Bepflanzung mit Sorgfalt aus. Sie können verwandte oder auch kontrastierende Farben verwenden, doch müssen die Pflanzen eine Wuchsform haben, die sich einem Klettergerüst anpaßt.

Altmodische Schling- oder Kletterrosen sind für einen Dreifuß gut geeignet. Sie haben einen geschmeidigen, lockeren Wuchs, und viele tragen zudem üppiges Laub. Meiden Sie die steiferen, großblumigen Teehybridrosen, ferner Wucherer wie Knöterich und Kletterrosen wie ›Kiftsgate‹, die einen ganzen Wald von Dreifüßen brauchen würden.

Für das hier gezeigte vierfüßige Klettergerüst wurde die Kletterrose ›Golden Showers‹ verwendet, dazu einjährige Kapuzinerkresse, die bis zu den ersten Frösten blüht. Beide wurden mit *Clematis* ›Markham's Pink‹ kombiniert, einer frühblühenden Sorte, die mit ihren zarten, rosa Blüten das Frühjahr verschönert. Der in kühleren Farben bepflanzte Dreifuß vereinigt

Einen Dreifuß bepflanzen
Die tief purpurblauen Blüten der Clematis bilden einen satten Kontrast zu den cremefarbenen Blüten der Rose. Das Rosenlaub ist halbimmergrün und glänzt wundervoll. Es garantiert auch noch Fülle und interessante Strukturen, lange nachdem die Blüten verwelkt sind. Die Rose duftet, und im Frühsommer verströmt auch das Geißblatt seinen Wohlgeruch.

die halbimmergrüne Schlingrose ›Albéric Barbier‹ mit einem Geißblatt und der spätblühenden Clematis ›Ascotiensis‹.

Ebenso geeignet für einen Dreifuß wäre die duftende Kletterrose ›New Dawn‹, deren rosa Blüten gut zu einer Staudenwicke oder einem später blühenden purpurnen Nachtschatten passen würden. Clematis bieten sich in dieser Situation natürlich von selbst an, werden aber stets besser zusammen mit anderen Pflanzen verwendet als allein.

Schlingrose
Rosa ›Albéric Barbier‹, 1900 in Frankreich gezüchtet, ist eine der schönsten Schlingrosen. Ihre schnörkeligen Knospen öffnen sich zu kleinen cremefarbenen Blüten.

Geißblatt
Die frühblühende Sorte *Lonicera periclymenum* ›Belgica‹ duftet abends am stärksten und lockt dann Falter an, die die Blüten bestäuben.

Spätblühende Clematis
Die rein lavendelblauen Blüten von *Clematis* ›Ascotiensis‹ tragen in der Mitte grünliche Staubblätter.

***Rosa* ›Albéric Barbier‹**
Wüchsige halbimmergrüne Schlingrose. Glänzende Blätter bilden den Hintergrund für zartgelbe Knospen, die sich zu cremeweißen, duftenden Blüten öffnen. H bis 5 m, B 3 m.

***Lonicera periclymenum* ›Belgica‹ (Geißblatt)** *Sommergrüne, buschige Kletterpflanze mit stark duftenden Blüten, die im Früh- und Hochsommer erscheinen. H bis 7 m.*

***Clematis* ›Ascotiensis‹**
Späte, großblumige Clematis, die im Sommer flache, purpurblaue Blüten trägt. H 3–4 m, B 1 m.

KÜHLE FARBE
An einem halbschattigen Platz beginnen helle Blüten wie die von *Clematis* ›Mrs George Jackman‹ zu leuchten.

KULTUR UND PFLEGE

Frühjahr
Clematis pflanzen. Welke Blüten der Hortensie entfernen und alle Triebe zurückschneiden, die sich zu weit von ihren Stützen entfernt haben. Jasmin schneiden, dabei einige der älteren, abgeblühten Triebe herausnehmen und neue, aus der Basis entstehende Triebe aufbinden. Alle Sträucher großzügig mulchen.

Sommer
Triebe junger Hortensien aufbinden. Clematis durch die Hortensien lenken.

Herbst
Hortensien, Jasmin und Efeu pflanzen.

Winter
Im Spätwinter oder zu Frühjahrsbeginn alle trockenen Clematistriebe, an denen keine neuen Knospen sichtbar sind, herausnehmen. An Hauswänden den Efeu von Regenrinnen und Dachziegeln fernhalten.

WÄNDE IM SCHATTEN

Schattige Mauern und Zäune können ebenso anmutig begrünt werden wie sonnige, sofern der Schatten durch fehlende Sonne und nicht durch Lichtmangel bedingt ist. Vielleicht wird das Arrangement nicht so farbenprächtig wie an einer sonnigen Wand, aber das Laub gedeiht üppig, und Pflanzen wie Efeu fühlen sich hier weitaus wohler als an einem Platz, wo sie der prallen Sonne ausgesetzt sind.

Manche Wände erhalten überhaupt keine direkte Sonne, höchstens ein paar schräge Strahlen im Sommer zu Tagesbeginn und vor Sonnenuntergang. Bei einer solchen Mauer wissen Sie zumindest, woran Sie sind. Andere sind da viel tückischer. Mauern, die zu Beginn des Tages kräftige Sonne erhalten, können Pflanzen, die in der Nacht gefroren haben, den Tod bringen. Die rasche Erwärmung kann die Wände der Pflanzenzellen platzen lassen.

PFLANZENLISTE
1 *Jasminum nudiflorum* (Winterjasmin), 2 ×
2 *Hydrangea anomala* ssp. *petiolaris* (Kletterhortensie, 2 ×
3 *Clematis* ›Mrs George Jackman‹, 1 ×
4 *Hedera helix* ›Glacier‹ (Efeu), 1 ×
5 *Clematis* ›Nelly Moser‹, 1 ×

Reiz rund ums Jahr
Zu Beginn des Sommers blühen Clematis und Hortensie gemeinsam, doch beide Clematis werden während des Sommers immer wieder Blüten öffnen. Danach entwickelt die Hortensie ihr prächtiges Herbstkleid, und im Winter trägt der Winterjasmin seine Blüten.

Winterjasmin
Jasminum nudiflorum ist ein unverzichtbarer Gartenstrauch mit leuchtendgelben Blüten, die gerade im Winter so willkommen sind.

Hortensie
Die kletternde *Hydrangea anomala* ssp. *petiolaris* braucht feuchte, kühle Erde, um ihr Bestes zu geben.

Cremefarbene Clematis
Clematis ›Mrs George Jackman‹ blüht vom Früh- bis zum Spätsommer wiederholt und trägt cremefarbene Blüten mit dunkelbraunen Staubblättern.

Heitere Pflanzen für den Schatten

Die schönste Pflanze für eine Wand oder einen Zaun im Schatten ist die Kletterhortensie. Einmal angewachsen, heftet sie sich an der Wand fest wie Efeu. Ihre Blätter haben nach dem Ausschlagen ein leuchtendes, frisches Grün und nehmen im Herbst manchmal ein schönes reines Gelb an. Im Hochsommer trägt sie große, zarte, cremeweiße Blütendolden.

PFLANZPLAN

4,5 m

1　2　3　4　5　2　1

Mitunter scheint sich die Kletterhortensie nur schwer einzugewöhnen, was daran liegt, daß sie nicht allzu viele Triebe entwickelt, bevor sie sicheren Halt gefunden hat. Binden Sie die Triebe gut an ihren Stützen auf, und wenn sie sich dann immer noch nicht festhalten wollen, ziehen Sie sie mit Zwirn nach oben.

Der Winterjasmin *Jasminum nudiflorum* ist weit verbreitet, und das aus gutem Grund. Nur wenige andere Pflanzen können sich dazu entschließen, zu Winterbeginn zu blühen, und daher sind seine leuchtendgelben Blüten in dieser Zeit besonders willkommen. Da er sich ohne Stütze nicht festhalten kann, zieht man ihn am besten zusammen mit der Hortensie. Diese ist zu dem Zeitpunkt, an dem der Jasmin zu blühen beginnt, kahl, so daß man seine dünnen, grünen Triebe zwischen die kräftigeren Zweige der Hortensie stecken kann.

Auch einige Clematis gedeihen an schattigen Wänden gut. Alle schätzen es, wenn ihre Wurzeln kühl stehen. Eine Sorte wie ›Nelly Moser‹ bewahrt ihre Farbe im Schatten besser als in der Sonne. Die hellen Blüten der beiden hier verwendeten Clematissorten kommen im Schatten weit besser zur Geltung als dunklere Töne.

Efeu
Hedera helix ›Glacier‹ ist ein wuchsfreudiger Efeu mit hübsch panaschierten Blättern in Graugrün und Weiß.

Rosa Clematis
Die frühblühende *Clematis* ›Nelly Moser‹ trägt in der Mitte jedes ihrer lilarosa Blütenblätter einen dunklen Streifen im gleichen Farbton.

***Jasminum nudiflorum* (Winterjasmin)** *Sommergrüner Strauch mit reingelben Blüten, die sich im Winter und zu Frühjahrsbeginn an den unbelaubten grünen Trieben öffnen. H und B bis 3 m.*

***Hydrangea anomala* ssp. *petiolaris* (Kletterhortensie)** *Sommergrüne Kletterpflanze mit zarten Dolden aus weißen Sommerblüten. H bis 15 m.*

***Clematis* ›Nelly Moser‹** *Frühe, großblumige Clematis mit rosa und malvenfarbenen Blüten, die in der Mitte dunklere Streifen haben. H bis 3,5 m, B 1 m.*

***Hedera helix* ›Glacier‹ (Efeu)** *Panaschierte immergrüne Kletterpflanze mit graugrün und cremefarben gezeichneten Blättern. H 3 m, B 2 m.*

***Clematis* ›Mrs George Jackman‹** *Frühe, großblumige Clematis, die zu Sommerbeginn cremeweiße Blüten trägt. H 2–3 m, B 1 m.*

VERGESSENE PLÄTZE

❧

*Bereiche wie diese werden im Garten
besonders häufig vernachlässigt: die
Umgebung der Mülltonnen, die kahlen
Wände zwischen Steinstufen, das Gewirr von
Rohren und Leitungen, das man gern verbergen
würde. Dabei gibt es zahlreiche Pflanzen,
die tatsächlich dunkle, feuchte Ecken bevorzugen. Und es gibt Pflanzen, die stattlich und
attraktiv genug sind, um ihr Laub auch über die
reizlosesten Flecken im Garten zu breiten, ohne
dabei an Wirkung zu verlieren.*

UNSCHÖNES KASCHIEREN

Wenn man hinaus in den Garten tritt, um ein wenig frische Luft zu schnappen, sind Leitungsrohre nicht unbedingt das, was man sehen möchte. Dieser üppig bepflanzte Topf eignet sich hervorragend, um alle Arten von notwendigen, aber unansehnlichen Installationen am Haus und im Garten zu verstecken. Setzen Sie den Topf auf einen Kanaldeckel oder in eine Ecke vor Kunststoffrohre, um jeden dieser Plätze in einen hübschen Blickfang zu verwandeln.

GRÜNE BLATTFÄCHER
Das Laub von *Melianthus major* besteht aus dichtgefältelten Fächern, die sich zu Blättern mit gesägten Fiederblättchen öffnen. Man kann sich kaum eine prächtigere Pflanze vorstellen.

KULTUR UND PFLEGE

Frühjahr
Mitte des Frühjahrs den Topf mit frischer Erde füllen. Pflanzen abhärten, bevor der Topf ins Freie gesetzt wird.

Sommer
Bei allen Pflanzen alte Blätter, bei der Strauchmargerite welke Blüten entfernen und Pflanzen wie *Helichrysum* stutzen, bevor sie andere bedrängen. Regelmäßig wässern und düngen.

Herbst
Den Topf vor dem ersten starken Frost ins Haus bringen. Alte Pflanzen überwintern oder jedes Jahr aus Stecklingen neue Exemplare ziehen. Der Neuseeländer Flachs lebt viele Jahre. Strohblume, Pelargonie und Strauchmargerite am besten jedes Frühjahr neu ziehen.

Winter
Im Topf verbliebene Pflanzen kühl halten und darauf achten, daß die Erde recht trocken ist.

Ein solches Gartenelement muß so aussehen, als sei es aus freien Stücken plaziert worden, und sich in Form und Stil in die Umgebung einfügen. Verwenden Sie einen großen Kübel von wenigstens 60 cm Durchmesser, aber denken Sie daran, daß diese Pracht beweglich bleiben muß: Wenn Ihre Installationen einmal defekt sind, müssen sie erreichbar sein.

Schöne, üppige Pflanzen

Um den größtmöglichen Nutzen zu haben, brauchen Sie Pflanzen, die ausreichend Fülle und Höhe besitzen, um Unansehnliches kaschieren zu können. Aus diesem Grund werden Honigstrauch, Neuseeländer Flachs und Strohblume Ihre Favoriten werden. Verwenden Sie einen dunkelblättrigen Neuseeländer Flachs, aber nicht eines jener 2 m großen Ungeheuer, sondern eine kompakte Form wie ›Bronze Baby‹ oder ›Tom Thumb‹. Die anderen Pflanzen sollten

ebenso prägnant und laubreich sein. *Begonia fuchsioides* mit ihren dunklen, glänzenden Blättern und roten Glockenblüten, die denen einer Fuchsie ähneln, sollte hier nicht fehlen. Dazwischen kann man eine Pelargonie setzen, vielleicht, wie hier, eine panaschierte Form oder eine Sorte mit duftendem, dunklem Laub wie ›Chocolate Peppermint‹ oder beides. Inmitten von so üppigem Laub sollte mindestens eine reichblühende Pflanze stehen: Ideal wäre eine Strauchmargerite.

Alle genannten Pflanzen sind nicht winterhart. Wer eine geschützte Veranda, ein Gewächshaus oder einen Wintergarten besitzt, kann den Topf nach dem Bepflanzen dort aufstellen, bis keine Frostgefahr mehr besteht. Nachdem das Frühjahr über die Pflanzen langsam abgehärtet wurden, kann man einen Topf ins Freie bringen, in dem bereits alles prächtig gedeiht. Im Winter muß man sich entweder mit dem Anblick der Kanaldeckel abfinden oder eine andere Tarnung finden.

Melianthus major (**Honigstrauch**) *Immergrüner Strauch mit großen graugrünen Blättern und braunroten Blüten.*
H und B bis 2 m.

Pelargonium crispum ›**Variegatum**‹ *Staude mit cremefarben panaschierten Blättern. H 1 m, B 45 cm.*

Helichrysum petiolare (**Strohblume**) *Immergrüner Strauch mit hängenden silbernen Trieben und graufilzigen Blättern.*
H 30 cm, B bis 1,5 m.

Phormium tenax ›**Bronze Baby**‹ (**Neuseeländer Flachs**) *Staude mit steifen, bronzefarbenen, riemenförmigen Blättern.*
H und B bis 60 cm.

Argyranthemum gracile ›**Chelsea Girl**‹ (**Strauchmargerite**) *Immergrüner, weißblühender Halbstrauch.*
H und B bis 75 cm.

Begonia fuchsioides Immergrüne Strauchbegonie mit hängenden, roten Blüten.
H bis 1,2 m, B 30 cm.

PFLANZENLISTE
1 *Melianthus major* (Honigstrauch), 1 ×
2 *Argyranthemum gracile* ›Chelsea Girl‹ (Strauchmargerite), 1 ×
3 *Pelargonium crispum* ›Variegatum‹, 1 ×
4 *Helichrysum petiolare* (Strohblume), 1 ×
5 *Phormium tenax* ›Bronze Baby‹ (Neu- seeländer Flachs), 1 ×
6 *Begonia fuchsioides*, 1 ×

Kleine Pflanzung
Ein Pflanzgefäß ist wie ein Miniatur- beet, für das bei der Gestaltung hin- sichtlich Formen, Farben und Struk- turen die gleichen Regeln gelten.

Begonie
Obwohl nicht so prachtvoll wie die großblumigen Mitglieder ihrer Familie, ist *Begonia fuch- sioides* eine anmutige Pflanze mit hängenden Blüten.

Neuseeländer Flachs
Der steife, aufrechte Wuchs von *Phormium tenax* ›Bronze Baby‹ bildet einen schönen Kontrast zur hängenden Form von Pelargonie und Helichrysum.

Strohblume
Eine der am häufig- sten verwendeten Pflanzen für Töpfe und Kübel ist *Heli- chrysum petiolare,* die die anderen Pflanzen der Gruppe mit ihren grauen Blättern einrahmt.

Pelargonie
Pelargonium crispum ›Varie- gatum‹ ist aufgrund ihrer cremefarben gezeichneten Blätter beliebt, die dekorativer sind als ihre kleinen Blüten.

Honigstrauch
Graugrüne, ge- sägte Blätter sind das schönste Merkmal von *Melianthus major.* Kaum eine ande- re Pflanze hat herrlicheres Laub.

Strauchmargerite
›Chelsea Girl‹ ist eine weißblühende Sorte von *Argyranthemum gracile* mit besonders schönem Laub, das feingeteilt und silbrig ist.

131

EIN BEGRÜNTER PATIO

Als Patio oder Innenhof wird bei Neubauten häufig eine reine Ansammlung von Pflaster-steinen in Nachbarschaft des Hauses bezeichnet. Da sie bei neuen Häusern die Illusion von Ordnung erwecken, sind solche Flächen sogar recht beliebt. Doch oft verdecken die Steine oder Betonplatten nur Bauschutt und Unrat, die besser entfernt worden wären. Ein paar niedrige Matten aus anspruchslosen Pflanzen, die zwischen den Pflastersteinen wachsen, können solch einen neuen, kahlen Innenhof jedoch schon erheblich freundlicher erscheinen lassen.

Die Kultur von Pflanzen zwischen Pflasterplatten ist gewiß nicht jedermanns Sache. Manch einer will gar nichts Grünes in seinem Hof, um ihn leichter kehren und sauberhalten zu können, und rupft jede Pflanze, die sich irgendwo blicken läßt, aus oder bekämpft sie sogar mit Unkrautvernichter.

Sollten Sie nicht zu diesen Leuten gehören, lesen Sie weiter. Und während Sie lesen, stellen Sie sich vielleicht schon vor, wie Sie die Pflanzen zwischen Platten oder Steine einfügen könnten. Vermutlich werden Sie da und dort eine Ecke abschlagen müs-sen, um etwas Platz zu schaffen. Möglicherweise sind auch schon Risse und Lücken vorhanden. Betrachten Sie dies als Vorteil, nicht als Makel.

Aromatische Kriechpflanzen

Die verwendeten Pflanzen sollten alle niedrig sein, sich ausbreiten und es auch vertragen können, wenn man hin und wieder auf sie tritt. Ihre Farben sollten den Hofbelag ergänzen, sei er aus Stein, Ziegeln oder Beton.

Besonders nützlich sind in dieser Situation aroma-tische Pflanzen wie kriechender Thymian. Er nimmt es nicht übel, wenn man auf ihn tritt, ja er verströmt dann sogar seinen herrlichen Duft. Die verbreitetste Form des kriechenden Thymians ist *Thymus serpyl-lum,* der sich hervorragend für Pflasterspalten eignet. Eine besonders schöne Sorte ist ›Pink Chintz‹, deren graugrüne Blätter mit winzigen blaßrosa Blüten besetzt sind. Wer will, kann eine ganze Pflanzung aus-schließlich mit *T. serpyllum* gestalten, denn neben rosa Formen gibt es auch niedrige Sorten in Weiß und Tiefrot. Einen ähnlichen Wuchs hat *Thymus cae-spititius.*

LANGE BLÜTE
Entfernt man bei dem Stiefmütterchen *Viola tricolor* regelmäßig welke Blüten, blüht es vom Früh-jahr bis zum Herbst ohne Pause.

KULTUR UND PFLEGE

Frühjahr
Pflasterspalten und -lücken mit guter Erde, die zur Verbesserung der Drai-nage mit etwas grobem Sand vermischt wurde, fül-len und alle Pflanzen ein-setzen. Thymian und Phlox gedeihen am besten an offenen, sonnigen Plätzen. Das Stachelnüßchen ver-trägt Halbschatten, ebenso Stiefmütterchen und Klee.

Sommer
Welke Blüten des Thymi-ans abschneiden, damit die Pflanzen kompakt gedei-hen. An Stiefmütterchen einige Fruchtstände belas-sen, damit sie sich in Pflasterspalten aussamen können.

Herbst
Zwischen den Laubteppi-chen liegendes Fallaub entfernen.

Winter
Es fallen keine Routine-arbeiten an.

PFLANZENLISTE
1 *Thymus serpyllum* ›Coccineus‹, 1 ×
2 *Trifolium repens* ›Purpurascens‹ (Purpur-blättriger Weißklee), 1 ×
3 *Acaena microphylla* (Stachelnüßchen), 1 ×
4 *Viola tricolor* (Stiefmütterchen), 4 ×
5 *Phlox douglasii* ›Boothman's Variety‹, 1 ×
6 *Thymus serpyllum* ›Snowdrift‹, 1 ×

Verteilung der Pflanzen
Bei der Auswahl des Standorts für Ihre Pflanzen müssen Sie an einen bequemen Zugang zum Hof und die voraussichtlichen Plätze von Gartenmöbeln und Pflanzge-fäßen denken. Ist der Innenhof groß genug, kann man auch ein oder zwei Platten ganz entfernen, um mehr Pflanzfläche zu schaffen.

Viola tricolor

Roter Thymian
Die kriechenden Triebe von *Thymus serpyllum* ›Coccineus‹ sind mit karminroten Blütchen getupft.

Farbenfroher Teppich

Das kleine Stachelnüßchen *Acaena microphylla* duftet nicht, ist aber wie der Thymian immergrün und sieht im Herbst und Winter besonders hübsch aus, wenn sich aus den Sommerblüten dekorative, rote Früchte entwickelt haben. Niedriger Phlox paßt sich dem Leben zwischen Pflastersteinen an und ist, wie Thymian, in vielen Farbtönen erhältlich – Rosa, Malvenfarben und Weiß. Zu den niedrigsten gehört *Phlox douglasii* ›Boothman's Variety‹ mit blaßlavendelblauen Frühsommerblüten. Jede hat eine auffällige Mitte mit einem Tupfenkranz in dunklerem Violettblau. Eine kräftigere Farbe haben die magentaroten Blüten von *P. d.* ›Crackerjack‹.

Pflanzen können in einem Untergrund aus zerkleinertem Bauschutt und Zement, wie man ihn oft in Innenhöfen findet, nicht gedeihen. Entfernen Sie diesen Müll, und ersetzen Sie ihn durch Erde. Wenn Pflanzen wirklich gute Startbedingungen bekommen, verzeihen sie spätere Vernachlässigungen wesentlich leichter.

Thymus serpyllum ›**Coccineus**‹ *Kriechender Strauch mit duftenden, grünen Blättern und karminroten Blüten. H 8 cm, B 20 cm.*

Trifolium repens ›**Purpurascens**‹ **(Purpurlaubiger Weißklee)** *Bodendeckende Staude. H 8 cm, B 30 cm.*

Acaena microphylla **(Stachelnüßchen)** *Mattenbildende Staude mit dekorativen Herbstfrüchten. H 5 cm, B 15 cm.*

Viola tricolor **(Stiefmütterchen)** *Kurzlebige Staude oder Einjahresblume mit dreifarbigen Blüten in Weiß, Gelb und Dunkelviolett. H und B 5–15 cm.*

Phlox douglasii ›**Boothman's Variety**‹ *Immergrüne Staude mit zahllosen blaß lavendelfarbenen Blüten. H bis 5 cm, B 20 cm.*

Thymus serpyllum ›**Snowdrift**‹ *Kriechender Strauch mit kleinen, schwach duftenden, hellgrünen Blättern und weißen Blüten. H 8 cm, B 20 cm.*

Phlox
Die hübschen Blüten von *Phlox douglasii* ›Boothman's Variety‹ haben auffällige dunkle Mitten.

Purpurlaubiger Klee
Jedes der dunkelpurpurnen Blätter von *Trifolium repens* ›Purpurascens‹ ist leuchtendgrün gerändert. Im Sommer erscheinen weiße Blütenbälle.

Stachelnüßchen
Die Blätter von *Acaena microphylla* sind im Jugendstadium bronzefarben. Aus den roten Sommerblüten entwickeln sich reizvolle Früchte.

Stiefmütterchen
Das in Sonne wie Schatten gleichermaßen unkomplizierte, anmutige Stiefmütterchen *Viola tricolor* blüht über lange Zeit.

Weißer Thymian
Der kleine, herrlich duftende *Thymus serpyllum* ›Snowdrift‹ ist den ganzen Sommer über mit weißen Blüten bedeckt.

EIN SCHMALER BLUMENSTREIFEN

Jedes Buch über Gartengestaltung weist auf die Probleme allzu schmaler Rabatten hin, die nicht mehr die Möglichkeit bieten, Pflanzen in Gruppen zusammenzustellen. Die Blumen sehen wie zu einem Klassenfoto aufgereiht aus. Doch manchmal heißt es: eine schmale Rabatte oder keine. Wer also keine Alternative hat, macht aus der Not eine Tugend und nutzt die linearen Gestaltungsmöglichkeiten, die ein langer, schmaler Streifen im Garten bietet.

KULTUR UND PFLEGE

Frühjahr
Farne pflanzen und gut wässern. Alte Wedel abschneiden, sobald sich neue entrollen. Montbretien pflanzen. In späteren Jahren zu Frühjahrsbeginn die abgestorbenen Blätter entfernen. Winterling pflanzen, sofern erhältlich. Ist er verwelkt, Stiefmütterchen setzen.

Sommer
Buchs im Spätsommer in Form stutzen. Rings um die Farne den Boden feucht halten. Regelmäßig welke Blüten der Stiefmütterchen entfernen. Im Spätsommer Stiefmütterchen stutzen, damit sich neue Blätter entwickeln.

Herbst
Buchs jetzt oder im Frühjahr pflanzen, dabei reichlich Knochenmehl in den Boden einarbeiten. Alpenveilchen pflanzen, die Knollen gerade mit Erde bedecken. Winterling pflanzen, sofern nicht bereits im Frühjahr geschehen.

Winter
Keine Routinearbeiten.

Formenkombinationen

Dieser Bepflanzungsvorschlag zeigt eine Reihe aus immergrünem Buchs, der zu Kugeln und Kegeln gestutzt wurde und die gesamte Länge der Rabatte einnehmen kann. Durch das Pflanzen einer so prägnanten einzelnen Reihe umgeht man das Problem, eine mehrschichtige Pflanzung auf eine zu kleine Fläche zwängen zu müssen.

Wie man die Lücken zwischen dem Buchs füllt, hängt davon ab, wieviel Platz vorhanden ist und ob sich hinter der Rabatte eine Mauer befindet. Diese Pflanzung würde sich ideal für einen schmalen Streifen Erde zwischen einem Weg und einer Mauer oder einem Zaun eignen. Im Schatten gedeiht sie noch besser als in der Sonne.

Vor einer Mauer kann man die immergrüne Hirschzunge, *Phyllitis scolopendrium,* vielleicht abwechselnd mit Montbretien pflanzen. Die glänzenden, schmalen Wedel der Farne bilden einen schönen Kontrast zu dem kleinen Laub des Buchses und den großartigen, steifen Blättern der Montbretie, die von der Spitze bis zur Basis tief geädert sind. Einige Hirschzungen entwickeln bizarre Formen mit so stark geteilten Wedeln, daß sie wie Sträuße aus Petersilie aussehen.

Bei dieser Rabatte sind die Formen wichtiger als die Farben, doch im Sommer werden die Montbretien an ihren leicht gebogenen Blütenstengeln ein Feuerwerk aus leuchtendroten Blüten tragen. Wählen Sie eine Sorte wie ›Lucifer‹, die sowohl wuchsfreudig ist als auch kräftige Farben hat. Im Garten sollte man immer Mut zur Farbe zeigen und verhaltene Rottöne meiden.

Farbige Flecken

Verwenden Sie Zwiebelblumen, um Lücken zwischen dem Buchs in jeder Jahreszeit neu mit Farbe zu füllen. Beginnen Sie mit Winterling, der die letzten Wintertage aufheitert und mit seinen reingelben Blüten einen schönen Kontrast zu dem nüchternen, starren Buchs bildet.

Hier wächst der Winterling in einer schmalen Reihe vor dem Buchs, doch man könnte ihn ebensogut in Gruppen zwischen die Buchsbüsche setzen. Bis Mitte des Frühjahrs ist er wieder verschwunden, so daß er späteren Zwiebelblumen nicht ins Gehege kommt.

Hirschzunge
Die breiten, ledrigen Wedel von *Phyllitis scolopendrium* sorgen das ganze Jahr über für einen reizvollen Hintergrund.

Winterling
In freier Natur wächst *Eranthis hyemalis* in Wäldern. Er paßt sich daher auch einem schattigen Platz im Garten an.

PFLANZPLAN

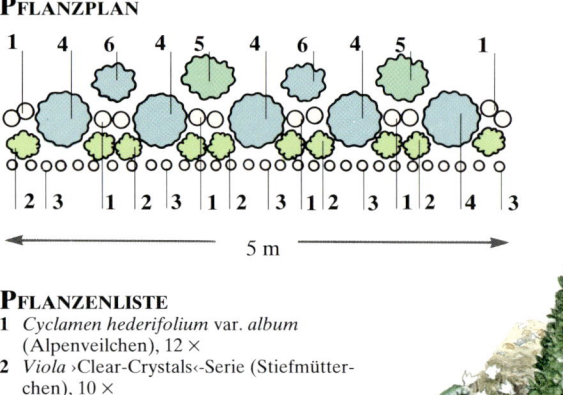

5 m

PFLANZENLISTE
1 *Cyclamen hederifolium* var. *album* (Alpenveilchen), 12 ×
2 *Viola* ›Clear-Crystals‹-Serie (Stiefmütterchen), 10 ×
3 *Eranthis hyemalis* (Winterling), 30 ×
4 *Buxus sempervirens* (Buchs), 5 ×
5 *Crocosmia* ›Lucifer‹ (Montbretie), 2 ×
6 *Phyllitis scolopendrium* (Hirschzunge), 2 ×

Denken Sie daran, daß Winterling am besten noch belaubt und direkt nach der Blüte gepflanzt wird. Im Spätsommer angebotene Zwiebeln gewöhnen sich meist nur schwer ein.

Auch Schneeglöckchen eignen sich gut als erste Zwiebelblumen, sofern sie nicht schon woanders wachsen. Wie andere weiße Blumen wirken sie in der Umgebung von dunkelgrünem Laub besonders erfrischend und anmutig.

Oder man hebt das Weiß im Beet lieber für den Frühherbst auf und pflanzt weißblühende *Cyclamen hederifolium* zwischen den Buchs. Ihren federballartigen Blüten, die von August bis November erscheinen, folgen kunstvoll marmorierte Blätter.

Nun fehlen nur noch Blumen, um die Zeit zwischen Winterling und Alpenveilchen zu überbrücken. Dazu bieten sich Veilchen oder Stiefmütterchen an, doch beschränken Sie sich auf eine Farbe. Die Gesamtwirkung des Arrangements soll schlicht und klar bleiben.

Buxus sempervirens (Buchs) *Dichter immergrüner Strauch mit kleinen, glänzenden, dunkelgrünen Blättern. H und B bis 1,2 m.*

Crocosmia ›Lucifer‹ (Montbretie) *Buschiges Knollengewächs mit lanzenförmigen Blättern und roten Blütenständen. H bis 1,2 m, B bis 25 cm.*

Phyllitis scolopendrium (Hirschzunge) *Immergrüner Farn mit glänzenden, hellgrünen, zungenartigen Wedeln. H 75 cm, B 45 cm.*

Eranthis hyemalis (Winterling) *Knollengewächs mit gelben Blüten, die halskrausenartige Brakteen haben. H und B bis 10 cm.*

Cyclamen hederifolium var. album (Alpenveilchen) *Knollengewächs mit weißen Herbstblüten und marmorierten Blättern. H bis 10 cm, B 15 cm.*

Viola ›Clear-Crystals‹-Serie (Stiefmütterchen) *Einjährig gezogene Staude mit gelben Blüten. H 15–20 cm, B 20 cm.*

Formales Arrangement
Eine formale Gestaltung mit einer stark strukturierten Pflanzung und einer begrenzten Farbpalette wirkt auch auf schmalen Flächen tadellos und elegant.

Montbretie
Mit ihrer leuchtenden Färbung heitern die attraktiven Blüten von *Crocosmia ›Lucifer‹* den Spätsommer auf.

Buchs
Aufgrund seines dichten immergrünen Laubs eignet sich *Buxus sempervirens* ideal für den Formschnitt. Er muß nur einmal pro Jahr gestutzt werden.

Alpenveilchen
Die Herbstblüten von *Cyclamen hederifolium* var. *album* erscheinen vor seinen schön marmorierten Blättern.

ZWISCHEN DEN STUFEN

Dem Ordnungsliebenden wird nichts daran liegen, seine sorgfältig gefegten und herbizidbehandelten Treppenstufen oder Wege zu bepflanzen. Doch wer seinen Garten lieber ungezwungen gestalten möchte, experimentiert gerne mit einigen der Pflanzen, die in diesem Vorschlag in die senkrechten Setzstufen zwischen den Trittflächen einer Treppe gepflanzt wurden.

FLEISCHIGE BLÄTTER
Die fleischigen, spatelförmigen Blätter von *Sedum kamtschaticum* ›Variegatum‹ haben einen matten Glanz und einen kontrastierenden cremefarbenen Rand.

KULTUR UND PFLEGE

Frühjahr
Farne können zwischen Frühjahrsmitte und Frühherbst bei feuchtem Wetter jederzeit gepflanzt werden. Lauberde unter das Pflanzsubstrat mischen.

Sommer
Welke Blütenstände von Wolfsmilch, Saxifragen und Fetthennen entfernen.

Herbst
Wolfsmilch, Saxifragen und Fetthennen pflanzen. Falls der Boden schwer und feucht ist, groben Sand einarbeiten.

Winter
Im Spätwinter die alten Farnwedel abschneiden, bevor neue erscheinen.

Immer gibt es diese Möglichkeit natürlich nicht. Manche Treppen haben einen so festen Unterbau aus Zement und Schotter, daß man einen Pickel brauchen würde, um auch nur ein Korn zu pflanzen. Andere Treppen sind anpassungsfähiger. Möglicherweise lassen sich sogar Ziegel aus den Setzstufen entfernen. Wo bereits Ritzen vorhanden sind, kann man diese nutzen und eventuell noch erweitern.

Am leichtesten lassen sich Stufen bepflanzen, die keinen Unterbau haben, so daß sich zwischen ihnen nackte Erde befindet. Solche Stufen findet man beispielsweise bei Wegen, die sich zwanglos zwischen Blumenrabatten eine Böschung oder einen Hang hinaufwinden.

Auswahl laubreicher Pflanzen

Für eine Treppenbegrünung eignen sich nur bestimmte Pflanzen. Sie sollten recht klein bleiben, damit sie nicht zum Hindernis werden oder den Weg überwuchern. Auch dürfen sie nicht so stark wachsen, daß sie Flächen an den Seiten der Stufen beanspruchen. Und sie müssen sich in der kühlen Erde unter den Stufen wohl fühlen.

Die Pflanzung muß schlicht sein. Daher sollten pro Setzstufe bestenfalls zwei verschiedene Pflanzen verwendet werden. Nimmt man mehr, entsteht ein unordentliches Gewirr, und die Stufen sehen unruhig und überladen aus.

Wichtiger als Blüten sind die Blätter der Pflanzen, denn sie lockern eintöniges Mauerwerk auf und runden die harten Ecken ab.

Kleine Farne sind ideal. Sie lieben Plätze, an denen ihre Wurzeln, wie hier unter den Stufen, in feuchter, kühler Erde wachsen, auch wenn sie sonst voller Sonne ausgesetzt sind.

Gut geeignet ist der kleine Schriftfarn, *Ceterach officinarum,* mit seinen schmalen, glänzenden Wedeln, überdies der Streifenfarn *Asplenium trichomanes* oder, in saurem Boden, *Cryptogramma crispa.*

PFLANZENLISTE
1 *Asplenium trichomanes* (Streifenfarn), 4 ×
2 *Euphorbia cyparissias* (Wolfsmilch), 1 ×
3 *Ceterach officinarum* (Schriftfarn), 3 ×
4 *Saxifraga moschata* ›Cloth of Gold‹ (Steinbrech), 2 ×
5 *Sedum kamtschaticum* ›Variegatum‹ (Fetthenne), 4 ×
6 *Sedum obtusatum* (Fetthenne), 2 ×

PFLANZPLAN

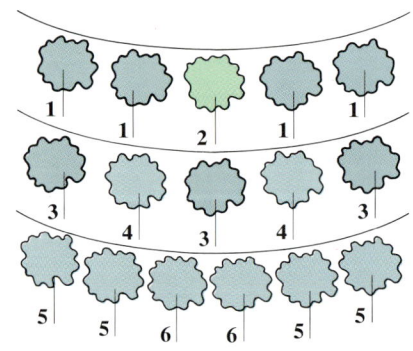

Skulpturale Stufen
Die klaren, architektonischen Formen einer Treppe bilden einen ruhigen, schlichten Rahmen für die üppigen Wedel der Farne und die duftigen Blütenstände einer Wolfsmilch.

Streifenfarn
Asplenium trichomanes, der zu den anmutigsten Pflanzen gehört, genießt die kühle Erde, die er unter den Trittflächen findet.

Panaschierte Fetthenne
Die fleischigen Blätter von *Sedum kamtschaticum* ›Variegatum‹ sind cremefarben gerändert.

Sonne und Schatten

Wo die Stufen vom Schatten in die Sonne führen, pflanzt man die Farne in den Schatten. Versuchen Sie es mit dem Schriftfarn, einem kleinen Tüpfelfarn wie *Polypodium polypodioides* oder dem höheren, aber härteren *P. virginianum* in Kombination mit einer kleinen Wolfsmilch-Art wie *Euphorbia cyparissias*. Diese Wolfsmilch kann übermütig werden. Sie läßt sich aber leicht herausziehen, wenn sie ihre Nase an Plätzen hervorstreckt, an denen man sie nicht will. Im Spätfrühjahr sind ihre filigranen Blattbüschel mit hübschen gelbgrünen Blüten geschmückt.

Neben den Streifenfarn setzen Sie einen weichen Moossteinbrech. Gut geeignet ist *Saxifraga moschata* ›Cloth of Gold‹. Sie bildet Rosetten aus schönem goldenem Laub und bevorzugt wie auch viele Farne etwas Schatten.

Wer sonnigere Stufen bepflanzt, verwendet Fetthenne. Wählen Sie niedrige, fleischige Formen wie *Sedum kamtschaticum* ›Variegatum‹ oder *S. spathulifolium* ›Cape Blanco‹, deren graugrüne Blattrosetten mitunter purpurn überhaucht sind. *S. obtusatum* besitzt dicke Blätter, die sich im Sommer in schimmerndem Bronzerot färben.

Ebensogut für Stufen geeignet sind Hauswurze wie *Sempervivum arachnoideum*, die mit einem Gespinst aus feinen, weißen Haaren bedeckt ist.

***Asplenium trichomanes* (Streifenfarn)** *Halbimmergrüner Farn mit zierlichen Wedeln. H 15 cm, B bis 30 cm.*

***Euphorbia cyparissias* (Wolfsmilch)** *Laubreiche Staude mit schmalen, graugrünen Blättern und grüngelben Blüten. H und B 30 cm.*

***Ceterach officinarum* (Schriftfarn)** *Halbimmergrüner Farn mit lanzettlichen, dunkelgrünen Wedeln. H und B 15 cm.*

***Saxifraga moschata* ›Cloth of Gold‹ (Steinbrech)** *Immergrüne Polster mit weißen Blüten. H 15 cm, B 30 cm.*

***Sedum kamtschaticum* ›Variegatum‹ (Fetthenne)** *Halbimmergrüne Staude mit orangegelben Blüten. H bis 8 cm, B 20 cm.*

***Sedum obtusatum* (Fetthenne)** *Immergrüne Staude mit kleinen sukkulenten Blättern. H 5 cm, B 15 cm.*

Wolfsmilch
Die eindrucksvollen gelbgrünen Blüten von *Euphorbia cyparissias* leuchten im Spätfrühjahr besonders schön.

Steinbrech
Feuchte Erde und etwas Schutz vor der Mittagssonne braucht *Saxifraga moschata* ›Cloth of Gold‹, um zu gedeihen.

Schriftfarn
Ceterach officinarum hat rötlich-braune Schuppen, die die Unterseiten seiner Wedel bedecken.

Bronzefarbene Fetthenne
Die dicken, fleischigen Blätter von *Sedum obtusatum* werden im Sommer bronzerot.

KULTUR UND PFLEGE

Frühjahr
Eberraute, Rosmarin und Horn-Bleiwurz pflanzen. In späteren Jahren lange, dünne oder frostgeschädigte Triebe herausschneiden. Wucherblumen im Haus in Schalen säen, später die Sämlinge pikieren. Jungpflanzen ins Freie setzen, sobald keine Frostgefahr mehr besteht.

Sommer
Gegebenenfalls welke Blüten entfernen.

Herbst
Abgeblühte Triebe der Eberraute im Frühherbst entfernen. Junkerlilie und Scheinmohn pflanzen.

Winter
Fruchtstände der Junkerlilie im Spätwinter abschneiden.

EIN STEINIGES FLECKCHEN

Es gibt zwei Möglichkeiten, mit einer trockenen, steinigen Fläche im Garten zu verfahren. Entweder Sie entfernen alle Steine von Hand (eine Arbeit, bei der man gewöhnlich einen guten Grund findet, sie nie zu beenden), oder Sie fügen sich in Ihr Schicksal und begrünen die Fläche mit Pflanzen, die sich auf steinigem Grund besonders wohl fühlen. Wenn Sie sich für letzteres entscheiden, ersparen Sie sich viel mühsame Arbeit und verhalten sich zudem umweltbewußter.

Es gibt eine Vielzahl von Pflanzen, die einen so gut drainierten Standort mit Steinen und Kies mögen, auch wenn er Ihnen wenig verheißungsvoll erscheinen mag. Es sind Pflanzen, die Sie an den Hängen des Mittelmeergebiets finden können oder in den Bergen der Osttürkei. Wie diese natürlichen Lebensräume muß auch der Standort für diese Pflanzung offen und sonnig sein.

Erde, die viele Kiesel und Steine enthält, ist enorm durchlässig. Die schwierigste Zeit für Pflanzen, die hier angesiedelt werden, ist die Anfangsphase unmittelbar nach der Pflanzung. Dann muß gemulcht und sorgfältig gewässert werden, bis sie angewachsen sind und ihre Wurzeln auf der Suche nach Wasser und Nahrung tief in die Erde gestreckt haben.

Versuchen Sie nicht, einen Fleck wie diesen formal zu gestalten. Die Ränder sollten unregelmäßig sein und sanft mit den angrenzenden Flächen verschmelzen. Der Platz sollte wie ein kleiner Ausschnitt eines Berghanges wirken, den es in Ihren Hinterhof verschlagen hat. Verstärken Sie diese natürliche Wirkung durch weiteren Kies und eine Deckschicht aus Steinen.

PFLANZENLISTE
1 *Ceratostigma plumbaginoides* (Horn-Bleiwurz), 1 ×
2 *Artemisia abrotanum* (Eberraute), 1 ×
3 *Chrysanthemum segetum* (Saat-Wucherblume), 22 ×
4 *Meconopsis cambrica* (Scheinmohn), 22 ×
5 *Rosmarinus officinalis* ›Severn Sea‹ (Rosmarin), 2 ×
6 *Asphodeline lutea* (Junkerlilie), 5 ×

Arrangement für trockenen Boden
Ein Stück trockene steinige Erde verwandelt sich durch Blumen in leuchtenden Farben vor einem kühlen blaugrauen Hintergrund in eine Augenweide.

Scheinmohn
Meconopsis cambrica samt sich üppig aus und trägt hübsche mohnähnliche Blüten in kräftigem Gelb oder leuchtendem Orange.

Tupfer in sonnigem Gelb

Diese kleine Pflanzung wird hauptsächlich aus drei Pflanzentypen gebildet: filigraner Eberraute, die graue Laubkissen entstehen läßt, aromatischem, mit blauen Blüten besetztem Rosmarin und blaublühender Horn-Bleiwurz, die am Ende des Sommers auf dem Höhepunkt ihrer Pracht steht. Auch Lavendel mit seinen aromatischen Blättern und Blüten würde hier gut passen.

Horn-Bleiwurz
Die buschige *Ceratostigma plumbaginoides* hat blaue Blüten und Blätter, die sich im Herbst rot färben.

Unter diesem niedrigen Laubdach kann man gelbe Teppiche auslegen. Der Scheinmohn, *Meconopsis cambrica,* wird wegen seiner seidigen Blüten verwendet, die sich lange Zeit öffnen. Er samt sich üppig aus, was hier sicher kein Nachteil ist, denn man wird für alles dankbar sein, was überhaupt auf diesem Boden wächst.

Für Höhe sorgen die Blütenstände der Junkerlilie, die grasartige, blaugraue Blätter hat und im Spätfrühjahr gelbe Sternblüten öffnet. Die nachfolgenden Fruchtstände bleiben lange Zeit reizvoll und sehen noch im Winter interessant aus.

Um das Ende des Sommers aufzuheitern, verwendet man eine spätblühende Einjahresblume wie *Chrysanthemum segetum,* die zu blühen beginnt, wenn der Scheinmohn welkt. Sie hat leuchtendgelbe, kleine Korbblüten, die an kräftigen, hohen Stengeln stehen. Ihre Blätter machen zwar wenig her, doch da sind immer noch das Laub von Scheinmohn und Junkerlilien und die Blüten und Blätter der verschiedenen Sträucher.

***Ceratostigma plumbaginoides* (Horn-Bleiwurz)** *Buschige Staude mit blauen Blüten und rötlichen Stengeln. H 30 cm, B 45 cm.*

***Artemisia abrotanum* (Eberraute)** *Halbstrauch mit gelben Blüten und aromatischen Blättern. H und B 75 cm.*

***Chrysanthemum segetum* (Saat-Wucherblume)** *Aufrecht wachsende Einjahresblume mit gelben Korbblüten. H 45 cm, B 30–45 cm.*

***Meconopsis cambrica* (Scheinmohn)** *Staude mit orangen oder gelben Blüten und farnartigem Laub. H bis 45 cm, B 30 cm.*

***Rosmarinus officinalis* ›Severn Sea‹** *Immergrüner Strauch mit blauen Blüten. H bis 30 cm, B 1,2 m.*

***Asphodeline lutea* (Junkerlilie)** *Schöne Staude mit gelben Sternblüten. H bis 1,2 m, B bis 1 m.*

Eberraute
Die steifen, aufrechten Stengel von *Artemisia abrotanum* sind in filigranes, aromatisches Laub gehüllt, das aber leider nicht immergrün ist.

Saat-Wucherblume
Den Spätsommer heitert *Chrysanthemum segetum* mit ihren zahlreichen leuchtenden Korbblüten auf.

Rosmarin
›Severn Sea‹ ist eine niederliegende, etwas empfindlichere Sorte des bekannten Küchenkrauts *Rosmarinus officinalis.*

Junkerlilie
Die steifen Blütenstände von *Asphodeline lutea* stehen über einem Büschel aus blaugrauen, grasähnlichen Blättern.

GUTE TOPFPFLANZEN
Lilien sehen nicht nur in
der Rabatte prächtig aus,
sondern sind auch großar-
tige Topfpflanzen. *Lilium*
›Enchantment‹ gedeiht in
Sonne oder Halbschatten.

KULTUR UND PFLEGE

Frühjahr
Pelargonien und Ewigblatt
ins Freie setzen, wenn keine Frostgefahr mehr be-
steht. Kapuzinerkresse direkt in den Topf säen, in
dem sie draußen wachsen
wird. Den Klebsamen
pflanzen; lange, dünne
Triebe können im Spät-
frühjahr gestutzt werden.

Sommer
Welke Pelargonienblüten
entfernen. Lilien gut
wässern und düngen.

Herbst
Pelargonien herausneh-
men, zurückschneiden und
in einem frostfreien Glashaus oder Schuppen über-
wintern. Oder Stecklinge
nehmen. Lilien sobald er-
hältlich pflanzen; tief in die
Töpfe stecken. Unter
Schutz halten, bis sie im
Frühjahr austreiben.

Winter
Ewigblatt auf einem
kühlen Fensterbrett im
Haus überwintern. Nicht
zu viel gießen.

TÖPFE FÜR VIELE GELEGENHEITEN

Bitumen und Beton beherrschen oft wichtige Flächen im Garten, an denen wir viel lieber Blumen und Blätter sehen würden, etwa neben der Eingangstür, vor dem Küchenfenster oder um eine Gartenbank herum. An diesen Stellen, an denen meist nur wenig oder keine Erde vorhanden ist, sind bepflanzte Töpfe und Kübel die beste Lösung.

Im Abschnitt »Tarnung im Topf« auf Seite 130–131 wurde ein halbes Dutzend Pflanzen in einen großen Topf gesetzt, um Abflußrohre und Kanaldeckel zu verbergen. Hier werden nun kleinere Töpfe einzeln bepflanzt und gruppiert. Sie können der Jahreszeit und dem vorhandenen Platz entsprechend beliebig arrangiert werden.

Diese Form der Pflanzenkultur hat den Vorteil, daß sie flexibel ist und man einzelne Pflanzen entfernen kann, wenn ihre schönste Zeit vorbei ist. Wenn etwa die Lilien verblüht sind, läßt man sie abseits welken und setzt einen anderen Topf an ihre Stelle.

Pflanzungen nach Maß

Pflanzgefäße können an jeder beliebigen Stelle passend arrangiert werden, welche Form die Fläche auch haben mag. In einer tiefen, schmalen Ecke etwa könnte man einen im Topf wachsenden immergrünen Busch als Hintergrund für Lilien und Pelargonien verwenden. An die Eingangstür setzt man ein Pflanzenarrangement, das sich mit den Jahreszeiten ständig verändert: Nach den Kamelien und Krokussen des Frühjahrs folgen Duftpelargonien und einjährige Sommerblumen, die schließlich üppigem immergrünem Winterlaub Platz machen.

Solche Pflanzungen sollten stets der besonderen Situation angepaßt werden. Einige Pflanzen verbrennen in praller Sonne, wie etwa der goldblättrige Japanische Ahorn *Acer japonicum* ›Aureum‹. Daher verwendet man ihn an einem schattigen Platz als Hintergrund für Töpfe mit duftenden weißen Königslilien und gelbgrünem Frauenmantel. Weiß ist stets am wirkungsvollsten, wenn es in dunklen, schattigen Ecken schimmert.

Dieses Arrangement besteht aus leuchtenden Blumen, die eine kahle Betonfläche schmücken können, vielleicht neben einer Eingangstür. Warme Farben eignen sich für warme Plätze, und hier erheben sich prächtige orangefarbene Lilien hinter niedrigen Töpfen mit der dunkelblättrigen Pelargonie ›Mme Fournier‹. Letztere ist eine kompakte Sorte mit Blüten in klarem Rot, doch auch jede andere rotblühende Pelargonie mit dunklem Laub wäre hier wirkungsvoll. Wenn Sie eine rosafarbene Form wie etwa ›The Boar‹ verwenden wollen, die ebenfalls schöne Blätter mit einer klar umrissenen dunklen Zone hat, pflanzen Sie andere Lilien mit weißen oder dunklen Blüten, wie etwa die karminrote ›Empress of India‹. Verzichten

Sie auf ganz hohe Arten, die in einem Topf gestützt werden müßten. In einem weiteren Pflanzgefäß werden Kapuzinerkresse oder Ringelblumen gezogen.

Eine immergrüne Pflanze verleiht der Gruppe Substanz. Man könnte einen in Kegel- oder Kugelform gestutzten Buchs verwenden oder einen Strauch wie Duftblüte, einen panaschierten Spindelstrauch oder einen Klebsamen. Im Garten wachsen sie alle meist zu großen Sträuchern heran, in Kübeln ist ihr Wachstum jedoch beschränkt, und man kann sie durch regelmäßigen Schnitt in Form halten.

Gelbe Lilie
Lilium ›Destiny‹ trägt mitunter zehn Blüten an einem Stengel. Die Spitzen ihrer Petalen sind zurückgerollt.

Kapuzinerkresse
Tropaeolum majus ›Alaska‹ ist eine ungewöhnliche Sorte mit weißmarmorierten Blättern.

Harmonische Gruppe

Werden Pflanzgefäße in Gruppen zusammengestellt, kombiniert man Pflanzen mit kontrastierenden Wuchsformen, um ein ausgewogenes Arrangement entstehen zu lassen. Für Höhenakzente verwendet man aufrecht wachsende Pflanzen mit prägnanter Form, Hängepflanzen sorgen für eine zwanglose Wirkung und lockern die harten Konturen der Töpfe auf.

Klebsame
Die schwarzen Triebe von *Pittosporum tenuifolium* kontrastieren hübsch mit seinen blaßgrünen, gewellten Blättern.

Ewigblatt
Aeonium arboreum ›Schwarzkopf‹ ist eine schimmernde, dunkle Sukkulente, aber leider frostempfindlich.

Orangefarbene Lilie
Die leuchtendorangeroten Blüten von *Lilium* ›Enchantment‹ erscheinen im Hochsommer.

PFLANZENLISTE
1 *Lilium* ›Enchantment‹, 9 ×
2 *Tropaeolum majus* ›Alaska‹ (Kapuzinerkresse), 15 ×
3 *Pittosporum tenuifolium* (Klebsame), 1 ×
4 *Pelargonium* ›Mme Fournier‹, 5 ×
5 *Lilium* ›Destiny‹, 9 ×
6 *Aeonium arboreum* ›Schwarzkopf‹ (Ewigblatt), 1 ×

Pelargonie
Pelargonium ›Mme Fournier‹ ist eine Zonalpelargonie mit scharlachroten Blüten, die vor dunklen Blättern stehen.

Lilium ›Enchantment‹ (Lilie) *Frühe sommerblühende Zwiebelblume. Ihre aufwärtsgerichteten, orangeroten Blüten haben schwarzgetupfte Mitten. H 1 m, B bis 30 cm.*

Tropaeolum majus ›Alaska‹ (Kapuzinerkresse) *Einjahresblume mit panaschierten Blättern, deren orangefarbene oder gelbe Blüten sich im Sommer und Frühherbst öffnen. H und B 30 cm.*

Pittosporum tenuifolium (Klebsame) *Immergrüner Strauch mit gewellten, glänzenden, ovalen, mittelgrünen Blättern, der im Spätfrühjahr duftende, purpurne Blüten trägt. H und B 1,2 m.*

Pelargonium ›Mme Fournier‹ *Frostempfindliche Staude mit beinahe schwarzen Blättern und kleinen, einfachen, scharlachroten Blüten. H 15–20 cm, B 10 cm.*

Lilium ›Destiny‹ *Frühe sommerblühende Zwiebelblume mit aufwärtsgerichteten, schalenförmigen, gelben Blüten, die braungetupft sind. H 1–1,2 m, B bis 30 cm.*

Aeonium arboreum ›Schwarzkopf‹ (Ewigblatt) *Sukkulente Staude, an deren Stengeln Rosetten mit langen, spatelförmigen, purpurschwarzen Blättern stehen. H bis 60 cm, B 1 m.*

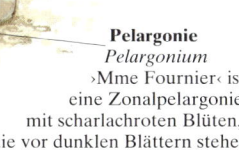

ABENDLICHER DUFT

Die Blüten der Nachtkerze *Oenothera biennis* duften am stärksten, wenn sie abends aufgehen. Die einzelnen Blüten halten nur einen Tag, aber es öffnen sich viele nacheinander.

KULTUR UND PFLEGE

Frühjahr

Gladiolen und Prärielilien als wachsende Pflanzen an Stellen setzen, wo zuvor etwas Grasnarbe entfernt wurde. Knochenmehl in die Erde einarbeiten. Im Spätfrühjahr Nachtkerzen aussäen.

Sommer

Gegen Sommerende die Wiese erstmals mähen. Kleine Nachtkerzen in Reihen auspflanzen und bis zum Herbst wachsen lassen.

Herbst

Im Herbst das Gras mehrmals schneiden, so daß es am Ende der Wachstumsperiode kurz ist. Storchschnabel, Akelei und Nachtkerzen in Löcher setzen, die in die Grasnarbe geschnitten wurden.

Winter

Es fallen keine Routinearbeiten an.

KLEINODE IM GRAS

Grasflächen im Garten müssen keineswegs jede Woche geschnitten werden. Wenn Sie sich diese revolutionäre Idee einmal zu eigen gemacht haben, eröffnen sich Ihnen ganz neue Möglichkeiten. Statt sich mit dem Rasenmäher in unzugänglichen Ecken abzuquälen, lassen Sie das Gras einfach wachsen. Im Obstgarten oder dort, wo der Rasen am Rand des Grundstücks in die freie Natur übergeht, lassen Sie Gräser und Wildkräuter sprießen. Mähen Sie einfach mittendurch einen breiten Weg. Stellen Sie gemähte und ungemähte Bereiche nebeneinander.

Glauben Sie aber nicht, daß Sie Klatschmohn und Kornblumen dazu bewegen können, sich betörend im zarten Gras Ihrer Hinterhofwiese zu wiegen. In einer frisch eingesäten Wiese werden zwar im ersten Jahr Mohn und Kornblumen ihre leuchtenden Blüten öffnen, aber sie sind einjährig. Sie bleiben nur ein Jahr, da sie frisch bearbeiteten Boden bevorzugen. Aus diesem Grund mögen sie auch Getreideäcker, auf denen sie sich nach einem Kopf-an-Kopf-Rennen mit dem Getreide aussamen, um nach dem nächsten Umpflügen wieder zu keimen. Wo aber ausdauernde Gräser wachsen wie in einem Obstgarten, verschwinden Mohn und Kornblumen.

Pflanzen für eine Blumenwiese

In einer ungemähten Wiese kann jedoch ein anderes Spektrum an Pflanzen stehen – Zwiebelbumen und Stauden, die auch in wilden Wiesen wachsen und daher der Konkurrenz standhalten können. Pflanzen Sie *Gladiolus byzantinus* mit ihren schwertförmigen Blättern und magentaroten Blütenständen. Und pflanzen Sie Prärielilien, deren hohe Trauben aus weißen oder blauen Sternblüten sich leicht gegen die dünnen Gräser behaupten kön-

PFLANZENLISTE
1 *Gladiolus byzantinus*, 3 ×
2 *Geranium phaeum* (Brauner Storchschnabel), 2 ×
3 *Aquilegia vulgaris* (Akelei), 5 ×
4 *Oeonothera biennis* (Nachtkerze), 3 ×
5 *Camassia leichtlinii* (Prärielilie), 5 ×

nen. Beide Pflanzen siedeln sich leichter an, wenn man anstelle von Zwiebeln wachsende Pflanzen einsetzt. Entfernen Sie ein quadratisches Stück Grasnarbe, damit die neuen Pflanzen erst einmal etwas Luft haben, bevor ihre Nachbarn sie zu bedrängen beginnen.

Auf die gleiche Weise kann man Akelei verwenden, die in Gras besonders hübsch aussieht.

Im Herbst setzen Sie dann Nachtkerzen, die Sie aus Samen gezogen haben, in die Wiesenfläche. Alle diese Pflanzen stehen während der ersten Hälfte des

Blütenwiese
Die Farbzusammenstellung ist hier wunderbar ungezwungen und läßt die Pflanzung ganz natürlich wirken. Das zarte Gräsergewirr ist mit leuchtenden Farbtupfern durchsetzt.

Gladiole
In leichten Böden breitet sich *Gladiolus byzantinus* rasch aus und entwickelt im Frühsommer magentarote Blütenstände.

Brauner Storchschnabel
Geranium phaeum, das selbst in tiefem Schatten gedeiht, trägt im Spätfrühjahr dunkle Blüten.

Sommers auf dem Höhepunkt ihrer Pracht. Gegen Sommerende sollte nämlich die Wiese gemäht werden, und wachsen dort später blühende Pflanzen, werden sie zwangsläufig geköpft. Nach dem ersten Spätsommerschnitt sollten bis zum Spätherbst möglichst noch drei weitere Schnitte erfolgen. Auf diese Weise ist das Gras im Frühjahr kurz, und Pflanzen wie Kissenprimeln, Schachbrettblumen und Himmelschlüssel sind gut zu sehen.

Auch Storchschnabel wie *Geranium pratense* ›Plenum Violaceum‹ oder andere verhältnismäßig hohe Formen wie ›Kashmir Purple‹, ›Mrs Kendall Clarke‹ und *Geranium psilostemon* wachsen bereitwillig im Gras. Nach der ersten Blühperiode wird dann gemäht. Vielleicht haben Sie Glück, und es folgt eine spätere zweite Blüte.

Jede Pflanze, deren umgangssprachlicher Name das Wort »Wiese« enthält – etwa Wiesenraute *(Thalictrum)* oder Wiesenmargerite *(Leucanthemum)* –, wird vermutlich für einen Platz im Gras geeignet sein. Setzen Sie aber nicht zu viele von ihnen ein, sonst haben Sie bald keine Wiese mehr, sondern eine weitere Staudenrabatte.

Prärielilie
Hohe Trauben aus Sternblüten, deren Farbe von Weiß bis Tiefblau reicht, sprießen im Frühsommer aus den Zwiebeln von *Camassia leichtlinii.*

Gladiolus byzantinus
Zwiebelblume, die im Sommer aufrechte tiefrosa Blütenstände trägt.
H 40–75 cm, B 6 cm.

Geranium phaeum (Brauner Storchschnabel)
Buschige Staude mit rotbraunen oder schwarzvioletten Spätfrühjahrsblüten.
H 75 cm, B 45 cm.

Aquilegia vulgaris (Akelei) *Staude mit geteilten Blättern und rosa, purpurnen oder weißen Frühsommerblüten.*
H 80 cm–1 m, B 30–50 cm.

Oenothera biennis (Nachtkerze) *Aufrecht wachsende zweijährige Blume, die im Sommer und Herbst duftende, blaßgelbe Blüten trägt. H 1 m, B 30 cm.*

Camassia leichtlinii (Prärielilie) *Zwiebelblume mit aufrechten Blättern und bläulich-violetten oder weißen sternförmigen Sommerblüten.*
H 90 cm–1,2 m, B 30 cm.

Nachtkerze
Oenothera biennis ist eine zweijährige Pflanze mit hohen Blütenschäften, die sich im zweiten Jahr aus einer grundständigen Blattrosette erheben und lange Zeit seidige, gelbe Blüten tragen.

Akelei
Die dicken, kurzgespornten Blüten von *Aquilegia vulgaris* stehen über anmutig geteiltem Laub.

143

PFLANZENFÜHRER

Wer einen Pflanzvorschlag verändern möchte, kann dies mit Hilfe dieses Pflanzenführers tun. Im folgenden wurden die in diesem Buch vorgestellten Pflanzen nach besonderen Eigenschaften beziehungsweise ihrer Eignung für spezielle Standorte in Gruppen zusammengefaßt. So können Sie für jeden Gartenbereich problemlos die richtigen Pflanzen finden. Die Liste hilft Ihnen, Gestaltungsvorschläge zu ergänzen und auf größere Flächen auszudehnen, Pflanzen durch andere Arten zu ersetzen, die Ihnen besser gefallen oder Ihrem Garten eher gerecht werden, oder Pflanzen zu völlig neuen Arrangements zu kombinieren.

PFLANZEN FÜR SCHATTIGE PLÄTZE

Acer palmatum ›Dissectum‹
Arum italicum ›Pictum‹
Asplenium trichomanes
Astilbe × arendsii
Brunnera macrophylla
 ›Hadspen Cream‹
Camellia × williamsii
 ›Brigadoon‹
Carex elata ›Aurea‹
Ceterach officinarum
Convallaria majalis
Cornus alba ›Elegantissima‹
Crataegus laciniata
Cyclamen hederifolium
Decaisnea fargesii
Galanthus nivalis
Hamamelis × intermedia
 ›Arnold Promise‹

Helleborus orientalis

Helleborus
Hosta
Hydrangea
Ligularia przewalskii
Mentha × gentilis ›Variegata‹
Pernettya mucronata ›Mulberry
 Wine‹
Phyllitis scolopendrium
Pieris ›Forest Flame‹
Polygonatum × hybridum
Polygonum campanulatum
Polypodium
Polystichum setiferum
Rhododendron

Tellima grandiflora
 ›Purpurea‹
Tiarella wherryi
Viburnum opulus ›Compactum‹
Viburnum plicatum ›Mariesii‹

PFLANZEN FÜR TROCKENE, SCHATTIGE PLÄTZE

Ajuga reptans ›Atropurpurea‹
Alchemilla mollis
Berberis thunbergii
 ›Atropurpurea‹
Bergenia ciliata
Brunnera macrophylla
 ›Hadspen Cream‹
Buxus sempervirens
Cortaderia selloana ›Sunningdale Silver‹
Cotoneaster horizontalis
Epimedium perralderianum
Euonymus fortunei ›Silver
 Queen‹
Hedera helix
Iris foetidissima
Lamium maculatum ›White
 Nancy‹
Mahonia × media ›Charity‹
Pittosporum tenuifolium
Pulmonaria saccharata
Salvia officinalis ›Purpurascens‹
Saxifraga × urbium
Vinca minor ›Argenteovariegata‹

PFLANZEN FÜR LEICHTE, SANDIGE BÖDEN

Acacia dealbata
Aeonium arboreum ›Schwarzkopf‹
Agave
Antirrhinum majus
Brachycome iberidifolia

Chrysanthemum segetum
Cistus × corbariensis
Cleome hassleriana
Crocus
Echeveria
Foeniculum vulgare
 ›Purpureum‹
Helianthemum ›Wisley Pink‹
*Iris (außer I. laevigata und
 I. pseudacorus)*
Juniperus
Lavandula
Linaria maroccana ›Fairy
 Lights‹
Nepeta ›Six Hills Giant‹
Origanum vulgare ›Aureum‹
Papaver orientale
Pelargonium
Pennisetum villosum
Pernettya mucronata ›Mulberry
 Wine‹
Rosmarinus
Scilla siberica ›Atrocoerulea‹
Sedum
Sempervivum
Verbena
Vitis vinifera ›Purpurea‹

Sempervivum tectorum

PFLANZEN FÜR SCHWERE, TONIGE BÖDEN

Berberis thunbergii
 f. *atropurpurea*
Choisya ternata
Cornus alba ›Elegantissima‹
Cotoneaster horizontalis
Crataegus laciniata
Eucalyptus gunnii
Eucalyptus niphophila
Filipendula

Hedera helix
Humulus lupulus ›Aureus‹
Iris laevigata ›Variegata‹

Lysichiton americanus

Lysichiton americanus
Malus
Matteuccia struthiopteris
Osmunda regalis
Philadelphus
Primula florindae
Primula japonica
Prunus ›Tai Haku‹
Pyracantha
Pyrus communis ›Marguérite
 Marillat‹
Rosa filipes ›Kiftsgate‹
Salix lanata
Sorbus
Viburnum
Vitis coignetiae

PFLANZEN FÜR SAURE BÖDEN

Abies koreana
Camellia × williamsii
 ›Brigadoon‹
Erica × darleyensis ›Ghost
 Hills‹
Gentiana sinoornata
Hamamelis × intermedia
 ›Arnold Promise‹
Lithodora diffusa ›Heavenly
 Blue‹
Magnolia × soulangeana
Osmunda regalis
Pernettya mucronata ›Mulberry
 Wine‹
Pieris ›Forest Flame‹
Pinus pumila ›Globe‹
Rhododendron

Pflanzen für sumpfige Plätze

Astilbe × arendsii
Carex elata ›Aurea‹
Cimicifuga simplex
Cornus alba ›Elegantissima‹
Eupatorium ligustrinum
Eupatorium rugosum
Filipendula
Hemerocallis citrina
Iris laevigata ›Variegata‹
Iris pseudacorus ›Variegata‹
Iris sibirica
Ligularia przewalskii
Lobelia siphilitica
Lysichiton americanus
Matteuccia struthiopteris
Osmunda regalis
Polygonum campanulatum
Primula florindae
Primula japonica
Rodgersia
Zantedeschia aethiopica
 ›Crowborough‹

Pflanzen für windige Küstengärten

✦ = salzverträgliche Pflanzen

Antirrhinum majus
Arbutus unedo ✦
Bupleurum fruticosum
Calendula officinalis
Crinum × powellii
Eccremocarpus scaber
Erigeron karvinskianus ✦
Eryngium × oliverianum

Eryngium × oliverianum

Eschscholzia californica
Eucalyptus coccifera ✦
Eucalyptus gunnii ✦
Euonymus fortunei ›Silver
 Queen‹ ✦
Euphorbia characias
 ssp. wulfenii
Felicia amelloides ›Santa Anita‹

Galtonia candicans
Hyacinthus orientalis
Ilex aquifolium ›Argentea
 Marginata‹ ✦
Kniphofia caulescens

Kniphofia caulescens

Kniphofia ›Percy's Pride‹
Laurus nobilis
Lavandula angustifolia
 ›Hidcote‹
Matthiola
Narcissus
Nerine bowdenii
Phormium tenax ✦
Pulsatilla vulgaris
Pyracantha
Rosmarinus
Salvia argentea
Scilla siberica ›Atrocoerulea‹
Sedum spathulifolium ›Cape
 Blanco‹
Sempervivum arachnoideum
Senecio maritimus ›Silver
 Dust‹ ✦
Senecio ›Sunshine‹ ✦
Viola cornuta
Wisteria sinensis

Pflanzen für Hecken und als Windschutz

Arbutus unedo
Buxus sempervirens
Choisya ternata

Arbutus
unedo

Cortaderia selloana ›Sunning-
 dale Silver‹
Crataegus laciniata
Ilex aquifolium
Laurus nobilis
Lavandula
Phormium tenax
Pittosporum tenuifolium
Pyracantha × wateri
Rosa ›Felicia‹
Rosa ›Penelope‹
Rosa rugosa
Rosmarinus officinalis

Pflanzen für Pflaster und Spalten

Acaena microphylla
Armeria maritima
Aubrieta deltoidea
Campanula carpatica
Campanula cochleariifolia
Erigeron karvinskianus
Helianthemum ›Wisley Pink‹
Lithodora diffusa ›Heavenly
 Blue‹
Lobelia erinus
Phlox douglasii
Sedum spathulifolium
Sempervivum
Thymus praecox
Thymus serpyllum
Trifolium repens
 ›Purpurascens‹
Viola tricolor

Pflanzen mit duftenden Blüten

Acacia dealbata
Cheiranthus ›Bredon‹
Choisya ternata
Daphne × burkwoodii
 ›Somerset‹
Daphne odora ›Aureo-
 marginata‹
Dianthus
Galium odoratum

Hamamelis × intermedia
 ›Arnold Promise‹
Hyacinthoides hispanica
Hyacinthus
Iris graminea
Jasminum officinale
Lathyrus odoratus
Lavandula
Lilium
Lonicera
Mahonia × media ›Charity‹
Malus floribunda
Narcissus
Nicotiana sylvestris
Oenothera biennis
Pelargonium (einige Formen)
Philadelphus
Pittosporum tenuifolium
Rhododendron luteum
Robinia pseudoacacia

Robinia pseudoacacia ›Frisia‹

Rosa
Viburnum × bodnantense
 ›Dawn‹
Wisteria

Pflanzen mit aromatischem Laub

Artemisia abrotanum
Calendula officinalis
Coriandrum sativum
Eucalyptus
Foeniculum vulgare ›Purpu-
 reum‹
Laurus nobilis
Mentha × gentilis ›Variegata‹
Myrrhis odorata
Nepeta ›Six Hills Giant‹
Origanum vulgare ›Aureum‹
Pelargonium (einige Formen)
Rosmarinus
Salvia officinalis
 ›Purpurascens‹
Thymus

KULTUR UND PFLEGE

Pflanzen werden fast immer versuchen zu wachsen, was man mit ihnen auch macht. Andererseits gehen sie bisweilen selbst unter der Pflege erfahrener Experten ein. Aber man kann viel tun, um Pflanzen auf ihrem Lebensweg zu unterstützen. Das folgende Kapitel gibt praktische Anleitungen, wie man Pflanzen in optimalem Zustand halten kann. Am meisten lernt man über sie, indem man beobachtet, wie sie im Garten wachsen. Je länger man sich mit seinen Pflanzen befaßt, um so vertrauter wird man mit ihren Bedürfnissen werden. Wie Menschen haben einige von ihnen recht spezielle Ansprüche, und es wäre unklug, diese zu ignorieren. Arbeiten Sie dabei aber immer mit den in Ihrem Garten herrschenden Bedingungen, nicht gegen sie.

Bodenbearbeitung und Pflanzung

Erde besteht aus organischer Substanz, Wasser und kleinen Gesteinspartikeln. Die Größe der Gesteinspartikel und der Anteil an organischem Material bestimmen, ob ein Boden leicht oder schwer, fruchtbar oder unfruchtbar ist. Durch Hinzufügen von Mist, Lauberde und Kompost kann man die Bodenstruktur verbessern. Der zusätzliche Humus verkleinert in sandigen Böden die Poren und erhöht so ihr Wasserspeicherungsvermögen. In schweren Böden vergrößert er hingegen die Poren, so daß sie durchlässiger werden. Zweifellos können Sie Ihren Boden verbessern, versuchen Sie aber nicht, ihn von Grund auf zu verändern. Wer einen alkalischen Boden sauer machen will, kämpft auf verlorenem Posten. Wenn Sie sich einen Garten voller Rhododendren und Azaleen wünschen, dann sollten Sie in eine Gegend mit saurem Boden ziehen.

Der beste Boden, von dem wohl jeder Gärtner träumt, ist humusreicher Lehmboden. Er ist weder zu naß noch zu trocken und weder klebrig noch sandig. Er enthält eine ideale Mischung aus Ton, Sand und Humus und hat gerade die richtige Menge an Mineralstoffen. Wenn Sie viel mit Humus arbeiten, geht Ihr Traum vom idealen Boden vielleicht schon bald in Erfüllung.

Vorbereitung und Pflanzung

Wenn man Beete vorbereitet, läßt sich Umgraben nicht völlig vermeiden, doch nur wer gerne leidet, wird diese Arbeit länger als unbedingt nötig ausführen. Auf schweren Böden entstehen durch Umgraben Schollen, die der Frost dann aufbrechen kann. Darüber hinaus gräbt man um, um die Erde zu lüften und organisches Material einzuarbeiten. Bei leichten Böden kann man möglicherweise ganz auf das Umgraben verzichten, da Harken oft ausreicht. Um die Keimung von unerwünschtem Wildkrautsamen zu verhindern, kann eine Decke aus

Im Freiland pflanzen

1 Ein Loch in der doppelten Breite des Wurzelballens ausheben und den Boden mit einer Gabel lockern. Die ausgehobene Erde mit etwas Kompost oder Knochenmehl mischen. Eine Hand auf die Erde im Topf legen, den Topf umdrehen und die Pflanze herausnehmen. Eng aufgerollte Wurzeln behutsam auseinanderziehen. Die Pflanze in das vorbereitete Loch setzen.

2 Mit Hilfe eines Stabs prüfen, ob der Wurzelballen eben mit der umliegenden Erde abschließt. Falls nötig, das Pflanzloch noch etwas vertiefen oder Erde nachfüllen. Beim Pflanzen von Bäumen neben dem Wurzelballen eine Stütze in den Boden treiben (siehe Seite 148). Um die Pflanze herum die Mischung aus Erde und Kompost auffüllen.

3 Während des Pflanzens die Erde immer wieder mit Ferse oder Knöcheln andrücken, damit zwischen den Wurzeln keine Lufteinschlüsse entstehen. Gut wässern und bei Sträuchern, Bäumen und feuchtigkeitsliebenden Stauden etwa 30–50 cm im Umkreis der Pflanze eine dicke Schicht gut verrotteten Kompost oder Rindenschnitzel verteilen.

4 Möglicherweise braucht die neue Pflanze keinen Schnitt. Wo aber kranke oder beschädigte Triebe vorhanden sind, schneidet man sie auf gesundes Gewebe zurück. Bei Bäumen und Sträuchern entfernt man alle Zweige, die zur Mitte wachsen. Zudem nimmt man lange, schwache oder unförmige Triebe heraus, die die Gesamtform beeinträchtigen könnten.

Rindenmulch, der keimungshemmende Eigenschaften aufweist, oder aus einem anderen unkrautfreien Material verteilt werden. Letztlich wird das Mulchmaterial von Würmern in die Erde gezogen und reichert sie an.

Wo ausdauernde Wildkräuter wachsen, jätet man den Boden vor Ausbringen des Mulchmaterials. Sobald die Wildkräuter entfernt sind, kann man mit dem Pflanzen beginnen. Schwere Tonböden bearbeitet man zu Winterbeginn, bei leichten Böden wartet man jedoch bis zum Spätfrühjahr. Die besten Zeiten zum Pflanzen von Bäumen, Sträuchern und Stauden sind Frühjahr und Herbst. Die meisten sollten so gepflanzt werden, daß der Wurzelballen eben mit der Erde abschließt, doch es gibt Ausnahmen. Einige Stauden wie etwa Iris werden am besten höher gepflanzt, während feuchtigkeitsliebende Pflanzen wie Funkien lieber etwas tiefer sitzen.

Verwendung von Pflanzgefäßen

Vielleicht möchten Sie Arrangements mit dekorativen Pflanzgefäßen gestalten. Verwenden Sie Gefäße mit Abzugslöchern, und geben Sie eine Schicht Drainagematerial wie etwa Tonscherben hinein. Diese wird mit einem fasrigen Material, beispielsweise umgedrehten Grassoden, abgedeckt. Dann setzen Sie die Pflanzen wie oben beschrieben in der richtigen Tiefe in ein geeignetes Substrat, drücken sie gut an und wässern gründlich.

Wenn Sie in einem Beet frostempfindliche Pflanzen ziehen wollen, setzen Sie sie mit ihren Töpfen in die Erde. Auf diese Weise können sie leicht zum Überwintern ins Haus gebracht werden.

RICHTIG PFLANZEN

Normale Pflanzung (Aster)

Tiefe Pflanzung (Funkie)

Blumenzwiebeln

Zwiebeln werden gepflanzt, sobald sie zur Verfügung stehen. Die meisten werden abgetrocknet in der Ruheperiode angeboten, doch sehr früh blühende Blumen wie Schneeglöckchen und Winterling wachsen weit besser an, wenn man sie gleich nach der Blüte heraushebt und vollbelaubt pflanzt. Man setzt sie in der gleichen Tiefe wie zuvor ein, wobei die Verfärbung nahe der Stengelbasis eine gute Hilfe ist. Sofern man sie nicht im Block in formal gestaltete Beete setzt, pflanzt man Zwiebelblumen, vor allem in natürlichen Umgebungen, am besten in lockeren Gruppen unter Bäume oder in Gras. Generell eignen sich leichte Böden für Zwiebelgewächse besser als schwere, da sie sich im Frühjahr rascher erwärmen und gewöhnlich durchlässiger sind.

PFLANZTIEFEN

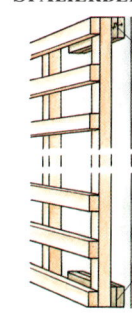

Die ideale Pflanztiefe hängt von der Größe der Zwiebel ab. Gewöhnlich entspricht die Pflanztiefe etwa der zwei- bis dreifachen Höhe der Zwiebel.

Eine Mauerspalte bepflanzen

Bevor man eine Mauer (oder Pflasterspalten) bepflanzt, entfernt man – soweit möglich – etwas Mörtel, um Erde für die Pflanzen hineinfüllen zu können. Verwenden Sie Pflanzen wie Fetthenne, Steinbrech und Hauswurz, die von Natur aus an solchen Plätzen wachsen.

1 *Die Wurzeln der Pflanze mit Hilfe eines Löffels oder eines kleinen Handspatens in den Spalt schieben. Die Pflanze mit den Fingern andrücken und eventuell Erde ergänzen.*

2 *Wenn alle Pflanzen eingesetzt sind, die Mauer von oben wässern oder die Pflanzen mit einem Zerstäuber besprühen. Feucht halten, bis sie gut wachsen. Pflanzen, die sich lockern, wieder andrücken.*

Mauersträucher und Kletterpflanzen

Vor dem Pflanzen Kletterhilfen wie Ringschrauben und Drähte montieren. Spaliere mit Scharnieren befestigen, so daß sie zum Streichen der Mauer heruntergeklappt werden können. Da es am Fuß einer Mauer trocken ist, pflanzt man Mauersträucher und Kletterpflanzen mit wenigstens 50 cm Abstand. Danach liegt der Schlüssel zum Erfolg in regelmäßigem Erziehen und Aufbinden (siehe Seite 150 bis 151). Kletterpflanzen müssen nahe der Wand bleiben, da sie sonst unter ihnen wachsende Pflanzen verdrängen.

SPALIERBEFESTIGUNG

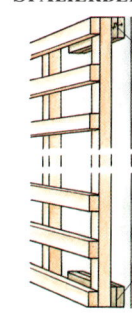

Spalier oben mit Haken und Ringschrauben befestigen.

Unten ein Scharnier anbringen.

1 *Ein Loch ausheben. Den Wurzelballen wässern. Die Pflanze in einem Winkel von 45 Grad zur Wand geneigt in das Loch setzen. Die Wurzeln in Gegenrichtung zur Wand ausbreiten.*

2 *Erde rings um die Pflanze auffüllen, dabei öfter andrücken. Die Pflanze von ihrer Stütze losbinden und schwache sowie nach außen wachsende Triebe zurückschneiden. Die restlichen Triebe aufbinden.*

Pflanzenpflege

In freier Natur suchen sich Pflanzen selbst die Plätze, die ihren Bedürfnissen entsprechen. Im Garten müssen sie mit den Bedingungen zurechtkommen, die wir ihnen bieten. Doch wenn Sie sich bemühen, die Bedürfnisse der einzelnen Pflanzen herauszufinden, werden Sie dafür reichlich belohnt. Wieviel Pflege Ihre Pflanzen brauchen, hängt ganz davon ab, welche Arten Sie ausgewählt haben.

Wässern und Düngen

Speis und Trank sind für Pflanzen ebenso notwendig wie für Menschen, und der Gärtner muß darauf achten, daß jede Pflanze von beidem genug erhält. Nahrung bedeutet mehr als anorganische Dünger. Diese wirken zwar rasch, dienen aber mehr einer einseitigen Ernährung der Pflanze als der Bodenverbesserung und stören deshalb das empfindliche Gleichgewicht des Bodens. Sie können nicht die gleiche ausgewogene Mischung an Nährstoffen bieten, die die Pflanze selbst aufnimmt, wenn sich der Boden in gutem Zustand befindet. Nitrate fördern ein rasches Wachstum, doch Pflanzen, die nichts anderes bekommen, haben einen hohen Wassergehalt und sind anfälliger für Schädlinge und Krankheiten. Verwenden Sie deshalb organischen Dünger auf der Basis von Algen, Knochenmehl oder Hornspänen.

Mulchen und Jäten

Organisches Material verbessert Fruchtbarkeit und Struktur eines Bodens. Am einfachsten kann es ihm durch eine dicke Mulchdecke zugeführt werden, die zudem hilft, die Bodenfeuchtigkeit zu bewahren und einjährige Wildkräuter zu unterdrücken. Verschiedene Mulchmaterialien haben unterschiedlichen Nutzen. Kies beispielsweise liefert keinerlei Nährstoffe, eignet sich aber dennoch ausgezeichnet für alpine und mediterrane Pflanzen. Er verhindert, daß Schlamm auf die unteren Blätter und Blüten spritzt, und sorgt um die Pflanzenhälse herum für gute Drainage.

Wildkräuter konkurrieren mit Ihren Zierpflanzen um Nahrung und Wasser und können sie sogar ersticken. Mulchen hilft, unerwünschte Wildkräuter unter Kontrolle zu halten, macht Jäten aber nicht vollkommen überflüssig. Einjährige Wildkräuter sollten entfernt werden, solange sie noch klein sind und bevor sie blühen. Zum Jäten nimmt man Hacke, Gabel oder Spaten. Mit Herbiziden dagegen – selbst wenn man ein selektives Kontaktherbizid verwendet, das direkt auf die unerwünschten Pflanzen aufgestrichen wird – gefährdet man nicht nur benachbarte Pflanzen, sondern auch die Kleintierwelt.

Mulchen
Beim Mulchen verteilt man das Material auf der gesamten Fläche unter der Pflanze, wobei es den Stamm nicht berühren darf. Um einjährige Wildkräuter zu unterdrücken, muß die Mulchdecke 5–10 cm dick sein. Die Entwicklung ausdauernder Wildkräuter läßt sich durch Mulch nicht verhindern.

Pflanzen stützen

Die beste aller Lösungen ist, Pflanzen zu verwenden, die nicht gestützt werden müssen, denn es ist schwierig, diese Arbeit gut zu machen. Stützen sollten so unauffällig wie möglich sein, damit die Pflanze nicht wie ein Patient mit einer Halsmanschette wirkt. Einige Pflanzen, wie etwa Rittersporn, brauchen Stützen, da sie aufgrund zu starker Züchtung nicht mehr allein zu stehen vermögen. Einen Fingerhut zu stützen heißt jedoch, seinen Charakter zu verändern. Stützen müssen stets dem natürlichen Wuchs der jeweiligen Pflanzen entsprechen. Eine gute Stütze bietet oft Reisig, das um eine Pflanze herum in die Erde gedrückt wird. Es gibt optimalen Halt, stört kaum und sieht hübsch aus, bevor die Pflanzentriebe es verdecken. Und das allein zählt.

Einzelner Stab
Einstielige Pflanzen wie etwa Gladiolen werden mit einem Bambusstab gestützt, bevor sie 30 cm Höhe erreichen. Wenn sich Blütenknospen bilden, bindet man den Stengel direkt unterhalb von ihnen am Stab fest.

Staudenhalter
Für horstbildende oder buschige Pflanzen, die Halt brauchen, verwendet man Staudenhalter. Sie werden, solange die Pflanzen noch jung sind, tief in den Boden gesetzt und dann nach und nach angehoben.

Schräge Stütze
Eine niedrige, schräge Stütze wie diese, die sich in Richtung des vorherrschenden Windes neigt, erlaubt es einem Baum, sich natürlich mit dem Wind zu bewegen. Man treibt die Stütze im Winkel von 45 Grad außer Reichweite der Wurzeln in den Boden und bindet den Baum mit einem Abstandhalter fest daran, ohne aber die Rinde zu verletzen. Während der Baum wächst, wird die Halterung gelockert.

Rückschnitt und Teilung

Viele Pflanzen, unter ihnen Rosen und einige Stauden, blühen reicher, wenn die welkenden Blüten abgeschnitten werden (siehe rechts). Bei Sträuchern mit panaschiertem Laub sollte man alle einfarbigen Blätter entfernen. Stauden und Zwiebelblumen, die nicht mehr gut blühen und zu dicht werden, profitieren häufig davon, wenn man sie teilt (siehe Seite 152). Stauden können am Ende der Wachstumsperiode abgeschnitten werden. Sie sehen dann nicht nur ordentlicher aus, sondern man beugt auch Problemen vor, die durch kranke oder verrottende Pflanzenteile verursacht werden.

Schädlinge und Krankheiten

Wenn man den Pflanzen gibt, was sie brauchen, gedeihen sie gut und sind weit weniger anfällig für Schädlinge und Krankheiten. Das größte Problem bei der Anwendung von Insektiziden besteht darin, daß man mit ihnen nicht nur die Schädlinge vernichtet, sondern auch die Nützlinge. Und es gibt viele nützliche Insekten. Marienkäfer sind beispielsweise nützlich, weil sie große Mengen Blattläuse vertilgen. Schlupfwespen stellen Raupen und Blattläusen nach und sollten durch das Pflanzen von Goldrute und Fenchel gefördert werden. Laufkäfer jagen Schnecken und Raupen.

Bei einigen Krankheiten spielt das Wetter eine große Rolle. Für Mehltau, Rost und Sternrußtau gibt es gute und schlechte Jahre. Schachtelhalmtee und Brennesseljauche helfen vorbeugend, aber auch bei Befall. Auch biologische Pflanzenschutzpräparate aus dem Handel sind wirksam. Noch besser aber, Sie wählen krankheitsresistente Pflanzensorten.

Welke Blüten entfernen
Welke Blüten werden entfernt, damit sich möglichst rasch neue, junge Triebe und weitere Blüten entwickeln. Bei Strauchrosen mit Blütenbüscheln wie dieser schneidet man zuerst die mittlere Blüte heraus, damit sich die anderen öffnen. Wenn alle Blüten verwelkt sind, entfernt man das ganze Büschel, indem man den Trieb auf eine Knospe oder einen Seitentrieb zurückschneidet.

Zurückgeschlagene Triebe entfernen
Viele panaschierte Sträucher gehen aus grünblättrigen Pflanzen mit mutierten Zweigen, sogenannten Sports, hervor. Mitunter schlagen diese Sträucher zurück und bekommen wieder grünbelaubte Zweige. Da diese mehr Chlorophyll besitzen und kräftiger wachsen, können sie die panaschierten Triebe ersticken. Daher schneidet man sie möglichst frühzeitig heraus.

Schutz vor Frost und Wind

Im allgemeinen sollte man im Garten mit dem Klima arbeiten und nicht dagegen, doch experimentierfreudige Gärtner versuchen immer wieder die Grenzen des Möglichen zu erweitern. Pflanzen, die in Ihrer Gegend nicht vollkommen winterhart sind, sollten vor dem schlimmsten Winterwetter geschützt werden, vor allem als junge Pflanzen, da sie dann am empfindlichsten sind. Bäume oder Sträucher kann man beispielsweise in einen Mantel aus Stroh oder Farn hüllen, der mit Drahtgeflecht umgeben wird. Selbst wenn der Frost Sträucher im Winter bis auf Bodenhöhe absterben läßt, treiben viele aus der Basis neu aus, sobald sie ein gutes Wurzelsystem entwickelt haben. Um Blattpflanzen wie Palmen und Keulenlilien zu schützen, kann man ihre Blätter zusammenbinden und mit Sackleinen umwickeln. Für kleine Pflanzen verwendet man Tunnel aus Glas, Kunststoff und Folie oder eine weiche, leichte Mulchdecke. Eine weitere Möglichkeit ist, Pflanzen in Töpfe zu setzen und vor dem ersten Frost zum Überwintern ins Haus zu bringen.

Doppeltes Netz
Empfindliche Pflanzen können durch eine Barriere geschützt werden, die dem Wind seine Kraft nimmt. Am wirksamsten sind durchlässige Barrieren wie dieses flexible Netz, das Pflanzen während der Zeit des Anwachsens Schutz gibt.

Tunnel
Tunnel verwendet man für Sämlinge, frostempfindliche Stauden oder junge Sträucher. Offene Enden schließt man mit Glas oder Kunststoff, damit der Wind nicht durchgehen kann. Die Pflanzen gießen. Wenn die Temperaturen steigen, die Tunnel tagsüber entfernen.

Erde anhäufeln
In kalten Gegenden schützt man frostempfindliche Rosen oder Pflanzen wie Schmucklilien vor Frost, indem man um die Basis herum etwa 12 cm hoch Erde anhäufelt.

Sackleinen
Um Blattpflanzen vor Frost zu schützen, bindet man sie zusammen und umwickelt sie mit Sackleinen. Um die Basis wird Stroh verteilt.

Schnitt und Erziehung

Durch einen Schnitt kann der Gärtner bei bestimmten Pflanzen die Wuchsform verbessern und die Entwicklung schönerer Blüten, Blätter und Früchte fördern. Diese Arbeit führen wir aber vor allem zu unserem eigenen Nutzen aus. Wie jeder, der schon einmal einen vernachlässigten Garten übernommen hat, nur zu gut weiß, gehen Sträucher nicht ein, wenn sie keinen Schnitt erhalten. Sie werden einfach größer.

Ziele beim Schnitt

Ein guter Schnitt berücksichtigt den natürlichen Wuchs und das Verhalten einer Pflanze. Blüht sie an jungem Holz, wie etwa Buddleja und Blauraute, möchten wir natürlich die Entwicklung möglichst vieler neuer Triebe fördern, indem wir sie jedes Jahr stark zurückschneiden. Auch Sträuchern mit einer dekorativen Winterrinde wie Hartriegel tut es gut, wenn man sie kräftig zurücknimmt oder auf den Stock setzt (siehe Seite 151), da die Rinde von neuem Holz immer leuchtender ist als die von altem. Für ihre zu-

sätzliche Anstrengung entschädigt man solche Sträucher mit großzügiger Düngung.

Vielen Bäumen, Sträuchern, Rosen und Kletterpflanzen tut es gut, wenn man abgestorbene, zu dichte oder dünne Triebe herausschneidet. Betrachten Sie Gartenscheren aber nicht als Angriffswaffen, die Sie gegen alle Pflanzen im Garten richten. Schönmalve, Ahorn, Kamelie, Zwergmispel, Magnolie und Rhododendron brauchen keinen regelmäßigen Schnitt. Bei ihnen muß man lediglich hin und wieder totes Holz entfernen beziehungsweise zu dichte oder quer wachsende Triebe herausnehmen.

Wenn man Sträucher mit einer Heckenschere schneidet, besteht die Gefahr, daß alle die gleiche ordentliche runde Form erhalten. Bei einem Schnitt sollte man nicht alle Zweige gleich behandeln. Einige entfernt man ganz, indem man sie an der Basis abschneidet oder auf die Ansatzstelle eines anderen Zweigs zurücknimmt. Auf diese Weise ist eher gewährleistet, daß der Strauch eine natürliche Wuchsform behält. Wo Zweige lediglich gekürzt werden, nimmt man sie auf eine Knospe oder einen Trieb, die außen stehen, zurück.

Wo man schneidet
Beim Schnitt nimmt man Zweige auf eine gesunde Knospe oder einen Seitentrieb bzw. ein Paar zurück.

Bei Pflanzen mit gegenständigen Knospen einen geraden Schnitt machen.

Kräftiges Knospenpaar

Auf eine außen stehende Knospe zurückschneiden

Schnittwinkel bei Pflanzen mit wechselständigen Knospen

Altes Holz
Man entfernt regelmäßig Holz, das sehr alt ist und nicht mehr gut blüht. Mit einer Gartenschere oder – bei sehr dicken Stämmen – einer Astschere nimmt man einen Teil der ältesten Triebe auf 5–8 cm über dem Boden zurück. Bei gutwachsenden Strauchrosen, die aus der Basis neu austreiben, schneidet man nach der Blüte bis zur Hälfte des alten Holzes in Bodenhöhe heraus und kürzt die übrigen Triebe um die Hälfte.

Rosen schneiden

Rosen werden in der Ruheperiode nach dem Laubfall im Herbst und vor dem Austreiben im Frühjahr geschnitten. Großblumige Edelrosen (Teehybriden) brauchen den stärksten Schnitt. Versuche haben ergeben, daß ein rascher Schnitt mit einer Heckenschere zu besseren Ergebnissen führen kann als traditionelle Methoden. Alte Strauchrosen und Wildrosen entwickeln an altem Holz mehr Blüten als an neuem und dürfen daher nicht so kräftig geschnitten werden. Die meisten Rosen sollten nach dem Pflanzen stark zurückgenommen werden, um ein kräftiges Wachstum anzuregen.

Alte Stämme entfernen
Bei älteren Rosen empfiehlt es sich, gelegentlich altes Holz an der Basis herauszunehmen, um die Entwicklung neuer Triebe anzuregen.

Seitentriebe kürzen
Einige Strauchrosen wie Rosa gallica *haben zu viele Seitentriebe. Diese kann man nach der Blüte um etwa zwei Drittel zurücknehmen.*

Abgestorbenes Holz
Bei allen Sträuchern sterben irgendwann aufgrund von Alter, Krankheit oder Beschädigung ganze Zweige oder Triebe ab. Dieses Holz sollte auf ein gesundes Paar Knospen, Blätter oder Triebe zurückgenommen werden.

Dünne Triebe
Schwache, dünne Triebe schneidet man direkt über dem Boden ab. Versuchen Sie, eine ausgewogene Wuchsform mit offener Mitte entstehen zu lassen. Sehr dünne Triebe werden stark zurückgeschnitten, kräftige Triebe nur leicht.

Auf den Stock setzen

Bei Hartriegeln und anderen Pflanzen, die wegen ihrer Winterrinde gezogen werden, ist dies eine nützliche Methode, um die Entwicklung neuer, leuchtend gefärbter Triebe anzuregen. Dazu schneidet man im Frühjahr vor Beginn des Wachstums alle Stämme auf eine Höhe von etwa 30 cm zurück. Anschließend verteilt man Mulch um die Pflanzen und düngt gut.

Bevor man irgendeinen Schnitt ausführt, sollte man sich über den Zweck im klaren sein. Einige Sträucher, wie etwa Perückenstrauch, Forsythie, Winterjasmin, Spierstrauch, Pfeifenstrauch und Weigelie, werden am besten in einem Dreijahresrhythmus geschnitten. Jedes Jahr nach der Blüte nimmt man das älteste Drittel der Stämme heraus, damit die Pflanzen aus der Basis neu austreiben. Nach drei Jahren hat man den Busch dann vollständig verjüngt.

Das Ausknipsen ist eine Art Minimalschnitt, den man oft bei Margeriten anwendet, um die Entwicklung weiterer Triebe oder Blütenknospen anzuregen. Es erfolgt am besten im Frühjahr, wenn die Pflanzen rasch wachsen.

Der richtige Zeitpunkt

Gewöhnlich tragen im Winter, Frühjahr oder Frühsommer blühende Sträucher ihre Blüten an Trieben des vorangegangenen Jahres. Diese können nach der Blüte zurückgeschnitten werden. Sträucher, die im Sommer oder Herbst blühen, öffnen ihre Blüten dagegen an jungem Holz, das sie zu einem früheren Zeitpunkt in derselben Wachstumsperiode entwickelt haben. Dieses schneidet man am besten zu Frühjahrsbeginn des folgendes Jahres.

Wird ein Strauch geschnitten, setzt er alles daran, zu wachsen, und pumpt Energie in ruhende Knospen, um seine verlorenen Teile zu ersetzen. Schneidet man eine Buddleja oder Bartblume im Spätsommer gleich nach der Blüte, werden aber die jungen Triebe dem ersten Frost zum Opfer fallen. Daher sollte man diese spätblühenden Pflanzen ebenso wie Säckelblume, Horn-Bleiwurz, Buschmalve und Blauraute erst im Frühjahr schneiden.

Erziehen

Bei Mauersträuchern und Kletterpflanzen ist Erziehen und Aufbinden ebenso wichtig wie Schnitt. Nur relativ wenige Pflanzen sind selbstklimmend. Wilder Wein und Efeu etwa haben, ebenso wie die Kletterhortensie, wirksame Haftscheiben. Doch die meisten Mauersträucher müssen in den ersten Jahren regelmäßig aufgebunden werden, bis ihre Zweige selbst ein Grundgerüst bilden. Dann wird auch klar, was geschnitten werden kann und was nicht.

Mauern können relativ empfindlichen Sträuchern wie der Säckelblume Schutz geben. Wenn ein Strauch seine Zweige zu weit von der schützenden Wand fortstreckt, besteht erheblich größere Gefahr, daß ihm Wind und Frost Schaden zufügen. Daher sollte man ihn zu seinem eigenen Schutz flach erziehen. Zudem gewinnt man auf diese Weise unter ihm und um ihn herum weitere Pflanzflächen. Und durch das Aufbinden der Zweige wird verhindert, daß der Wind an ihnen zerrt und sie beschädigt. Für eine eher formale Wirkung zieht man Sträucher an parallelen Drähten an der Wand.

Clematis schneiden

Was den Schnitt betrifft, können Clematis in drei Gruppen unterteilt werden. Die erste Gruppe, zumeist frühblühende Arten wie *Clematis alpina* und *C. macropetala*, müssen nur wenig oder gar nicht geschnitten werden. Zur zweiten Gruppe gehören frühe großblumige Sorten wie ›Henryi‹ und ›Niobe‹, die im Frühjahr einen leichten Schnitt erhalten. Spätblühende Typen brauchen den stärksten Schnitt. Sorten wie ›Perle d'Azur‹ und ›Jackmanii‹ sollten im Spätwinter oder zu Frühjahrsbeginn auf 50 cm über dem Boden zurückgenommen werden.

Frühe großblumige Clematis
Beim Schnitt von Clematis der zweiten Gruppe nimmt man alte Triebe auf ein kräftiges Knospenpaar zurück, damit sich neue, blütentragende Triebe entwickeln.

Spätblühende Clematis
Zu Frühjahrsbeginn schneidet man bei der dritten Gruppe von Clematis nicht nur alte, sondern alle Triebe auf das unterste Knospenpaar etwa 20–50 cm über dem Boden zurück.

Kletterpflanzen an Pergolen und Bogen

Wenig, aber oft lautet die Erfolgsdevise beim Erziehen von Pflanzen an Pergolen oder Bogen. Die Triebe sollten während der ganzen Wachstumsperiode aufgebunden und möglichst über das ganze Klettergerüst verteilt werden, um es zu bedecken. Triebe schlingender Arten zieht man um die Stützen herum, wobei man auf die richtige Richtung achten muß. Einige winden links, andere rechts herum. Nach der Blüte entfernt man alle toten oder kranken Triebe und schneidet die Pflanzen soweit erforderlich.

Aufbinden
Lockere Triebe bindet man ihrer natürlichen Wuchsrichtung gemäß an der Stütze auf. Für Rankpflanzen wickelt man Drahtgeflecht um die Pfosten, so daß sie daran selbst Halt finden.

Rückschnitt
Im Spätsommer schneidet man alle Haupttriebe um ein Drittel zurück, um die Bildung von Seitentrieben zu fördern. Bei Schlingrosen schneidet man alte Triebe heraus und bindet neue auf.

Pflanzenvermehrung

Vermehrung ist im Gartenbau der Sammelbegriff für verschiedene Methoden zur Vergrößerung des Pflanzenbestandes. Bei vielen Pflanzen bietet sich mehr als nur eine Methode an. Lediglich einjährige Pflanzen, die ihren Lebenszyklus innerhalb eines Jahres vollenden, lassen sich ausschließlich durch Samen vermehren. Auch zahlreiche andere Pflanzen entwickeln Samen, die man relativ leicht zum Keimen bringen kann, doch für Stauden und einige Zwiebelgewächse ist es oft besser, sie zu teilen. Sträucher vermehrt man meist auf vegetativem Weg, etwa indem man Stecklinge oder Absenker bewurzelt.

Pflanzen aus Stecklingen ziehen

Die Pflanzenvermehrung kann leicht zur Sucht werden. Man bekommt geradezu elterliche Gefühle, wenn es einem zum erstenmal gelingt, aus einem Steckling einen Strauch heranzuziehen. Ein Anfänger sollte mit Pelargonien beginnen. Sie werden ihn in den seltensten Fällen im Stich lassen, finden überall Platz und sind teuer, wenn man sie kauft. Überdies lassen sich Pelargonien außer in frostfreien Gegenden nur schwer überwintern.

Als Stecklinge eignen sich kräftige, junge, blütenlose Triebe. Blüten sollten Stecklinge deshalb nicht haben, damit sie all ihre Kraft auf die Bildung von Wurzeln verwenden können. Nachdem man die Stecklinge präpariert hat (siehe rechts), setzt man sie in eine Erde, die sich leicht durchwurzeln läßt. Üblich ist eine Mischung aus Torf und Sand, ebensogut eignet sich aber eine Mischung aus Vermiculit und einem fasrigen Material wie Kokosfasersubstrat.

Viele Stecklinge bewurzeln sich am leichtesten in einer feuchten, abgeschlossenen Umgebung und sollten in einen Folienbeutel oder Vermehrungskasten gesetzt werden. Für Pelargonienstecklinge gilt dies jedoch nicht. Ihren Topf stellt man an einen hellen, luftigen Platz und hält die Erde feucht, aber nicht naß. Die Stecklinge sollten sich innerhalb von zehn Tagen bewurzeln.

Man kann jederzeit Pelargonienstecklinge nehmen, aber der

Stecklingsschnitt

Als Stecklinge nimmt man gesunde, kräftige Triebspitzen von 8–12 cm Länge. Man schneidet das Ende direkt unterhalb eines Blattknotens ab und entfernt die unteren Blätter. Dann setzt man die Stecklinge am Rand eines Topfes ein, wässert und zieht einen Folienbeutel darüber, der die Stecklinge aber nicht berühren darf. Nach dem Bewurzeln pflanzt man die Stecklinge in kleine Töpfe.

Spätsommer ist die beste Zeit, um Pflanzen für das kommende Spätfrühjahr heranzuziehen. In dieser Zeit sollte man auch Stecklinge von anderen frostempfindlichen Stauden wie Strauchmargeriten und Bartfaden nehmen. Von verschiedenen Sträuchern, wie beispielsweise Fuchsien, nimmt man Stecklinge am besten im Frühjahr.

Auch Pelargonien können zu Frühjahrsbeginn vermehrt werden, doch muß man in diesem Fall die Mutterpflanzen an einem frostfreien Platz überwintern. Im Spätwinter regt man sie dann durch Rückschnitt und großzügiges Wässern und Düngen zur Entwicklung zahlreicher neuer Triebe an.

Pflanzen teilen

Viele Stauden und einige Sträucher können durch Teilung vermehrt werden. Dabei ist es auch möglich, alte oder häßlich gewordene Teile zu entfernen, um die Pflanzen zu verjüngen. Am besten werden Pflanzen während der Ruheperiode zwischen Herbst und Frühjahrsbeginn geteilt, allerdings nicht in sehr kalten, nassen oder trockenen Perioden.

Teilung

1 Stauden wie Helianthus lassen sich am leichtesten durch die Teilung großer Pflanzen vermehren. Die besten und kräftigsten Teile sitzen gewöhnlich außen. Man nimmt die Pflanze mit einer Gabel heraus und sticht diese Teile mit einem Spaten ab.

2 Die neuen kleinen Stücke vorsichtig von der Mutterpflanze wegziehen. Dabei darauf achten, daß jedes Stück mehrere frische neue Triebe und gutentwickelte Wurzeln hat. Beschädigungen der Wurzeln sollte man vermeiden.

3 Nachdem alle langen Triebe zurückgeschnitten wurden, die neuen Pflanzen in der gleichen Tiefe wie zuvor wieder in Erde setzen, die mit Kompost oder Knochenmehl angereichert wurde. Andrükken und dann gut gießen. Die Pflanzen feucht halten, bis sie gut wachsen.

Anzucht aus Samen

1　Es gibt verschiedene Methoden, um Samen dünn und gleichmäßig auf der Erdoberfläche zu verteilen. Man kann sie, wie hier, aus einem gefalteten Stück Papier streuen oder mit Daumen und Zeigefinger verteilen. Anschließend bedeckt man sie mit einer dünnen Schicht gesiebtem Kompost oder Vermiculit.

2　Den Topf mit einer Glasscheibe oder Klarsichtfolie abdecken, um die Feuchtigkeit zu bewahren. Feststellen, ob die Samen zum Keimen Licht oder Dunkelheit brauchen. Für Samen, die im Dunkeln keimen, eignet sich ein belüfteter Schrank gut. Für andere ist ein Fensterbrett im Haus ideal.

3　Da Keimzeiten sehr unterschiedlich sind, schaut man häufig nach und entfernt die Abdeckung von den Töpfen, sobald Sämlinge erscheinen. Wenn sie ihre ersten echten Blätter entwickelt haben, pikiert man sie in ein größeres Gefäß – entweder in eine Saatkiste oder in einzelne Töpfe.

4　Die jungen Pflanzen müssen regelmäßig gewässert werden. Um die Pflanzen langsam abzuhärten, stellt man Schalen oder Töpfe an warmen Tagen nach draußen, nimmt sie nachts aber wieder herein. Nach erfolgter Abhärtung kann man die Pflanzen ins Freie setzen, sobald kein Frost mehr zu erwarten ist.

Aussaat

Für den Uneingeweihten ist die Aussaat von Samen ein unergründliches Zeremoniell, aber es ist weder so kompliziert, wie Fachleute gern glauben machen möchten, noch braucht man dafür große Mengen an Gerätschaften. Ein beheizter Vermehrungskasten beschleunigt die Keimung, ist aber kein Muß. Irgendwann müssen kleine Pflanzen den Realitäten des Lebens trotzen, und je robuster sie gezogen wurden, desto besser sind sie dazu in der Lage.

Anfänger sollten Samen meiden, bei denen der Keimvorgang kompliziert ist. Einige Samen brauchen, um keimen zu können, Frost oder abwechselnde Kälte- und Wärmeperioden. Gewöhnlich spiegeln diese Eigenschaften die Bedingungen wider, die die Pflanzen in ihrem natürlichen Lebensraum vorfinden. Die meisten Samen brauchen Wärme und Feuchtigkeit, aber nicht alle benötigen Licht. Nemesien, Stiefmütterchen und Verbenen etwa keimen am besten in völliger Dunkelheit. Leberbalsam, Steinkraut, Löwenmaul, Lobelie, Gauklerblume, Fleißiges Lieschen, Tabak und Petunien brauchen dagegen Licht.

Das Grundverfahren bei der Aussaat ist einfach. Man nimmt einen sauberen Topf oder eine Saatschale aus Kunststoff und füllt Substrat hinein, das man behutsam andrückt. Dann streut man die Samen auf die Erde und bedeckt sie mit einer dünnen Schicht Substrat oder Vermiculit. Bei Vermiculit spielt die Dicke der Schicht keine so große Rolle, da das Material sehr durchlässig ist. Dann wird gründlich gewässert, bevor man das Gefäß mit einer Glasscheibe oder Klarsichtfolie abdeckt. Die Abdeckung wird entfernt, sobald sich die Sämlinge zeigen.

Zu dicht stehende Zwiebelblumen

Wenn Zwiebelblumen sich wohl fühlen, vermehren sie sich, und jede Zwiebel bildet im Laufe der Zeit zahlreiche Brutzwiebeln. Wird es zu eng, leiden die Blüten. Dann muß man die Zwiebeln teilen und neu pflanzen, wobei man alte, vertrocknete wegwirft.

1　Wenn das Laub abgestorben ist und die Zwiebeln ruhen, nimmt man sie aus dem Boden, prüft sie und entfernt alle Zwiebeln, die ungesund aussehen.

2　Die übrigen Zwiebeln sanft auseinanderziehen. Früh blühende Zwiebelblumen wie Schneeglöckchen werden belaubt gleich nach der Blüte geteilt.

Rhizombildende Stauden teilen

Rhizompflanzen wie Bartiris können durch Zerschneiden des Wurzelstocks vermehrt werden. Jedes Rhizomstück muß kräftige Wurzeln haben und wird eben mit der Erdoberfläche abschließend oder knapp darüber gepflanzt.

1　Irisrhizome herausnehmen und in Stücke mit einzelnen Blattfächern teilen. Rhizomstücke, die dunkle Wurzeln und keine Blätter haben, wegwerfen.

2　Rhizome mit einem scharfen Messer zurechtschneiden, dabei sehr lange Wurzeln kürzen. Blätter kürzen und Rhizome mit etwa 12 cm Abstand neu pflanzen.

DANKSAGUNG

Danksagung der Autorin

Die meisten Pflanzvorschläge in diesem Buch entstanden durch Experimente in meinem eigenen Garten. Einige jedoch gehen auf besondere Vorbilder zurück. So möchte ich Mr und Mrs Paice von Bourton House danken, aus deren Garten die Idee zu dem großen bepflanzten Topf auf S. 130–131 stammt, sowie den großartigen Gärtnern von Kingston Maurward, Dorset's College of Agriculture, wo ich die Rabatte entdeckte, die für die tropische Pflanzung auf S. 32–35 übernommen wurde.

Ein Buch wie dieses entsteht durch das Zusammenwirken eines großen Teams – das Schreiben ist dabei nur der erste Schritt. Für die hervorragende Unterstützung bin ich Dorling Kindersley dankbar. Besonders möchte ich Claire Calman, Jill Andrews und Melanie Tham für ihre Ausdauer, gute Laune und ihre vorbildliche Genauigkeit danken.

Danksagung des Verlags

Dorling Kindersley dankt folgenden Personen: Jackie Bennett, Marion Boddy-Evans, Diana Craig, Kate Swainson für ihre Mitwirkung bei der Herausgabe; Joanna Chisholm für das Register; Karen Ward, Karen Mackley, Suzanne Stevenson für ihre Mithilfe bei Design und DTP; Sarah Fuller und Hilary Stephens für die Produktion; Cooling Brown für das Setzen.

Bildquellenverzeichnis

Zeichnungen

Sharon Beeden S. 24–25, 28–29, 32–33, 36–37, 44–45, 48–49, 52–53, 58–59, 66–67, 78–79
Martine Collings S. 40–41, 62–63, 70–71, 74–75, 82–83, 88–89, 92–93, 96–97, 100–101, 104–105
Catharine Slade S. 110–111, 114–115, 116–117, 126–127
Vanessa Luff S. 120–121, 132–133, 134–135, 138–139
Ann Winterbottom 122–123, 124–125
Gill Tomblin S. 136–137, 140–141, 142–143
David Ashby S. 130–131
Karen Cochrane alle Pflanzpläne
Weitere Zeichnungen von Sally Hynard, Will Giles, Liz Pepperell, Sandra Pound, Michael Shoebridge, Ross Watton

Fotos

Abkürzungen:
Für das Kapitel »Kreatives Pflanzen«:
o = oben; u = unten; l = links; r = rechts;
M = Mitte
Für alle anderen Kapitel: 1. – 4. R. (= Reihe):
l links; hl = halblinks; M = Mitte; hr = halbrechts; r = rechts

KREATIVES PFLANZEN
S.10 Eric Crichton: ul; Steven Wooster: Mr
S.11 Will Giles: ur
S.12 Stephen Robson: ol; Steven Wooster: or; Will Giles: uM
S.13 Steven Wooster or, ul
S.14 Eric Crichton: ul; Steven Wooster: oM
S.15 Steven Wooster ol; Eric Crichton: ur
S.16 Stephen Robson: ol; Steven Wooster: or
S.17 Steven Wooster: ul; Stephen Robson: or, ur
S.18 Steven Wooster: oM; Will Giles: uM
S.19 Steven Wooster: Hauptbild
S.20 Steven Wooster: or, ur
S.21 Steven Wooster: ul; Stephen Robson: or

GEMISCHTE RABATTEN
Kühle Farben im Schatten
S.26 Harry Smith: 3.R.r; Will Giles:4.R.hr; 4.R.r
S.27 Eric Crichton: 2.R.hl; Will Giles:2.R.hr; Gillian Andrews: 4.R.r
Hübsche Pastelltöne
S.30 A–Z Botanical Collection: 1.R.hl, 4.R.r; Andrew Lawson: 1.R.r
S. 31 Guernsey Clematis Nursery Ltd.: 4.R.l
Eine tropische Sommerrabatte
S.34 Harry Smith: 3.R.l, 1.R.r
S.35 The Garden Picture Library: 4.R.hr
Üppige Teichrandbepflanzung
S.38 Neil Holmes: 2.R.hl; Harry Smith: 1.R.l, 1.R.hr
Herbstfrüchte
S.42 Harry Smith: 2.R.hl; Will Giles: 1.R.r
S.43 Harry Smith: 1.R.l
Bauerngartenrabatte
S.46 Harry Smith: 4.R.l; Pat Brindler: 3.R.hl; Will Giles: 1.R.r; Harry Smith: 4.R.r;
S.47 Pat Brindley: 4.R.hl
Winterarrangement
S.51 Harry Smith:4.R.r, 4.R.l; The Garden Picture Library:1.R.l
Rabatte mit Miniaturen
S.54 Harry Smith: 2.R.l; Gillian Beckett: 4.R.hl; Will Giles: 2.R.r; Gillian Beckett: 4.R.hr; Eric Crichton: 1.R.r

BLUMENINSELN UND ANDERE BEETE
Ein Beet mit Rosen
S.61 Pat Brindley:4.R.r; 4.R.l; Eric Crichton: 4.R.M
Exoten für trockenen Boden
S.64 Gillian Beckett: 4.R.r; Harry Smith: 2.R.hl
S.65 WillGiles: 4.R.hl;Harry Smith: 1.R.l
Rasche Blütenpracht
S.68 Will Giles: 2.R.hr; Harry Smith 4.R.r; Pat Brindley: 1.R.r;
S.69 Derek Gould: 4.R.M
Ein schöner Kräutergarten
S.76 Harry Smith: 4.R.l
Blüten und Früchte
S.80 Will Giles: 2.R.Ml; A–Z Botanical Collection: 3.R.hl; Harry Smith: 4.R.hr; Brogdale Slide Library: 3.R.M

Eine Pflegeleichte Pflanzung
S.84 Harry Smith: 1.R.l
S.85 Christopher Brickell: 4.R.r

ECKEN UND WINKEL
Strukturen am Wasser
S.90 Diana Grenfell: 1.R.hr
S.91 Harry Smith: 4.R.l
Farbenprächtiges Laub
S.95 Harry Smith:1.R.r
Eine duftende Gartenecke
S.98 Harry Smith: 3.R.r
S.99 Photos Horticultural: 4.R.l; Harry Smith: 4.R.r;
Gärten am Meer
S.102 Eric Crichton: 4.R.hr; Will Giles: 4.R.hl
S.103 Hazel le Rougetel/Biofotos: 3.R.l; Will Giles: 4.R.l
Sonniges Gelb und Blau
S.106 Harry Smith: 3.R.hl, 1.R.l, 3.R.hr, 4.R.l; Pat Brindley: 1.R.r
S.107 Harry Smith: 3.R.hl, 4.R.l;

MAUERN UND PERGOLEN
Pflanzen für eine Pergola
S.112 Hazel le Rougetel/Biofotos: 2.R.l, Harry Smith: 3.R.M
S.113 Harry Smith: 4.R.l; Pat Brindley: 2.R.r
Trennwände im Garten
S.118 Harry Smith: 4.R.l;
S.119 Harry Smith: 4.R.l, 4.R.r, 2.R.r;
Ein Platz an der Sonne
S.121 Harry Smith: 1.R.l, 1.R.M, 1.R.r
Klettergerüste
S.124 Suttons Seeds: 4.R.l
Wände im Schatten
S.127 Pat Brindley; 4.R.r

VERGESSENE PLÄTZE
Unschönes kaschieren
S.130 Will Giles: 1.R.r, 4.R.l
Ein steiniges Fleckchen
S.139 Harry Smith: 1.R.l, 4.R.M;
Töpfe für viele Gelegenheiten
S.141 Harry Smith: 4.R.l;
Kleinode im Gras
S.143 Harry Smith: 1.R.l;